John Selby

Was mich stark macht

Mehr Lebensqualität durch
Mind-Management

Aus dem Englischen von
Bettina Lemke

Deutscher Taschenbuch Verlag

Der Autor bietet Audio-Führungen im Internet und auf CDs an. Unter der kostenlosen Internetadresse www.johnselby.com können sämtliche geführten Sitzungen abgerufen werden. Die CDs sind zu bestellen bei: Seminarorganisation Wolfgang Gillessen, Balanstraße 365, D – 81549 München. Tel./Fax: 089-68 07 07 02. E-Mail: WGillessen@t-online.de.

Deutsche Erstausgabe
Juli 2003
Deutscher Taschenbuch Verlag GmbH & Co. KG,
München
www.dtv.de
Das Werk ist urheberrechtlich geschützt.
Sämtliche, auch auszugsweise Verwertungen bleiben
vorbehalten.
© 2002 John Selby
Titel des amerikanischen Originalmanuskripts:
Quiet Your Mind
Deutschsprachige Ausgabe:
© 2003 Deutscher Taschenbuch Verlag GmbH & Co. KG,
München
Umschlagkonzept: Balk & Brumshagen
Umschlaggestaltung: Stephanie Weischer unter Verwendung
einer Fotografie von © photonica/Johner
Satz: Fotosatz Amann, Aichstetten
Gesetzt aus der Stone Serif 9,75/12,5 p
Druck und Bindung: Kösel, Kempten
Gedruckt auf säurefreiem, chlorfrei gebleichtem Papier
Printed in Germany · ISBN 3-423-24363-5

Inhalt

Vorwort: Sie haben die Wahl – 9

Frei von Stimmungsschwankungen – 10
Kein Opfer mehr – 12
Die Erforschung des Geistes – 14
Die Weisheit des Herzens – 17
Was gewinnt man? – 19
Eintauchen – 22

Teil eins
Der befreite Geist – Grundlagen des Mind-Managements – 25

Kapitel eins
Wer steuert Ihren Geist? – 27

Ein Fallbeispiel: Richards Entscheidung – 30
Veränderungen sind möglich – 33
Erstaunliche Erkenntnisse – 34
Übung macht den Meister – 37
Wie unser Gehirn arbeitet – 38
Das Erlebnis-Portal – 43
Der innere Kommentator – 44
Was ist mit den negativen Dingen? – 47
Vom Denken zum Erleben – 49
Herzfokus – 52
Den Geist beruhigen – 54
Geführte Sitzung 1: Die Gedanken zur Ruhe bringen – 55

Kapitel zwei
Annehmen, was ist – 57

Ein Fallbeispiel: Nicoles Verabredung – 58
Beobachten, ohne zu bewerten – 61

Was uns am Erleben hindert – **64**
Die Kraft des Annehmens – **67**
Akzeptieren statt urteilen – **69**
Von der Vorstellung zur Erfahrung – **74**
Spontane Selbstkorrektur – **75**
Der Vergebungsfaktor – **77**
Vom Glauben zum Wissen – **78**
Wen geht es etwas an? – **83**
Den Kampf beenden – **85**
Ärger und Wut – **86**
Weder gut noch schlecht – **91**
Negative Glaubenssätze überwinden – **93**
Geführte Sitzung 2: Ärger und Wut auflösen – **96**

Kapitel drei
Frei von Angst und Sorgen – 100

Ein Fallbeispiel: Peters finanzielle Sorgen – **101**
Was ist Angst? – **107**
Das Angst/Liebe-Kontinuum – **110**
Ohne Sorgen erfolgreich sein – **113**
Der Anti-Sorgen-Prozess – **119**
Ein Fallbeispiel: Jennies Angst vorm Fliegen – **121**
Angstmuster positiv verändern – **125**
Angstreaktionen dekonditionieren – **128**
Die Anti-Angst-Formel – **130**
Geführte Sitzung 3: Angst und Sorgen auflösen – **137**

Kapitel vier
Die Intelligenz des Herzens – 140

Herz und Gehirn – **143**
Das Bewusstsein des Körpers – **146**
Bedingungslose Liebe – **148**
Ein Fallbeispiel: Lukas' und Annas Versöhnung – **149**
Selbstreflexion – **158**

Sich selbst lieben – **160**
Geben und Nehmen – **165**
Wenn das Herz verletzt ist – **170**
Die Wurzel der negativen Gefühle – **172**
Das Herz sprechen lassen – **175**
Das Herz öffnen, Wunden heilen – **178**
Sich auf die Weisheit des Herzens einlassen – **183**
Geführte Sitzung 4: Das Herz heilen – **185**

Teil zwei
Das befreite Leben – Mind-Management im Alltag – 189

Kapitel fünf
Allein, aber nicht einsam – 191

Wie fühlen Sie sich, wenn Sie allein sind? – **192**
Alleinsein als Chance – **195**
Seien Sie sich selbst der beste Freund – **197**
Die Angst vor dem Verlassenwerden überwinden – **207**
Geführte Sitzung 5: Innere Ruhe und Freude beim Alleinsein – **211**

Kapitel sechs
Beruflicher Erfolg – 213

Die optimale Vorbereitung für den Arbeitsalltag – **214**
Sich vom Herzen leiten lassen – **215**
Eine andere Art der Problemlösung – **217**
Die Einschätzung Ihrer Arbeitssituation – **220**
Wie Sie das Beste aus Ihrer Arbeit machen – **223**
Arbeiten Sie bewusst? – **224**
Geführte Sitzung 6: Fünf-Minuten-Entspannung bei der Arbeit – **225**

Kapitel sieben
Sexuelle Erfüllung – 227

   Leidenschaft heißt die Kontrolle aufgeben – 229
   Der sexuellen Magie Raum geben – 232
   Was man im Bett tun sollte – und was nicht – 234
   Geführte Sitzung 7: Bewusster Liebesakt – 237

Kapitel acht
Eine geruhsame Nacht – 239

   Ursachen von Schlafstörungen – 241
   Gute-Nacht-Checkliste – 245
   Anspannungen lösen – 249
   Meditation – 251
   Geführte Sitzung 8: Eine geruhsame Nacht – 251

Lassen Sie sich ein! – 254

Eine neue Lernerfahrung – 255
Literatur – 257
Kontaktadressen – 259

Vorwort: Sie haben die Wahl

Bereits seit Hunderten von Jahren lässt sich die westliche Zivilisation von der Idee vereinnahmen, der denkende Geist samt seinem permanenten Geplapper und seinem unaufhörlichen Strom von Meinungen und Sorgen sei das Wichtigste, was den Planeten Erde bewegt. Seit Descartes seine intellektuelle Behauptung »Cogito, ergo sum – Ich denke, also bin ich« aufgestellt hat, konnte die Gehirnfunktion, die unseren geschwätzigen Bewusstseinsstrom erzeugt – mit seiner Neigung, alles, was um uns herum geschieht, zu kommentieren –, unversehens eine uneingeschränkte Herrschaft erlangen, die beinahe jeden Moment unseres Lebens dominiert.

Ich möchte die gängige Meinung, wir würden am besten funktionieren und das Leben am meisten auskosten, wenn wir uns ständig mit geistigen Reflexionen, Sorgen, Plänen und Urteilen beschäftigen, leise, aber nachhaltig hinterfragen. In genauem Gegensatz dazu zeigt dieses Buch, dass wir nur dann einen persönlichen und erfüllenden Zugang zu den sensorischen, intuitiven und mit dem Herzen erlebbaren Erfahrungen wiedererlangen können, wenn wir regelmäßig unseren denkenden Geist beruhigen und den gesamten Strom von Gedanken, Bildern, Erinnerungen und Reflexionen, die ihn füllen, zum Stillstand bringen. Dazu müssen wir in einen direkten Kontakt mit der uns umgebenden Welt treten.

Die aktuelle Hirnforschung hat gezeigt, dass unsere Gehirnfunktionen sich sofort dramatisch verändern, wenn wir uns vom deduktiven Denken der linken Gehirnhälfte auf intuitive Bewusstseinsebenen verlagern, die vom Erleben geprägt sind und stärker von der rechten Gehirnhälfte gesteuert werden. Studien beweisen, dass wir uns meistens zwischen zwei Möglichkeiten entscheiden: Entweder wir lassen uns vom deduktiven verbalen Denken vereinnahmen (einer Ausrichtung des Geistes auf die Vergangenheit oder Zukunft), oder wir erleben die Welt unmittelbar (der Geist ist auf den gegenwärtigen Moment ausgerichtet).

Beides gleichzeitig zu tun ist nämlich äußerst schwierig. Bewusst oder unbewusst wählen wir ständig aus, ob wir uns mit Gedanken über das Leben beschäftigen oder aber ob wir *das Leben unmittelbar* erleben.

Wir wollen diese entscheidende geistige Wahl zunächst ausführlich darstellen und zeigen, dass die ideale Ausgangsbasis für ein erfülltes Leben in einer gesunden Balance zwischen dem direkten Erleben im gegenwärtigen Augenblick und der kognitiven Reflexion über dieses Erleben besteht. Sobald wir das klar erkannt haben, werden wir die wirksamsten psychologischen Techniken kennen lernen, die es uns ermöglichen, regelmäßig vom Denken zum Erleben überzugehen.

Frei von Stimmungsschwankungen

Wenn wir unserem Geist erlauben, sich von permanenten Gedankenströmen vereinnahmen zu lassen, verhindert dies nicht nur eine unmittelbare Begegnung mit unserer Umgebung im gegenwärtigen Moment, es macht uns auch anfällig für eine Überdosis an negativen Gefühlen, die unseren Geist verwirren, unseren Körper belasten und jegliche Gefühle innerer Ruhe, der Freude und der Transzendenz zerstören können.

Die kognitive Psychologie hat belegt, dass die Ursachen der meisten belastenden Emotionen nicht in den Geschehnissen selbst liegen, sondern in den ängstlichen Gedanken darüber, die wir ständig durch unseren Geist strömen lassen. Dieses Buch hat sich zum Ziel gesetzt, dafür zu sorgen, dass wir alle die wahre Ursache unserer negativen Stimmungen erkennen – und es lehrt die wirksamsten und am leichtesten umsetzbaren psychologischen Techniken, um die Gedanken, die unser ansonsten schönes und erfülltes Leben vergiften, zu erkennen und dann für immer aus unserem Geist zu verbannen.

Die meisten von uns würden viel darum geben, in der Lage zu sein, sich von dem seelischen Aufruhr und den emotionalen Spannungen zu lösen, die so viel von unserem Innenleben vereinnahmen. Anstatt sich chronisch auf beunruhigende Gedanken über das, was wir mögen und nicht mögen, zu fixieren und damit unsere Sorgen und Verwirrungen, Konflikte und Frustrationen zu nähren, würden wir sicherlich viel lieber geistige Klarheit, tief empfundene Intimität, inneren Frieden und emotionale Ruhe genießen – gar nicht zu sprechen von den noch wertvolleren Geisteszuständen wie spiritueller Verwirklichung und Freude...

Häufig wird angenommen, dass ein ständig plappernder, sorgenerfüllter Geist gottgegeben ist – dass wir keine andere Wahl haben, als unser Schicksal zu akzeptieren und von Gedankenströmen dominiert zu werden, die unsere Gefühle in Aufruhr bringen und unseren Geist beunruhigen. Viele Menschen – vor allem Intellektuelle, denen ihr Geist alles bedeutet – glauben tatsächlich, es sei unmöglich, den Gedankenfluss in ihren Köpfen zu beruhigen.

Wie wir in diesem Buch ausführlich darlegen werden, ist eine solche fatalistische Annahme bezüglich der Arbeitsweise unseres Geistes psychologisch gesehen falsch. Wir verfügen tatsächlich über eine uns innewohnende Kraft, den Inhalt unserer Gedanken zu kontrollieren und ihren Fluss zu beruhigen, wann immer wir das möchten.

Natürlich ist menschliches Leben nicht denkbar ohne geistige Problemlösung und kognitive Reflexion, und es kann sogar ziemlich viel Spaß machen und tiefe Erfüllung bedeuten, sich ihnen zu widmen. Das deduktive Denken ist ein unschätzbares geistiges Instrument, das uns befähigt hat, unsere gesamte technologische Zivilisation zu erschaffen und zu erhalten. Darüber hinaus kann es unsere Stimmung sehr heben, wenn wir bewusst aufbauende Gedanken denken, die unser Leben bereichern, unserem Dasein einen Sinn geben und positive Gefühle fördern.

Doch besteht das immer wiederkehrende Dilemma darin, dass unsere Gedankenströme zu häufig negative statt positive Gefühle auslösen. Dies geschieht durch angstbesetzte Einstellungen und Annahmen, die ihre Ursache in Erfahrungen unserer Vergangenheit haben und unsere gegenwärtige Realität nicht mehr korrekt widerspiegeln. Es ist vorhersehbar, dass solche Gedanken, die auf veralteten oder verzerrten Vorstellungen basieren, ängstliche, aggressive und depressive Gefühle hervorrufen – die uns wiederum leiden lassen.

In der Regel sind wir uns der zugrunde liegenden psychologischen Ursache solcher Stimmungsschwankungen nicht bewusst. Leichte oder schwere Panikattacken, Zorn, Hoffnungslosigkeit oder das Gefühl von Unzulänglichkeit, Depressionen, Schuldgefühle, Kummer sowie die Angst vor Ablehnung scheinen uns wie aus heiterem Himmel zu überkommen und zu überwältigen. Wenn wir es vermeiden könnten, regelmäßig von solchen Stimmungsschwankungen vereinnahmt zu werden, wäre das Leben ein angenehmes Vergnügen, das uns jeden Morgen beim Aufwachen erwarten würde.

Kein Opfer mehr

Wie können wir mitten im Alltag selbst etwas dafür tun, uns von dem Gefühl zu befreien, hilflose Opfer unserer eigenen negativen Stimmungen und Gedankenströme zu sein? Wie sieht der zugrunde liegende psychologische Prozess aus, der uns befähigt, negative Gedanken loszulassen und uns in einen Geisteszustand zu versetzen, in dem wir achtsam erleben, was ist – gerade jetzt, im gegenwärtigen Augenblick?

Die wissenschaftliche Lösung dieser Frage hat sich in den letzten hundert Jahren in gewisser Hinsicht auf traumatische Weise entwickelt. Sie begann mit den Studien der Pioniere auf dem Gebiet der Psychologie, wie Sigmund Freud, C. G. Jung, Erich Fromm, Krishnamurti und Wilhelm Reich. In der Mitte des 20. Jahrhunderts führte sie zu Therapieansätzen, die sich weniger mit der Vergangenheit als mit der Gegenwart auseinander setzten, wie der Gestalttherapie, der Transaktionsanalyse oder der Bioenergetik.

In den frühen 1960er-Jahren gab der Psychologe Aaron Beck schließlich eine klare Antwort auf die Frage nach unseren Stimmungsschwankungen. Er belegte endlich, was achtsame Menschen auf der ganzen Welt schon immer gewusst haben, vor allem, wenn sie Meditation praktizierten: Unsere Emotionen entstehen nicht plötzlich aus dem Nichts heraus. Genau das Gegenteil ist der Fall – sie werden fast immer durch bestimmte konditionierte Gedanken und damit verbundene innere Bilder hervorgerufen, die durch unseren Geist strömen, häufig auf einer unterschwelligen, uns nicht leicht zugänglichen Bewusstseinsebene.

Aus Becks früher Arbeit auf dem Gebiet der kognitiven Psychologie entwickelte sich die bislang erfolgreichste Therapieschule, die so genannte kognitive Therapie. Patienten, die unter chronischen negativen Emotionen wie Angst und Depressionen, Zorn und Verwirrtheit leiden, lernen im Verlauf einer solchen Therapie, die negativen Gedanken, die diese Emotionen hervorrufen, zu erkennen und sie durch positivere, an der Realität orientierte Gedanken und Vorstellungen zu ersetzen. Diese positiven Gedanken rufen wiederum positive Gefühle hervor und fördern eine allgemeine innere Zufriedenheit und ein Gefühl des Wohlbefindens.

Dieser Therapieansatz funktioniert, und zwar sehr gut, wie eine kürzlich vom National Institute of Mental Health veröffentlichte Studie zeigt. Sie belegt, dass eine wöchentliche Behandlung mit der kognitiven Therapie über einen Zeitraum von vier Monaten beispielsweise bei der Behandlung von Depressionen einen beträchtlich größeren – sowohl kurzfristigen als auch langfristigen – Erfolg bringt als eine traditionelle psychiatrische Behandlung, die eine Psychoanalyse sowie Antidepressiva umfasst. Darüber hinaus zeigen weitere Studien, dass kognitive Therapieprogramme, die man selbst anwenden kann, bei der Behandlung von nicht akuten Angstzuständen und Depressionen anhaltend Hilfe bieten können. Daher kann es eine wertvolle Hilfe sein zu lernen, solche praktischen mentalen Techniken anzuwenden. Wir werden sie in diesem Buch immer wieder einsetzen.

Wie wir jedoch in der Praxis feststellen werden, kann der kognitive Akt, bei dem wir die negativen Gedanken und Annahmen durch positivere Gedanken und Annahmen ersetzen, unsere tieferen Bedürfnisse nach innerer Ruhe, intuitiver Klarheit, emotionaler Heilung und der Entdeckung unseres menschlichen Potenzials jenseits oberflächlicher Vorstellungen und geistiger Selbstbilder nicht allein erfüllen. Deshalb wird unsere Darstellung dort ansetzen, wo alle anderen bis auf wenige Ausnahmen aussteigen. Wir werden zeigen, was schon Einstein sehr weise formuliert hat: Ein Problem können wir nicht dadurch lösen, dass wir die gleichen geistigen Ansätze verwenden, die das Problem überhaupt entstehen ließen.

Bei dem wirksameren und ganzheitlicheren Ansatz zur Befreiung des Geistes, den tatsächlich viele der innovativeren Therapeuten gegenwärtig in ihrer Arbeit untersuchen und anwenden, müssen wir zuerst unsere Hausaufgaben machen und unsere zugrunde liegenden Vorstellungen bewerten und verändern. Erst dann können wir lernen, unseren denkenden Geist insgesamt zur Ruhe zu bringen.

Die Erforschung des Geistes

Die einzelnen Techniken für einen Wechsel vom deduktiven Denken zu einer intuitiveren und vom Erleben geprägten Bewusstseinsweise, die in diesem Buch vorgestellt werden, sind natürlich nicht aus einem Vakuum heraus entstanden. Eine Vielzahl von psychologischen und neurologischen Untersuchungen sowie langjährige Erfahrungen in der Arbeit mit Klienten haben die Trainingsmethoden, die hier gelehrt werden, hervorgebracht. Wir werden auf die wichtigsten wissenschaftlichen Studien eingehen, so dass Sie ein klares neurologisches und psychologisches Verständnis für die Erkenntnisse erhalten, die zur Entwicklung dieses neuen Ansatzes zur emotionalen Heilung und zur persönlichen Weiterentwicklung geführt haben.

Vor allem während der letzten 30 Jahre waren meine Kollegen und ich an zahlreichen Forschungsprojekten beteiligt, in denen die Gehirnfunktionen im Zusammenhang mit kognitiven beziehungsweise nichtkognitiven geistigen Aktivitäten untersucht wurden. Dabei bezieht sich »kognitiv« auf einen bewussten Strom von Gedanken oder Bildern durch den Geist. Für den Inhalt dieses Buches waren vor allem einige Studien wichtig, an denen ich vor einigen Jahren beteiligt war und auf die ich ausführlich eingehen werde. Ich habe sie weiterentwickelt und sie direkt in diese neuen Trainingsmethoden einfließen lassen, mit denen Sie Ihren Geist steuern und sich die Kraft und den Segen der inneren Ruhe erschließen können. Bei diesen Studien wurden elektroenzephalografische (EEG) und physiologische Geräte verwendet, um zu dokumentieren, wie gezielte kognitive Veränderungen in der gedanklichen Aktivität eines Menschen (beispielsweise der Wechsel von einem Zustand des Grübelns zu einem Zustand innerer Ruhe) in vorhersagbarer Weise entsprechende Veränderungen in der neurologischen Aktivität und den physiologischen Reaktionen dieses Menschen erzeugen.

Diese Ergebnisse belegen eindeutig die direkte ursächliche Verbindung zwischen den sorgenerfüllten Gedanken, die wir chronisch durch unseren Geist fließen lassen, und der daraus resultierenden Angst, die wir in Form von negativen Emotionen, körperlichem Stress und allgemeinem Unbehagen erleben.

Da wir den Einfluss des denkenden Geistes auf den Körper und die Gefühle noch besser verstehen wollten, führten meine Kollegen und ich am Institut für Experimentelle Psychologie eine Studie mit mehreren sehr weit fortgeschrittenen indischen Yogis durch. Wir dokumentierten wissenschaftlich exakt ihre erstaunliche Fähigkeit, ihre Körperfunktionen (Herzschlag, Körpertemperatur, Blutdruck, EEG-Aktivität, Blutgerinnungszeit, Schmerzempfindlichkeit usw.) während der Meditation durch innere geistige Arbeit zu verändern und vom »normalen« Denken zu einer Konzentration auf den gegenwärtigen Moment umzuschalten.

Am wichtigsten für den Praxiswert der in diesem Buch vorgestellten Trainingsmethoden war möglicherweise meine Arbeit mit den Wissenschaftlern des Bureau of Research in Neurology and Psychiatry, einem Forschungsinstitut im Bereich Neurologie und Psychiatrie. Das Ziel unserer Arbeit war, die höchst faszinierenden russischen EEG-Studien auf dem Gebiet der Wahrnehmungspsychologie zu wiederholen und weiterzuführen. Sie zeigten, dass der Gedankenfluss vollständig zu einem Stillstand kommt, wenn sich der visuelle Fokus des Probanden (die Art und Weise des Schauens) von einer Punkt-Konzentration (der Fokussierung auf jeweils nur ein Objekt) zu einer Raum-Konzentration verändert (wobei er zwei oder mehr Objekte gleichzeitig wahrnimmt). Das wurde von den Probanden selbst sowie durch EEG-Daten bestätigt.

Diese Erkenntnis führte uns dazu, spezielle Übungen zur Veränderung der Wahrnehmung zu entwickeln, die jeder Mensch zu jeder beliebigen Zeit und an jedem Ort durchführen kann, um den Gedankenfluss wirksam zu beruhigen und einen auf den gegenwärtigen Moment gerichteten Bewusstseinszustand herbeizuführen. Weitere Studien, an denen ich beteiligt war, gaben uns einen zusätzlichen Hinweis zur Auflösung des Puzzles: Wenn wir unsere Aufmerksamkeit nur auf eine einzige körperliche Empfindung richten, strömen die Gedanken in der Regel weiterhin durch unseren Geist. Wenn wir aber den einfachen mentalen Prozess erlernen, uns vollständig auf zwei oder mehr unterschiedliche körperliche Empfindungen zu konzentrieren (zum Beispiel auf die Atmung und den Herzschlag oder auf das, was wir sehen und hören), dann kommen all unsere Gedanken zum Stillstand.

Diese Erkenntnis belegte wissenschaftlich die Richtigkeit von Ergebnissen anderer Studien, die sich mit den psychologischen Abläufen von Meditation beschäftigt hatten: dass nämlich eine gezielte Re-Fokussierung der geistigen Aufmerksamkeit den Gedankenfluss direkt und auf vorhersehbare Weise beruhigen kann.

Weltweit durchgeführte Untersuchungen über die Funktionsweisen des Geistes liefern weiterhin neue Erkenntnisse darüber, welche Wirkung unsere Gedanken auf unseren Körper und unsere Gefühle haben und wie sich Veränderungen auswirken. Auf die Arbeit von Wissenschaftlern wie Andrew Newberg von der

University of Pennsylvania, der neurologische Untersuchungen bei meditierenden Zen-Buddhisten und franziskanischen Nonnen durchführte (deren Gehirnaktivität mittels bildgebender Verfahren unter Verwendung radioaktiver Markierungssubstanzen beobachtet werden konnte), werde ich mehrfach zurückgreifen, um die psychologischen Thesen dieses Buches zu belegen.

Die Weisheit des Herzens

Die ersten drei Kapitel dieses Buches sind zwar sehr wichtig, um erklären zu können, wie unsere Gedanken unser Leben beeinflussen und wie wir von Angst geprägte Konditionierungen überwinden können, um ein wirklich erfüllendes Leben führen zu können, aber eigentlich sind es nur notwendige Schritte, die wir tun müssen, bevor wir bereit sind, die wahren Früchte dieses Buches zu ernten – neuen Auftrieb für unsere Herzen zu bekommen.

Neuere Studien, auf die ausführlich im vierten Kapitel eingegangen wird, zeigen, dass das Herz ein Organ ist, das mindestens zu 65 Prozent aus Nervengewebe besteht; es ist identisch mit der Nervenstruktur des Gehirns. Wir können unser Herz angesichts dieser Tatsache tatsächlich als das »fünfte Gehirn« bezeichnen (neben den vier anderen Gehirnen – dem Reptilien- und Säugetiergehirn, dem Großhirn und den Präfrontallappen). Die gesamte Menschheitsgeschichte hindurch hat die mündlich und schriftlich überlieferte Literatur immer wieder von der Weisheit des Herzens gesprochen und den Rat gegeben, auf unser Herz zu hören, wenn wir Führung benötigen. Wir können nun beginnen, besser zu verstehen, wie wir wirklich mit unserem Herzen fühlen und sogar denken. Darüber hinaus haben Untersuchungen gezeigt, dass unser Herz ein starkes elektromagnetisches Kraftfeld aussendet, das die energetischen Projektionen der Herzen anderer Menschen beeinflusst und mit ihnen kommuniziert. Diese energetische Interaktion des Herzens ist seit vielen tausend Jahren bekannt. Wir beginnen erst jetzt, sie mit wissenschaftlichen Instrumenten zu erforschen, um besser zu verstehen, wie sie funktioniert – und wie wir lernen können, bewusster von Herz zu Herz zu interagieren.

Ein letztes grundlegendes Ziel dieses Buches ist es, spezielle Techniken zu vermitteln, um im Umgang mit uns selbst und anderen von einer Verstandfixierung zu einer Herzfixierung überzugehen. Das siebte Kapitel befasst sich mit intimen Beziehungen und entwickelt diese Thematik weiter.

Viele von uns haben aufgrund eines früheren emotionalen Traumas – ein Liebesfiasko, der Verlust eines geliebten Menschen und andere schmerzliche Erfahrungen in Beziehungen zu anderen, uns wichtigen Menschen – Grenzen um sich herum aufgebaut, die uns ständig von jeglichen Gefühlen des Herzens trennen. Wir haben ein »kaltes Herz« entwickelt, um uns vor neuem Schmerz zu schützen. Dieses Buch zielt vom Anfang bis zum Schluss darauf ab, unsere Herzen wieder zu öffnen, emotionale Wunden aus der Vergangenheit zu heilen und zu lernen, den denkenden Geist regelmäßig zu beruhigen, damit wir auf die tiefere Weisheit und Führung unseres höchst intelligenten Herzens hören können.

Wir befinden uns erst am Anfang einer großen wissenschaftlichen Revolution: dem Wissen und der Fähigkeit, die neurale Interaktion zwischen Gehirn und Herz zu verstehen. Wir wissen bereits, dass es zweifellos eine Kommunikation in beide Richtungen ist. Das Herz sendet neurale Botschaften an das Gehirn, die chemische wie hormonelle Abläufe und Entscheidungsprozesse stimulieren. Vom therapeutischen Standpunkt aus gesehen wissen wir auch, dass die Gefühle des Herzens in die Vorstellungen und Gedanken des kognitiven Zentrums des Gehirns integriert werden müssen, damit eine emotionale Heilung erfolgen kann. Dieses Buch nimmt uns mit an die Grenze dieses sich rasch entwickelnden Forschungsgebiets.

Was gewinnt man?

Vom psychologischen und physiologischen Standpunkt aus betrachtet sind die Vorteile, die man genießt, wenn man sich regelmäßig von einem auf die Vergangenheit oder Zukunft gerichteten Denken löst und sich in einen auf den gegenwärtigen Moment bezogenen Geisteszustand versetzt, sehr beeindruckend. Wenn wir erkennen, dass wir in jedem einzelnen Moment unseres Lebens die Wahl haben, uns in Gedanken zu verlieren oder vollkommen am Leben teilzunehmen, dann ist es ziemlich einfach, diese Wahl regelmäßig zu treffen.

Bevor wir fortfahren, lassen Sie uns eine Pause einlegen und klar zusammenfassen, was Sie in Ihrem Leben gewinnen, wenn Sie die Trainingsmethoden zur Beruhigung des Geistes, die in diesem Buch gelehrt werden, beherrschen:

Kognitive Ruhe: Sie werden feststellen, dass Sie allein durch die Beruhigung Ihres Gedankenflusses einen besonderen Zustand inneren Friedens und geistiger Ruhe fördern. Wenn das ständige Geplapper Ihres inneren Kommentators mit seinen nicht enden wollenden Bewertungen und Einschätzungen der Dinge, die um Sie herum geschehen, aufhört, sind Sie frei, ganz im gegenwärtigen Moment zu sein. Sie sind entspannt und können genießen, was immer gerade passiert.
Körperliches Wohlbefinden: Während Sie sich in Ihren Gedanken verlieren, sind Sie nicht in Ihrem Körper präsent – denn die Gedanken nehmen Sie sofort mit in die Vergangenheit und in die Zukunft, sie entfernen Sie gänzlich von Ihrer physischen Präsenz. Wenn Sie vom Denken zum Erleben übergehen, gelangen Sie direkt zur eigentlichen Quelle jeglichen menschlichen Wohlbefindens: Ihrem eigenen Körper.
Das Erwachen des Herzens: Sie spüren nur dann das ursprüngliche positive Gefühl der Liebe durch Ihr Herz strömen, wenn Sie sich auf den erfahrbaren gegenwärtigen Moment konzentrieren. Wenn Sie sich zu sehr an Ihrem Verstand orientieren, leidet die Verbindung zu Ihrem Herzen. Indem Sie sich bewusst dafür ent-

scheiden, Ihren Fokus immer wieder auf das sinnlich erfahrbare Hier und Jetzt zu lenken, verbinden Sie Ihr Herz auf aktivere Weise mit Ihrer Umgebung und sind bereit, mehr Liebe in Ihrem Leben zu empfangen.

Intuitive Brillanz: Das vorwiegend von der linken Gehirnhälfte gesteuerte deduktive Denken bewegt sich ständig von einem Punkt zum nächsten, von Detail zu Detail, und es schottet sich auf diese Weise gegen alle plötzlichen Geistesblitze und Inspirationen ab. Nur wenn Sie sich vorübergehend von Ihrer kognitiven Denkweise lösen, erhalten Sie Zugang zu den vorwiegend von der rechten Gehirnhälfte gesteuerten Bereichen, in denen ganzheitliches Denken und intuitive Brillanz möglich sind. Sie gewinnen den Blick für das Ganze zurück und können nachhaltige Lösungen für Ihre Probleme finden.

Abbau von Ängsten: Fast all Ihre Sorgen sind ein direktes Ergebnis negativer, von Furcht geprägter Gedanken, die ständig durch Ihren deduktiven Geist strömen. Sobald Sie lernen, Ihren sorgenerfüllten Geist aktiv zu beruhigen und ihn ins Hier und Jetzt zurückzuführen, beenden Sie wirksam die Herrschaft der Angst über Ihre Seele. Sie lassen all die beunruhigenden Erinnerungen an Dinge los, die Ihnen in der Vergangenheit widerfahren sind, und Sie lassen auch die schrecklichen Dinge los, die Ihnen möglicherweise irgendwann in der Zukunft zustoßen könnten – und erleben auf diese Weise das Glück und die Freude, die uns zuteil werden, wenn wir uns auf den sich ständig entfaltenden gegenwärtigen Moment einlassen.

Erfolg im Beruf: Auch im Berufsleben werden persönliche Stärke, geistige Klarheit und ein gutes Verständnis für die geschäftlichen Belange geschätzt und gefördert. Sie entstehen, wenn man sich auf den dynamischen Fluss des gegenwärtigen Moments einlässt. Geschäftsleute beginnen heute wieder zu entdecken, was die Weisen alter Zeiten schon immer wussten – dass man wahren Erfolg aller Voraussicht nach nur erzielt, wenn man sich auf das, was im gegenwärtigen Moment geschieht, unmittelbar »einschwingt« und spontan mit seinem ganzen Wesen darauf reagieren kann, anstatt sich durch Pläne, die man irgendwann einmal in der Vergangenheit gemacht hat, blockieren zu lassen. Geht man darüber hinaus mit einem offenen Herzen auf seine Geschäftspartner zu, entstehen Beziehungen, die eine Basis für langfristigen Erfolg bilden.

Möglichkeiten im Leben: Jeder neue Moment ist voller zahlreicher Möglichkeiten und Gelegenheiten, wenn man bewusst im gegenwärtigen Moment lebt. Solange man aber nur zielorientiert denkt und seine Zukunft weit im Voraus entwirft und plant, versäumt man jede tolle Gelegenheit, die nicht in die eigene Vergangenheits-Zukunfts-Projektion passt, wer man ist und was man im Leben tut. Sobald man sich dazu entschließt, so achtsam wie möglich im gegenwärtigen Moment zu leben, entfaltet sich das Leben mit ungeahnten neuen Möglichkeiten, die in äußerst lohnende Richtungen führen.

Sexuelles Potenzial: Bei den meisten von uns ist der denkende Geist während des Liebesspiels noch sehr aktiv beteiligt – wir sprechen eifrig mit uns selbst darüber, was geschieht; wir überlegen im Voraus, was unser Partner sich wünscht; wir schreiben uns selbst vor, was wir tun und was wir unterlassen sollten; wir machen uns Gedanken darüber, ob wir unseren Partner befriedigen; wir denken sogar manchmal darüber nach, was wir erledigen müssen, wenn das Liebesspiel beendet ist. Nur wenn wir das Denken loslassen und uns im gegenwärtigen Moment auf unseren Körper, unser Herz und unsere Seele einschwingen, erwacht eine echte sexuelle Intimität in uns.

Gesundheit und Vitalität: Unsere körperliche Gesundheit wird unmittelbar durch das Denken chronisch negativer Gedanken geschwächt. Diese verursachen Anspannung und Stress, wodurch unser Immunsystem ernsthaft beeinträchtigt werden kann. Indem wir lernen, mehr im gegenwärtigen Moment zu leben, können wir körperlichen Stress reduzieren und den Körper auf diese Weise in seinen natürlichen gesunden Zustand zurückversetzen. Es gibt nichts Wohltuenderes, als eine Zeit lang entspannt in der Achtsamkeit auf den Augenblick zu verweilen, in der ein Strom heilender Liebe und Freude zu fließen beginnt, der all die Vergiftungen negativer Gedanken fortspült. Wir müssen bewusst in unserem Körper anwesend sein, um gesund zu werden und zu bleiben.

Das Göttliche: Alle meditativen Praktiken lehren, dass eine direkte Verbindung mit dem gegenwärtigen Moment uns eine tiefe Begegnung mit dem Göttlichen im menschlichen Leben ermöglicht. Daher ist es eine Grundvoraussetzung des spirituellen Pfades, einen ruhigen Geist zu entwickeln und unser Herz für die Erfahrung des Augenblicks zu öffnen. In der mystischen Terminologie ist der universelle Geist – oder das göttliche Bewusstsein – nicht etwa ein Phänomen unserer persönlichen Erinnerung oder unserer Zukunftsprojektion, sondern fließt durch unsere Herzen in uns hinein, wenn wir »hier« im gegenwärtigen Moment sind. Wir können uns nicht auf unsere spirituelle Führung einschwingen, während wir damit beschäftigt sind, mit Gott zu »sprechen«, sondern vielmehr dann, wenn unser Geist ruhig und aufnahmefähig ist. Wie wir in diesem Buch zeigen werden, ist es essenziell, sich klarzumachen, dass wir aufhören müssen, über spirituelle Vorstellungen nachzudenken. Wir müssen uns selbst »auf Empfang schalten« und der wahren mystischen Erfahrung begegnen ... genau hier und jetzt, um Gott unmittelbar kennen lernen zu können.

Eintauchen

Bevor wir zum ersten Kapitel dieses Buches kommen, wollen wir uns in einer geführten Sitzung auf den grundlegenden Prozess, der im Folgenden ausführlich beschrieben wird, einstimmen. Dieser Prozess soll Ihnen helfen, die Aufmerksamkeit Ihres Geistes umzulenken: weg von Ihrer geistigen Ausrichtung an vorgefertigten Konzepten, Erinnerungen, Vorstellungen und Sorgen und hin zur unmittelbaren und stets neuen Erfahrung des gegenwärtigen Moments, genau hier, genau jetzt. Dieses geistige »Umschalten« ist eine erlernbare Fähigkeit, und je mehr Sie Ihren geistigen Umschaltmuskel trainieren, desto besser werden Sie diesen Prozess meistern können.

Während Sie diese Worte lesen, die Ihre geistige Aufmerksamkeit in linearer Abfolge über diese Seite führen, können Sie bereits beginnen, Ihre Aufmerksamkeit auszudehnen, indem Sie sich zusätzlich der Luft bewusst werden, die in Ihre Nase herein- und wieder hinausströmt, während Sie atmen...

... Tun Sie nichts, um Ihre Atmung zu verändern, erleben Sie lediglich, wie die Aufmerksamkeit Ihres Geistes beginnt, sich auszudehnen; Sie nehmen nicht nur die Worte dieser geleiteten Meditation wahr, sondern auch Ihren Körper, hier im gegenwärtigen Moment...

... Während Sie damit fortfahren, diese Worte zu lesen, und spüren, wie die Luft sich anfühlt, die durch Ihre Nase oder Ihren Mund ein- und ausströmt, beginnen Sie nun damit, auch der Geräusche um Sie herum gewahr zu werden...

... Wenn Sie das Ende dieses Absatzes erreichen, beobachten Sie, welche einzigartige Erfahrung Ihnen zuteil wird, während Sie das Buch vorübergehend schließen und sich völlig auf die Erfahrung des Atmens einschwingen... Ihr Körper... hier im gegenwärtigen Moment... die Geräusche... die Farben...

Halten Sie inne & erleben Sie

Teil eins
Der befreite Geist –
Grundlagen des Mind-Managements

Ihr sagt, ihr wollt eine Revolution –
Ihr solltet lieber euren Geist befreien.
JOHN LENNON / PAUL MCCARTNEY

Kapitel eins:
Wer steuert Ihren Geist?

Wir alle werden mit einem Schatz in diese Welt hineingeboren, einem persönlichen Biocomputer, der so groß und geheimnisvoll ist, dass die besten Wissenschaftler sogar heute noch zugeben, dass sie – angesichts der enormen interaktiven Komplexität dieses Organs – sehr wenig darüber wissen, wie es tatsächlich funktioniert oder welches Potenzial es möglicherweise hat. Und die meisten Menschen haben buchstäblich keinen blassen Schimmer von der Neurobiologie des Bewusstseins und den ihr zugrunde liegenden geistigen Kräften, die unser Leben formen.

Für das Gehirn gibt es mit Sicherheit keine Gebrauchsanleitung – und unsere Eltern, die in der prägenden Phase unserer Entwicklung dafür zuständig sind, die Weichen für die Leistungen des Gehirns und die Aufnahme von Daten zu stellen, erhalten keinerlei Ausbildung für ihre gewaltige Aufgabe, unsere geistige und emotionale Entwicklung in die richtigen Bahnen zu lenken. Darüber hinaus absolvieren wir eine langjährige schulische Ausbildung, bei der unser Geist mentale Turnübungen vollführen und große Mengen an Informationen verarbeiten muss, die unsere kognitiven Speicher dann für den Abruf parat halten. Zu keinem Zeitpunkt aber erhalten wir eine gründliche Führung in Bezug darauf, wie wir die komplexen emotionalen, intuitiven, wahrnehmenden und spirituellen Prozesse unseres Geistes entwickeln können.

Wir kennen das Endergebnis – wir tun unser Bestes, um all das zu bewältigen und hoffentlich sogar ausgezeichnete geistige Leistungen zu erbringen. Und sicherlich überstehen wir auch die eine oder andere emotionale und spirituelle Krise. Aber wenn wir uns fragen, wer tatsächlich die Kontrolle hat, ist die Antwort häufig ungewiss, entmutigend oder sogar bedrohlich.

Wenn wir behutsam befragt werden, geben die meisten von uns zu, dass wir uns allzu häufig als hilflose Opfer unserer verschiedenen Stimmungsschwankungen empfinden. Aus unerfindlichen Gründen werden wir vielleicht von Sorgen übermannt oder von einer massiven Panikattacke überfallen. Dann wieder geraten wir unerwartet in eine Depression oder sind feindselig gestimmt, obwohl wir das gar nicht möchten. Vielleicht ziehen wir uns auch vor der Welt zurück und lassen uns von Gedanken und Gefühlen vereinnahmen, die von Schuld, Scham, Besorgnis oder Selbstverachtung geprägt sind.

Natürlich erleben die meisten von uns auch bessere Tage, an denen wir voller Tatendrang aufwachen, von Liebe und Freude erfüllt sind und unsere Umgebung mit unserer Fröhlichkeit und unserem Lachen anstecken. Aber selbst unsere hellen, sonnigeren Momente erleben wir selten deshalb, weil wir bewusst und weise mit unserem Geist umgehen, sondern sie scheinen aus heiterem Himmel zu kommen. Wir sind vielleicht dankbar für unsere guten Gefühle, aber wir wissen, dass wir keine Kontrolle darüber haben. Wir wissen, dass wir uns in jedem Moment von negativen Gedanken, Emotionen und körperlichen Symptomen wieder vereinnahmen lassen können, die uns einen ansonsten so wunderschönen Tag zur Last und manchmal sogar zur Hölle machen.

Natürlich male ich dieses etwas desolate Bild unserer gegenwärtigen gesellschaftlichen Situation nicht, um Sie zu deprimieren, sondern um deutlich darauf hinzuweisen, dass dieses emotionale Leiden und diese geistigen Qualen nicht nötig sind. Mit den entsprechenden mentalen Techniken kann man gezielt mit ihnen umgehen und sie bewusst aus dem Weg räumen.

Als Psychologe untersuche ich seit 30 Jahren Stimmungsschwankungen und die ihnen zugrunde liegenden kognitiven Ursachen, und ich kann mit Nachdruck sagen, dass ständiges emotionales Leiden weder unserem natürlichen Zustand entspricht noch ein Schicksal ist, das wir hinnehmen müssen. Allerdings spielt irgendetwas in unserem kollektiven Geist verrückt; irgendwo im Verlauf der Entwicklung unseres riesigen denkenden Gehirns, das noch immer an alte Überlebenstriebe gebunden ist, haben wir einen entscheidenden kognitiven Sprung verpasst.

Die gute Nachricht ist, dass wir uns am Anfang einer Ära befinden, in der wir erkennen, warum wir uns ständig unerwünschten Emotionen aussetzen, in der wir die tiefen Wurzeln unserer inneren Qualen und Verwirrung aufdecken, um dann zu handeln und uns auf freudigere, erfüllendere Bewusstseinsebenen zu verlagern.

Dieses Buch wird gerade so viel Zeit für psychologische und neurologische Erläuterungen aufwenden, dass Sie die wissenschaftlichen Grundlagen des allgemeinen Dilemmas und die logische Vorgehensweise zu dessen Lösung verstehen. Aber das eigentliche Ziel besteht nicht darin, ein neues intellektuelles Gebäude zu errichten. Sie halten stattdessen ein praktisches Handbuch in den Händen, das Sie Schritt für Schritt die psychologischen Techniken lehren wird, um Ihren Geist aus der Umklammerung negativer Vorstellungen, Gedanken und Emotionen befreien zu können.

Einige dieser Techniken haben sich aus den Erkenntnissen und Praktiken alter meditativer Traditionen heraus entwickelt, andere aus den Ergebnissen führender neurologischer und psychologischer Studien, wieder andere aus bahnbrechenden Experimenten der spirituellen Bewegung und manche schließlich aus etablierteren Bereichen der Psyhlogie wie der Psychoanalyse, der Gestalttherapie, kognitiver Verhaltenstherapie usw.

Im Vorwort haben wir bereits die zehn dramatischen Veränderungen beschrieben, die wir bewirken können, wenn wir uns dafür entscheiden, unseren übereifrigen denkenden Geist zu beruhigen und uns neuen Erfahrungen im gegenwärtigen Moment zu öffnen. Die positiven Wirkungen, die uns durch die Beruhigung der Gedanken zuteil werden, lassen sich gut anhand der persönlichen Erfahrung eines meiner Klienten veranschaulichen.

Wir wollen uns ein paar Minuten Zeit nehmen, in denen ich Ihnen erzähle, wie sich Richards Leben von einem Zustand, in dem er keine Wahlmöglichkeiten hatte, zu einem Leben veränderte, in dem er über alles frei entscheiden konnte. Die Namen und Details wurden natürlich verändert, um die Anonymität der Beteiligten zu wahren.

Ein Fallbeispiel: Richards Entscheidung

Richards Wecker klingelte laut und schrill. Er löste sich aus einem verschwommenen Traum, blinzelte und wachte auf. Sofort begann sein Verstand sich aus Gewohnheit auf die dringendsten Aufgaben dieses Tages zu konzentrieren. Seine Frau wachte auf und begrüßte ihn mit einem liebevollen Lächeln, aber anstatt ein paar Augenblicke mit ihr zu kuscheln, setzte er sich im Bett auf und dachte über die Details einer Marketingpräsentation nach, die er um 9.15 Uhr im Büro vortragen musste. Sorgenvolle Gedanken attackierten seinen Geist, als er feststellte, dass er noch immer unzufrieden mit einigen Formulierungen in seinem Powerpoint-Vortrag war.

Auf dem Weg ins Badezimmer war er bereits völlig mit der Problemlösung beschäftigt, er war emotional angespannt und nahm seinen Körper fast nicht mehr wahr. Als er sich die Zähne putzte, stellte er sich eine Auseinandersetzung mit einem seiner Kollegen namens Oliver vor. In Gedanken verteidigte er seine Geschäftslogik und suchte nach den passenden Worten, die Olivers Argumente bei der Besprechung entkräften würden.

Zehn Minuten später saß Richard am Frühstückstisch. Er hatte bereits seinen Laptop aufgebaut, führte Änderungen aus und grübelte über Details nach, als er versuchte, die ersten Zeilen seiner Präsentation besser zu formulieren. Sein Sohn, der gerade im Teenageralter war, setzte sich an den Tisch und wollte mit ihm über seinen Sieg beim Tennis sprechen, den er am Vortag errungen hatte, aber Richard hatte keine Zeit zum Plaudern – er war so mit seinen geschäftlichen Problemen beschäftigt, dass er die Anwesenheit seines Sohnes kaum wahrnahm. Und als seine Frau liebevoll ihren Arm um ihn legte, während er zur Tür ging, entzog er sich ihr – er war innerlich schon fort, gab ihr lediglich einen flüchtigen Kuss und eilte hinaus.

Auf dem Weg in die Stadt war Richard angesichts des Verkehrs ungeduldig. Zweimal wechselte er nur halb bewusst die Spur und hätte damit einen Unfall verursachen können. Plötzlich erinnerte er sich daran, wie gefühllos er sich gegenüber seiner Familie verhalten hatte. Schuldgefühle überkamen ihn, und er fragte sich, ob er die Gefühle seines Sohnes verletzt hatte und ob seine Frau dachte, dass er sie nicht mehr liebte, obwohl er es sehr wohl tat.

Er ging schnell ins Büro, noch immer vereinnahmt von den sorgenvollen Gedanken über seine Familie. Als ihm Oliver auf dem

Gang begegnete, sah Richard ihn nur mürrisch an und ignorierte ihn dann. Sie waren in der vorigen Woche heftig aneinander geraten, und Richard war immer noch verärgert über Olivers Ablehnung seiner Vision bezüglich des neuen Projekts.

Ein paar Minuten später fand die Besprechung statt. Sieben Vorgesetzte von Richard saßen am Tisch und blickten ihn verdrießlich an, während er angespannt und nahezu aggressiv seinen Vortrag hielt. Immer wieder geriet er dabei ins Stocken, und es gelang ihm nicht, seine neuen Ideen überzeugend vorzutragen. Und natürlich griff Oliver ihn genau bei den Punkten an, bei denen er es erwartet hatte, und die darauf folgende Auseinandersetzung machte die ganze Sitzung zu einem ergebnislosen Ärgernis.

Richard ging steifen Schrittes aus dem Gebäude und fuhr zu seinem Büro, das sich außerhalb der Stadt befand. Er war erschöpft und wütend und befürchtete darüber hinaus, dass er bei seiner Präsentation versagt hatte. Die ganze Welt schien sich gegen ihn verschworen zu haben – er hasste seine Arbeit, er hasste Oliver, und es machte ihm Mühe, die Aufgaben des täglichen Lebens zu verrichten. Er wusste, dass er stets sein Bestes gab, aber irgendwie verstrickte er sich immer wieder in seine Sorgen und ungenügenden Leistungen. Er betrat sein Büro deprimiert, beunruhigt, wütend und ohne Zuversicht...

Es scheint so, als seien Richards Erlebnisse an diesem Morgen unausweichlich, als sei er in einem Leben voller Furcht, Frustration und Schuld gefangen. Aber wie wir in diesem Buch noch sehen werden, hätte er sein Schicksal an verschiedenen entscheidenden Punkten selbst in die Hand nehmen und seine Erfahrungen in positivere Erlebnisse umwandeln können. Lassen Sie uns Richards Morgen erneut betrachten und die entscheidenden Möglichkeiten herausfinden, die er gehabt hätte, um sowohl seine berufliche Leistung zu verbessern als auch die Erlebnisse mit seiner Familie glücklicher zu gestalten.

Stellen Sie sich vor, in welchen Fluss Richards Morgen kommen würde, wenn er sich gleich nach dem Aufwachen, anstatt sich sofort von seinen beruflichen Sorgen vereinnahmen zu lassen, dafür entscheiden würde, seine konditionierten Gedanken zu beruhigen und seine Aufmerksamkeit auf die Möglichkeit zu richten, ein paar Augenblicke mit seiner Frau zu kuscheln. Auf diese Weise könnte er den Tag mit positiven Emotionen und sogar mit einem Gefühl sexueller Lust beginnen.

Während er sich die Zähne putzt, hat er erneut die Möglichkeit, alle Gedanken über die Zukunft beiseite zu schieben und sich stattdessen im gegenwärtigen Moment auf seinen physischen Körper einzuschwingen, sich auf seine Atmung, seinen Herzschlag, das Gefühl seiner nackten Füße auf den kühlen Fliesen zu konzentrieren. Als er nach unten in die Küche geht, ist sein Geist klar, und es ist für ihn ein angenehmes Gefühl, seinen Körper zu spüren. Es könnte sein, dass er auf einmal, scheinbar aus heiterem Himmel, eine zündende Idee hat, wie er seine Powerpoint-Präsentation verbessern kann.

Er nimmt seinen Laptop mit zum Frühstückstisch und führt seine Änderungen aus. Als er mittendrin ist, kommt sein Sohn herein. Richard entscheidet sich dafür, seine Arbeit zu unterbrechen, um seinen Sohn väterlich in den Arm zu nehmen. Dann unterhält er sich mit ihm über sein Tennismatch. Es entsteht ein Fluss tief empfundener Liebe, der für beide sehr angenehm ist. Schließlich widmet Richard sich wieder seiner Arbeit am Computer und beendet sein Frühstück.

Bevor er zur Arbeit aufbricht, umarmt er seine Frau liebevoll. Eine halbe Minute lang lassen sie alles los, was ihren Geist beschäftigt, und erleben die Intimität, die ihnen beiden so viel bedeutet. Als er von zu Hause losfährt, ist sein Geist klar, sein Herz offen, und er fühlt sich in Harmonie mit sich und der Welt.

Während der Autofahrt wird er einige Male in sorgenvolle Gedanken hineingezogen – aber jedes Mal, wenn er merkt, dass die Angst seine Atmung beeinträchtigt, entscheidet er sich bewusst, sich nicht in belastende Gedanken zu verstricken. Stattdessen denkt er über einige berufliche Maßnahmen nach, die er in den nächsten Tagen durchführen muss, und macht dann eine spezielle Meditation, die er gelernt hat. Sie hilft ihm, den Kontakt mit sich selbst herzustellen ...

Als er das Büro in der Stadt betritt, ist er zuversichtlich, dass seine Präsentation gut laufen wird, und die Menschen um ihn herum grüßen ihn herzlich, da sie ihn so strahlen sehen. Als er seinen Widersacher auf dem Gang trifft, reagiert Richard nicht ablehnend. Stattdessen lächelt er und öffnet diesem Mann sein Herz –

und obwohl Oliver seine negativen Gefühle nicht ganz loslassen kann, erkennt Richard, dass sich die Wogen zwischen ihnen etwas glätten.

Die Sitzung und die Präsentation entwickeln sich positiv und ohne jeglichen Stress für Richard. Er bleibt bewusst und körperlich zentriert, sein Geist ist ruhig und klar. Richard ist bereit, mit seinem Herzen anzunehmen, was auch immer geschehen mag. Da er nicht von Sorgen und Machtspielen vereinnahmt ist, bewundern seine Vorgesetzten seine starke Präsenz und nehmen seine Präsentation mit großem Lob auf. Er überrascht sich sogar selbst mit einigen spontanen brillanten Einfällen, die aus dem Nichts zu kommen scheinen und die Präsentation zu einem vollen Erfolg werden lassen. Anstatt ihn anzugreifen, hat Oliver mittlerweile festgestellt, dass die restlichen Teilnehmer Richards Vorschlag unterstützen und dass es keinen Sinn macht, gegen ihn zu kämpfen.

Richard verlässt das Gebäude mit dem gleichen Gefühl, das er hatte, als er hineinging. Er machte sich keine Sorgen beim Hineingehen und ist ebenso ruhig und zufrieden beim Hinausgehen. Schließlich nimmt er sich noch ein paar Minuten Zeit, um mit einem Kollegen auf dem Parkplatz über gemeinsame Interessen zu plaudern und Pläne für ein gemeinsames Abendessen zu machen.

Veränderungen sind möglich

Ich kann mir vorstellen, was einige von Ihnen jetzt denken: Natürlich haben wir alle bereits solche äußerst schlauen Ratschläge und Lebensweisheiten gehört, die uns versprechen, auf wundersame Weise unser Leben zu verändern, und zwar durch einen einfachen Trick. Der mag bei ein paar Leuten funktionieren, bei den meisten jedoch nicht. Unser Leben ist nicht so einfach, unsere Probleme sind nicht so leicht zu lösen, unsere geistigen Gewohnheiten und Konditionierungen nicht so ohne weiteres zu verändern. Wenn es so leicht wäre, unser Leben positiv zu verändern, hätten wir es alle längst getan. Daher inspirieren positive Geschichten wie diejenige, die wir gerade gehört haben, uns nicht unbedingt. Manchmal deprimieren sie uns sogar, weil wir das Gefühl haben, man erwarte nun von uns, dass wir sämtliche

Besorgnis erregenden Gewohnheiten und geistigen Fixierungen sofort abwerfen können, so als wäre das überhaupt keine Herausforderung.

Ich kann derartige Reaktionen gut nachempfinden. Mir ist durchaus bewusst, welche Herausforderung es bedeutet, uns dafür zu entscheiden, unseren Geist ab sofort bewusster zu kontrollieren und die Fähigkeit zu entwickeln, unsere Aufmerksamkeit in positivere Richtungen zu lenken.

Gleichzeitig ist Richards zweite Geschichte mitnichten eine Episode aus einem Märchen über eine unrealistische Verbesserung des Lebens. Im Laufe der Jahre haben meine Kollegen und ich beobachtet, wie zahlreiche Menschen große Veränderungen in ihrem Leben bewirkt haben. Mittlerweile gibt es keinen Zweifel mehr darüber, dass die meisten Menschen positive Ziele und Ergebnisse wie die geschilderten zuversichtlich ansteuern können, wenn sie auf der Erfahrungsebene wirksam angeleitet werden und den Prozess zur Beruhigung des Geistes klar verstanden haben.

Um es ganz deutlich zu machen: Wir sprechen hier *nicht* von einer oberflächlichen Lösung, die auftretende Symptome lediglich vorübergehend behandelt. Wir sprechen davon, die fortschrittlichsten Techniken anzuwenden und langfristig daran zu arbeiten, die wahren Ursachen für einen aufgewühlten, unzufriedenen Geist zu erkennen und diese Techniken dann Schritt für Schritt zu meistern, um unser Leben erfüllender und freudiger zu gestalten.

Erstaunliche Erkenntnisse

Der Psychiater Humphrey Osmond ist, wie so viele großartige wissenschaftliche und humanitäre Geister vor ihm, von den neuen Generationen fast vergessen worden. Aber als ich in den späten sechziger und den siebziger Jahren mit meiner Arbeit begann, galt Dr. Osmond als einer der hellsten Köpfe in der psychologischen und medizinischen Forschungsgemeinschaft. Er war der weise, unterstützende Arzt, den Aldous Huxley in seiner autobiographischen Erzählung *Die Pforten der Wahrnehmung*, einem Werk über die frühe psychedelische Forschung, beschrieb. Mehr als zwei Jahrzehnte diente er der neuen Forschungsgemeinschaft als Führer und Mentor. Sie bemühte sich, die oft bahnbrechenden Erkenntnisse wissenschaftlich auszuwerten. Die Wissenschaftler untersuchten die psychologischen und neurologischen Wirkungen durch physischen und kognitiven Stress, emotionales Trauma, Hypnose, Alkohol, Marihuana und psychedelische Substanzen im Rahmen der sich rasch weiterentwickelnden Erforschung der Grenzen des menschlichen Bewusstseins.

Ich schätzte mich glücklich, eine Stelle als wissenschaftlicher Hypnotiseur in Humphrey Osmonds Forschungsbüro am New Jersey Neuro-Psychiatric Institute angeboten zu bekommen, das vom National Institute of Mental Health finanziert wurde. Unter der Führung von Dr. Osmond erlebte ich schöpferische Monate des unermüdlichen Forschens. Wir untersuchten, wie die Leistungen des Gehirns verändert werden können, wenn ein Proband seine Aufmerksamkeit vom deduktiven Denken (in diesem Fall beim Lesen eines Biologiebuches) auf das reine sinnliche Erleben im gegenwärtigen Moment verlagert. Die Ergebnisse dieser Untersuchungen hatten einen nachhaltigen Einfluss auf mein Verständnis bezüglich der Art und Weise, wie wir uns aus der Umklammerung des lauten geistigen Geplappers befreien und uns darauf verlagern können, uns im gegenwärtigen Moment ganz auf unsere Umgebung einzulassen.

Im Einzelnen führten wir mit 32 Probanden ein 15-minütiges Experiment durch. Zunächst lasen sie fünf Minuten lang, legten das Buch dann zur Seite und richteten ihre Aufmerksamkeit ganz auf sensorische Wahrnehmungen wie zum Beispiel auf das Gefühl der Luft, die in ihre Nase herein- und wieder hinausströmte, die Brust- und Bauchbewegungen während der Atmung, das Gefühl des Herzschlags oder Pulses, auf akustische Reize (Geräusche) und visuelle Reize (ausgewählte Objekte) und so weiter. Bei den Probanden wurde ein EEG (Electroenzephalogramm) durchgeführt, und sie waren an Apparate angeschlossen, die Veränderungen des Herzschlags, des Blutdrucks, der Körpertemperatur etc. maßen. Darüber hinaus führten wir mit ihnen Interviews vor und nach den Experimenten durch, um Daten über ihr jeweiliges subjektives Erleben zu erhalten.

Wir stellten fest, dass die subjektiven und objektiven Indikatoren deutliche Veränderungen der Gehirnaktivität, der Körperfunktionen und der inneren emotionalen Erfahrung anzeigten. Damit belegten wir wahrscheinlich zum ersten Mal experimentell, dass allein die Verlagerung des Fokus der geistigen Aufmerksamkeit vom Denken zum Erleben die elementaren neurologischen und physischen Funktionen verändert.

Unter Dr. Osmonds Leitung unternahmen wir den nächsten logischen Schritt in unserer Forschung. Dabei verlagerte der Proband seine Aufmerksamkeit gezielt von seinen negativen Gedanken (Sorgen in Bezug auf ein Thema, das ihn beunruhigte) auf eine sinnliche Wahrnehmung im gegenwärtigen Moment, zum Beispiel auf die der Atmung, von Geräuschen, angenehmen Bildern usw. Wieder stellten wir fest, dass deutliche Veränderungen in der Gehirnaktivität und bei den Körperfunktionen hervorgerufen wurden. Das Ausmaß der Veränderungen war sogar erheblich größer als bei dem Experiment zuvor.

Der nächste Schritt basierte auf Studien über die Meditation, die Alan Watts durchgeführt hatte. Wieder sollte der Proband in einen Zustand der Sorge versetzt werden. Dann wollten wir Folgendes beobachten: Machte es einen Unterschied, ob sich der Proband auf eine Wahrnehmung konzentrierte (auf die Atmung, ein Geräusch oder ein Bild) oder auf zwei solcher Wahrnehmungen gleichzeitig? Wie wir bereits aufgrund der Meditationsstudien vermutet hatten, stellten wir fest, dass die Probanden nicht unmittelbar von den sorgenvollen Gedanken zum Erleben des gegenwärtigen Moments umschalten konnten, wenn sie sich nur auf einen einzigen Wahrnehmungsimpuls konzentrierten. Wenn sie sich dagegen auf zwei oder mehr sensorische Wahrnehmungen gleichzeitig konzentrierten, rief das sofort messbare Veränderungen in der Aktivität der Gehirnwellen etc. hervor, und die Probanden erlebten subjektiv, dass ihre sorgenvollen Gedanken und Gefühle weniger wurden. In anderen ähnlichen Experimenten stellten wir sogar fest, dass es sehr schwer oder gar unmöglich ist, klar auf deduktive Weise zu denken, während man sich auf zwei oder mehr sensorische Impulse konzentriert – die Aktivität der Wahrnehmung bewirkt eine Art Kurzschluss des Denkprozesses.

Dieses Kapitel widmet sich den Erkenntnissen, die aus dieser frühen Forschung stammen. Es sind Erkenntnisse, die mittlerweile klar durch die neu entwickelten Brain-Mapping-Verfahren bestätigt worden sind. Mit solchen Brain-Mapping-Verfahren kann man fotografieren, wie verschiedene Teile des Gehirns aufleuchten oder sich beruhigen, wenn der Proband von kognitiven zu sensorischen Fixierungen umschaltet und von einer Emotion zur nächsten wechselt.

Es besteht kein Zweifel mehr bezüglich der physiologischen und neurologischen Wirkung einer Verlagerung des geistigen Fokus und der mentalen Aktivität. Vor allem wenn wir, wie wir gerade gesehen haben, den Fokus unserer Aufmerksamkeit von unseren Gedankenflüssen – woraus sie auch immer bestehen mögen – weglenken und auf einen oder mehrere sensorische Impulse gleichzeitig richten, kommen unsere Gedanken zum Stillstand – offensichtlich ein wesentlicher Schlüssel zur Beruhigung des Geistes. Mit seiner Hilfe können Sie jederzeit, wo Sie auch sind, einen sorgenvollen Geist zur Ruhe bringen und sich ganz auf den gegenwärtigen Augenblick und Ihre Präsenz darin einschwingen.

Übung macht den Meister

Lassen Sie uns ein paar Augenblicke lang prüfen, wie es um Ihre momentane Fähigkeit, Ihre Gedanken zu beobachten, während sie durch Ihren Geist fließen, bestellt ist ... um dann Ihre Aufmerksamkeit vom Denken auf das Erleben zu verlagern.

Bei der Entwicklung Ihrer mentalen Fähigkeit, den Fokus Ihrer

Aufmerksamkeit zu kontrollieren, sollten Sie sich nicht entmutigen lassen, wenn es Ihnen anfangs schwer fällt, Ihre gesamte Aufmerksamkeit auf die unmittelbaren sensorischen Wahrnehmungen gerichtet zu halten. Ihr Geist hat mit großer Wahrscheinlichkeit einen tief verwurzelten Reflex entwickelt, der dazu neigt, Sie wieder zum Denken zurückzukatapultieren. Die Gründe dafür werden wir später ausführlich untersuchen. Falls es so ist, sollten Sie diese Angewohnheit einfach zur Kenntnis nehmen, das Ganze beobachten, während es geschieht... und regelmäßig die folgende einfache, aber entscheidende Fokussierungsübung machen, bis Sie beginnen, die Fähigkeit zu meistern, gezielt von einer kognitiven Fixierung zur Wahrnehmungsebene umzuschalten. Am Ende dieses Kapitels werde ich eine Übung vorstellen, mit deren Hilfe Sie überprüfen können, ob Sie diesen elementaren geistigen Umschaltprozess beherrschen:

Wenn Sie diesen Absatz gelesen haben, können Sie das Buch für ein paar Minuten zur Seite legen, Ihre Augen schließen... und Ihre geistige Aufmerksamkeit auf die gegenwärtige physische Wahrnehmung der Luft richten, die in Ihre Nase hinein- und wieder herausströmt, während Sie atmen... gleichzeitig werden Sie sich der Bewegungen in Ihrer Brust und in Ihrem Bauch bewusst, während Sie atmen... und gleichzeitig werden Sie sich der Geräusche um Sie herum bewusst, während Sie weiterhin atmen... und Sie stellen fest, dass Ihr Geist ruhiger geworden ist...

Halten Sie inne & erleben Sie

Wie unser Gehirn arbeitet

Anhand der Übung, die Sie gerade durchgeführt haben, haben Sie für sich selbst überprüfen können, was wir im Labor herausgefunden haben – dass ein bewusstes Umschalten der Wahrnehmung Ihr inneres Erleben verändern kann. Betrachten wir nun etwas genauer, wie diese Veränderung hervorgerufen wird. Ich möchte Sie bitten, sich dafür ein paar Seiten lang auf die Erläuterungen über das Gehirn einzulassen, da dieser Überblick für spätere Erörterungen dienlich sein wird.

Das menschliche Gehirn ist, wie Sie wissen, unglaublich komplex. Viele Merkmale haben wir mit den niedrigsten Lebensformen auf diesem Planeten gemeinsam. So gibt es Gehirnregionen, deren Abläufe fast ausschließlich vorprogrammiert und fest verdrahtet sind. Sie sorgen dafür, grundlegende Körperfunktionen aufrechtzuerhalten. Die Struktur unseres Gehirns hat sich in mehr als 20 000 Jahren nicht merklich verändert. Das bedeutet, wir nutzen grundsätzlich das gleiche neurologische System wie zu der Zeit, als wir primitive Jäger und Sammler waren. Das erklärt zumindest teilweise, warum viele unserer emotionalen Reaktionen auf Situationen überholt und häufig sogar äußerst kontraproduktiv für unser heutiges Wohlbefinden sind. Wie man vor kurzem festgestellt hat, sind sage und schreibe über 97 Prozent unseres DNA-Aufbaus mit dem einer Feldmaus identisch.

Am gegenüberliegenden Ende des Bewusstseinsspektrums besitzen wir jedoch einzigartige menschliche Eigenschaften. Wir sind in der Lage, enorme geistige Leistungen zu erbringen: Dazu gehören das rationale Denken, die emotionale Empathie sowie intuitive Einsicht, die uns allesamt befähigen, erstaunliche technologische Meisterleistungen zu vollbringen, intellektuelle Akrobatik zu betreiben und vielleicht sogar das persönliche Bewusstsein gänzlich zu transzendieren und in transpersonale Bereiche vorzudringen (neue Studien deuten darauf hin – mehr dazu später).

An jedem Tag unseres Lebens, von morgens bis abends, wechseln wir ständig von einer Gehirnfunktion zur nächsten. Manchmal richten wir unsere Wahrnehmung ausschließlich auf unsere körperlichen Empfindungen; manchmal packt unser limbisches System uns mit intensiven emotionalen Reaktionen; dann wieder verlieren wir uns völlig in abstrakten Gedanken und dem Grübeln über Problemlösungen; menschliche Kontakte halten uns zu manchen Zeiten auf den gegenwärtigen Augenblick konzentriert, während wir uns zu anderen Zeiten im Geist völlig aus unserer Umgebung entfernen und uns intensiv an die Vergangenheit erinnern oder uns die Zukunft ausmalen. Und hin und wieder erleben wir jene seltenen, aber bedeutenden Lichtblicke intuitiver Einsicht, von der ich oben gesprochen habe, und manchmal sogar ein tiefes Gefühl mystischer Einheit und spiritueller Transzendenz, die durch einen noch immer geheimnisvollen Prozess mentaler Integration des gesamten Gehirns ermöglicht werden...

Wie ist es möglich, so viele unterschiedliche Erfahrungsebenen innerhalb eines Gehirns zu haben? Sie haben vielleicht schon davon gehört, dass wir mehrere unterschiedliche evolutionäre Schichten von Gehirnsystemen in unseren Köpfen haben. Jede von ihnen verfügt über besondere Fähigkeiten und Aufgaben, und alle interagieren miteinander. Ohne verallgemeinern zu wollen, können wir einige grundlegende Beobachtungen machen, die unser Verständnis fördern, ohne die bemerkenswerte Komplexität des Gehirns dabei in Frage zu stellen. Wenn Ihnen diese Dinge bereits bekannt sind, können Sie diesen Abschnitt natürlich einfach überblättern.

Wichtig ist Folgendes: Die Gehirnforschung hat gezeigt, dass die linke Hälfte der Hirnrinde der Hauptsitz des deduktiven, logischen, linearen Denkens ist. Dieser Teil des Gehirns ist ein Meister der Analyse, Kategorisierung, Beurteilung und Problemlösung. Hier interagieren unsere tief verwurzelten Überzeugungen mit unseren Zielen. Auch unser Gefühl von Richtig und Falsch ist hier beheimatet.

In unserer heutigen Gesellschaft, die chronisch auf das deduktive Denken fixiert ist (und nicht etwa auf die intuitive Reflexion), dominiert die Aktivität der linken Gehirnhälfte. Das lineare logische Denken ist so sehr in unseren Grundannahmen und Vorstellungen über das Leben verankert, dass es meistens bestimmt, was wir tun. Diese ständig aktive gedankenzentrierte »Ego-Dimension« des Gehirns hat häufig die Kontrolle über uns.

Es ist auf die linke Gehirnhälfte zurückzuführen, dass die meisten von uns den Fluss der Zeit als linear und auf die Vergangenheit oder Zukunft bezogen empfinden. Diese Gehirnhälfte nutzt symbolische Informationen und geistige Glaubenssätze, die sich aus vergangenen Erfahrungen entwickelt haben, um aktuelle Begebenheiten des Lebens zu analysieren, neue Konzepte, Glaubenssätze und Überzeugungen zu entwickeln, diese auch in die Zukunft zu projizieren und Pläne zu machen, um unser Leben in eine hoffentlich positive Richtung zu lenken.

Die Fähigkeit des logisch denkenden Geistes, dem Sitz des Egos, unser Leben bis zu einem gewissen Grad zu kontrollieren, kann sehr hilfreich sein – vorausgesetzt, dies wird regelmäßig von unseren intuitiven und spirituellen Erfahrungen ausgeglichen. Aber allzu häufig übernimmt das deduktive Denken eine rigide Kontrolle und regiert mithilfe von voreingenommenen und auf Ängsten gründenden Erwartungen und Überzeugungen, so dass nur wenig oder kein Raum für Spontaneität und spielerische Handlungen des Herzens und der Seele bleibt. Wie wir gesehen haben, erzeugen unsere Gedanken zudem fast immer emotionale Reaktionen in unserem Körper, und wenn unsere Gedanken angstbesetzt sind, werden unsere Gefühle alles andere als angenehm sein.

Zum Glück sind wir keine rein rationalen Denkmaschinen. Wir besitzen andere elementare geistige Funktionen, die mit unserem Denken interagieren und erkenntnisreichere und spontanere Gedankenflüsse in unserem Geist erzeugen. Zudem vermitteln sie uns Erfahrungen jenseits allen Denkens, wenn der denkende Geist ruhig wird und andere Bewusstseinsbereiche aktiv werden. In der rechten Hälfte der Hirnrinde sind zum Beispiel bemerkenswerte nicht-lineare intuitive Bewusstseinsebenen beheimatet, die für unsere spontane Aufmerksamkeit im gegenwärtigen Moment sorgen. Mit ihrer Hilfe können wir zudem Harmonie, Mitgefühl, Schönheit und Integration erleben.

Im Gegensatz zur linearen Funktion der linken Gehirnhälfte, die sich von einem Punkt zum nächsten bewegt, neigt die rechte Gehirnhälfte dazu, das Ganze auf einmal zu erfassen, anstatt sich auf Details zu fixieren. Aufgrund dieser Fähigkeit (das wird anhand von Gehirnscans deutlich, die zeigen, dass hierbei viele

Gehirnbereiche gleichzeitig arbeiten) kommt es zu den plötzlichen und so häufig unterschätzten Geistesblitzen jenseits der Begrenzungen des normalen linearen Denkens.

Die auf der Erinnerung basierenden Gedanken, Erwartungen und Glaubenssätze der linken Gehirnhälfte spielen bei Problemlösungen sicherlich eine wesentliche Rolle. Doch sind sie auch für negative Emotionen wie Angst, Scham, Ärger und Depressionen verantwortlich. Im Gegensatz dazu lässt die stärker auf den gegenwärtigen Moment und das Erleben ausgerichtete rechte Gehirnhälfte positive »gedankenlose« Gefühle wie Freude, Mitgefühl, Spaß, Wohlbefinden und Glück entstehen.

Gehirnscans von Meditierenden dokumentieren, dass eine Verlagerung der Aktivität von der linken Gehirnhälfte auf die rechte Gehirnhälfte in einem direkten Zusammenhang mit dem Umschalten vom normalen Denken zu einer spirituell-meditativen Erfahrung steht. Bei der Steuerung des Geistes kommt es in erster Linie darauf an, weise und regelmäßig zu entscheiden, worauf sich der Fokus der Aufmerksamkeit richten soll – da alles Weitere aus dieser ersten Wahl und Entscheidung entsteht. Lassen Sie uns wieder eine Übung machen. Nehmen wir uns die Zeit, um tatsächlich zu erleben, worüber wir sprechen.

> Sie sind gerade jetzt damit beschäftigt, diese Worte zu lesen, das heißt, den Fluss von Symbolen zu entziffern und zu verstehen. Das ist eindeutig eine deduktive Funktion der linken Gehirnhälfte. Wenn Sie diesen Absatz zu Ende gelesen haben, legen Sie das Buch zur Seite und öffnen Sie sich für die nun folgende Erfahrung, die Sie machen werden, sie könnte intuitiver oder sogar spiritueller Natur sein ... schwingen Sie sich wieder auf das Erleben Ihres Atems ein ... achten Sie gleichzeitig auf Ihr Herz ... die Geräusche um Sie herum ... auf das, was Ihre Augen sehen, wenn Sie im Zimmer umherschauen ... und wenn Sie beobachten und erleben, dass Ihr Gehirn seine Arbeitsweise verändert, seien Sie offen für eine neue Erfahrung ...
>
> *Halten Sie inne & erleben Sie*

Das Erlebnis-Portal

Neben der linken und rechten Seite der Hirnrinde gibt es zwei weitere Hauptbereiche des Gehirns, die wesentlich für unser Denken, Fühlen und Handeln sind – die limbische Region des emotional-assoziativen Gehirns und die verschiedenen Regionen des wahrnehmenden Gehirns. Die limbische Region, in der erinnerte Gefühle gespeichert sind, liegt direkt unter der Hirnrinde – und ist aufs Engste mit der Arbeit beider Hemisphären verbunden. Bei weniger komplexen Geschöpfen, die nicht zu rationalem Denken in der Lage sind, reagiert das limbische System in Kooperation mit einem Sofort-Analyse-System, dem »primitiven Angstzentrum« beziehungsweise der Amygdala, direkt auf Ereignisse im gegenwärtigen Moment, um eine Notfallreaktion hervorzurufen.

In unserem komplexen menschlichen Gehirn ist es genau andersherum. Wie wir Schritt für Schritt erfahren werden, sind unsere konditionierten Gedanken (Erinnerungen aus der Vergangenheit, Bewertungen der Gegenwart, Vorstellungen von der Zukunft) häufig die Primärquelle unserer Emotionen und Handlungen.

Das Gehirn verfügt über die einzigartige Fähigkeit, Gedanken und Bilder, Erinnerungen und Vorstellungen selbst zu erzeugen. Diese rufen emotionale Reaktionen hervor, welche ihrerseits auf den Körper wirken und das Handeln beeinflussen – und das sogar ohne jeglichen realen Anlass im gegenwärtigen Moment. Der größte Teil menschlichen Leidens wird durch diesen mentalen Teufelskreis verursacht. Chronische sorgenvolle Gedanken rufen ängstliche Gefühle und ein ängstliches Verhalten hervor, und diese von Angst geprägten Gefühle erzeugen wiederum im Geist weitere sorgenvolle Gedanken. So geht es bei einer grundsätzlich ängstlichen Person unendlich weiter – es sei denn, sie durchbricht diesen Teufelskreis. Dies kann sie tun, indem sie den Fokus ihrer Aufmerksamkeit auf die vierte Grundfunktion des Geistes verlagert: auf das Fühlen und Wahrnehmen im gegenwärtigen Moment, das im unteren mittleren Hirnbereich angesiedelt ist, dem Dienzephalon.

Eine der bemerkenswertesten Entdeckungen in Bezug darauf, wie der Geist arbeitet, ist für uns in diesem Zusammenhang, dass wir unsere Aufmerksamkeit zunächst auf den ältesten Teil unseres Gehirns richten müssen – den körperlich-sensorischen Bereich unmittelbarer Wahrnehmung –, um »höhere« integrierte Bewusstseinszustände zu erreichen. Das Umschalten vom deduktiven Denken zum wahrnehmenden Bewusstsein ist damit vergleichbar, dass man die Kupplung tritt, bevor man den Gang wechselt. Die Verlagerung auf sensorische Wahrnehmungen beruhigt das Geplapper des Geistes, so dass sich eine tiefere, intuitive Erfahrung entwickeln kann.

Sobald wir durch das Erlebnis-Portal gehen und unsere Aufmerksamkeit auf unser sensorisches Bewusstsein lenken (auf das, was wir sehen, hören, berühren, riechen, schmecken und in unserem Körper empfinden), lösen wir die Dominanz des logischen, denkenden Geistes wirksam und mühelos auf und öffnen unser Herz für Dinge wie Schönheit, Liebe, Freude und spirituelle Erfahrungen.

Der innere Kommentator

Mittlerweile ist Ihnen klar geworden, dass wir die Wahl haben, ob wir in der Vergangenheits-Zukunfts-Funktion unseres denkenden Geistes gefangen bleiben oder auf die Gegenwarts-Funktion unseres erlebenden Geistes umschalten wollen.

Angesichts der Vorteile, die uns ein solches Umschalten bringt (siehe Seite 19f.), stellt sich automatisch die Frage, warum wir dazu neigen, so häufig im deduktiven Denken zu verharren. Was hält unseren denkenden Geist ständig beschäftigt? Was ist eigentlich die Ursache für unser permanentes geistiges Geplapper?

Ob wir es wollen oder nicht, jeder Mensch auf diesem Planeten besitzt eine sehr geschwätzige innere Stimme, einen »inneren Kommentator« (oder ist gar davon besessen), der das Bewusstsein fast ständig dominiert. Diese Ego-Funktion des Geistes analysiert, kommentiert und bewertet laufend emsig all die Dinge, denen wir begegnen und die wir erleben. (James Joyce hat diesen »Bewusstseinsstrom« auf brillante Art und Weise in literarischer Form in seinem Buch *Ulysses* erfasst.)

Diese manchmal flüsternde, manchmal laute innere Stimme bestimmt den größten Teil unserer gesamten geistigen Aktivität während eines Tages. Unser innerer Kommentator plappert fast unaufhörlich. Manchmal haben wir Glück, und unser innerer Kommentator wird durch eine tiefere Weisheit angeregt. Dann lässt er sich nicht nur von den deduktiven, sondern auch von den intuitiven Bewusstseinsebenen inspirieren. Aber meistens ist die innere Stimme in sorgenerfüllten oder wertenden, auf Ängsten basierenden Gedanken gefangen, die eine Art »Notfallreaktion« hervorrufen und eine Verkrampfung unseres Bewusstseins bewirken.

Das Interessante an unserer Ego-Stimme ist, dass sie tatsächlich glaubt, wir würden es ohne ihre ständige Hilfe unmöglich schaffen, durch den Tag zu kommen. Aus Gründen, die so komplex sind, dass man ein eigenes Buch dazu schreiben könnte, identifizieren wir Menschen uns so stark mit diesem reflektierenden, wertenden Teil unseres Geistes, dass wir die Gegenwart der Stimme automatisch akzeptieren.

Solange unsere Ego-Stimme fleißig wertet, beurteilt und kommentiert, ist es sehr schwer für uns, unserer Umgebung offen und direkt zu begegnen und uns auf unsere tieferen Gefühle und intuitiveren Erkenntnisse einzuschwingen, die sonst in den Vordergrund gelangen und sehr wertvoll für uns sein könnten. Aber bei den meisten von uns besitzt der innere Kommentator die rettende Fähigkeit, die auf Angst basierenden Wertungen zu überwinden und seine defensive Haltung mit einer auf Liebe basierenden Qualität zu verbinden. Wer erlaubt Ihnen denn schließlich, gerade dieses Buch zu lesen, wenn nicht Ihr innerer Kommentator? Offensichtlich tut die Ego-Stimme trotz ihrer verschiedenen Zwänge und Besorgnisse häufig ihr Bestes, Entscheidungen zu treffen, die Ihrem Organismus insgesamt zugute kommen.

Woher wissen Sie, dass die Entscheidungen Ihres inneren Kommentators verlässlich sind? Wie Sie vielleicht vermutet haben, ist der Hauptindikator dafür, ob man der Ego-Stimme vertrauen kann oder nicht, die folgende Frage: Spricht die innere Stimme im betreffenden Moment aus Angst oder aus der Liebe heraus?

Sie können jederzeit einen Schritt zurücktreten und Ihre innere Stimme befragen: Basiert sie auf Ängsten oder nicht? Wenn ja, neigt sie dazu, ständig sorgenerfüllte Gedanken zu produzieren, die wiederum ängstliche Gefühle, Entscheidungen und Handlungen erzeugen – die zu weiteren ängstlichen Gedanken führen. Auf diese Weise gerät man immer tiefer in ein ängstliches, schwaches reaktionäres Verhalten und ebensolche Emotionen hinein.

Wenn allerdings Ihr innerer Kommentator sich keine Sorgen macht, wenn Liebe und Vertrauen den Inhalt Ihrer Gedanken prägen, dann werden diese Gedanken kreativ und angenehm sein. Sehr häufig werden sich Ihre Gedanken automatisch beruhigen, wenn Sie Ihre Aufmerksamkeit ganz darauf ausrichten, sich auf den gegenwärtigen Moment einzulassen.

Betrachten wir Ihren inneren Kommentator nun einmal genauer... Seine Bereitschaft, die Ideen und Techniken in diesem Buch zu erkunden, ist ein handfester Indikator für uns: Er zeigt, dass Ihre kognitive Ego-Präsenz – auch wenn sie manchmal in sorgenerfüllte Gedanken verstrickt ist – bereits eine Weisheit anzapft, die den Wert dessen, worüber wir sprechen, erkennen kann, und darüber nachdenkt, den entscheidenden Schritt zu tun – die Ego-Kontrolle loszulassen und zu lernen, an einem größeren, bewussten Ganzen teilzuhaben...

Wenn Sie diesen Absatz gelesen haben und das Buch zur Seite legen, möchten Sie vielleicht ein paar Augenblicke damit verbringen, Ihre Augen zu schließen... sich auf Ihre Atmung einzuschwingen... dankbar dafür zu sein, dass Ihre kognitive Ego-

> Funktion offen dafür ist, neue Seinsebenen zu erkunden, in denen das Ego an Ihrem Erleben von einem Moment zum anderen teilnimmt, anstatt es zu manipulieren ...
>
> *Halten Sie inne & erleben Sie*

Was ist mit den negativen Dingen?

Ich habe den gegenwärtigen Moment als den besten Ort gepriesen, auf den man seine Aufmerksamkeit richten sollte, da das Leben sich wirklich im »Hier und Jetzt«, von einem Moment zum nächsten, entfaltet. Aber wie wir alle wissen, ist der gegenwärtige Moment nicht immer ein freundlicher, rosiger Ort. Natürlich geschehen all die guten Dinge, die wir erleben, nur im Hier und Jetzt. Aber all die schlechten Dinge widerfahren uns ebenfalls nur im gegenwärtigen Moment.

Nüchtern betrachtet ist es vielleicht sehr sinnvoll zu vermeiden, dass man ständig so vertraut und verletzlich auf den gegenwärtigen Moment eingestimmt ist, wenn das Hier und Jetzt tatsächlich der einzige Ort ist, an dem wir negative Erfahrungen machen können. Dies ist ein sehr wichtiger Punkt, der oft ignoriert, unter den Teppich gekehrt oder missverstanden wird. Es ist richtig, schlechte Dinge widerfahren uns im gegenwärtigen Moment – nicht in der Vergangenheit oder Zukunft. Aber bedenken Sie Folgendes: Wie viele Minuten jedes neuen Tages in Ihrem Leben würden Sie als derart negativ bezeichnen, dass Sie emotional oder körperlich intensiv leiden oder sich aufgrund der neuen Erfahrung sehr unwohl fühlen? Diese Frage beinhaltet nicht all das emotionale und daraus resultierende körperliche Leid, das durch die Fähigkeit Ihres inneren Geistes erzeugt wird, sich auf negative Gedanken und Sorgen zu fixieren. Wir sprechen nur von dem Prozentsatz der tatsächlich erlebten Dinge an einem Tag, der Sie mit eindeutig negativen Erfahrungen im Hier und Jetzt getroffen hat.

In Wirklichkeit ist unsere erlebte Welt im Großen und Ganzen bemerkenswert wohlwollend. Die meiste Zeit sind wir zu Hause oder am Arbeitsplatz keinen extremen Temperaturen augesetzt; andere Menschen attackieren und verletzen uns nicht; die meiste Zeit sind wir mit freundlichen, nicht mit feindseligen Menschen zusammen; uns steht vergleichsweise tolles Essen zur Verfügung; wir haben viele Möglichkeiten, etwas Schönes zu betrachten, wenn wir uns die Zeit dafür nehmen; wir können ausgezeichnete Musik hören, die unserem Geschmack entspricht; und wir können unseren Körper bewegen, uns grundsätzlich gut in unserer Haut fühlen und uns meistens strecken, wenn uns danach zumute ist.

Summa summarum ist die äußere Welt, auf die wir uns einstimmen, wenn wir unseren Geist beruhigen und uns darauf konzentrieren, was unser Körper im Moment erlebt, vorwiegend eine positive Erfahrung, die wir genießen können, und nicht etwa ein negatives Erlebnis, das es zu meiden gilt.

Wenn etwas Negatives in der uns umgebenden Welt geschieht, ist es darüber hinaus sicher das Beste, ganz bewusst im Hier und Jetzt zu sein, damit wir spontan auf die Herausforderung reagieren können. Wenn wir unseren Gedanken nachhängen, während uns etwas Negatives widerfährt, sollten wir uns idealerweise blitzartig in den gegenwärtigen Moment einklinken können, um richtig darauf zu reagieren.

Die These, dass man den gegenwärtigen Moment meiden sollte, weil dort Negatives geschehen könnte, entbehrt deshalb jeglicher Logik. Der größte Teil unseres chronischen Leids stammt nicht aus dem Hier und Jetzt, sondern von unserem denkenden Geist, der entweder über schlechte Dinge, die uns in der Vergangenheit widerfahren sind, nachgrübelt oder sich etwas Schlimmes vorstellt, das irgendwann in der Zukunft geschehen könnte. Der gegenwärtige Moment ist unser von Gott geschenkter Zufluchtsort vor all diesem vom Geist erzeugten Leiden. Aus meiner therapeutischen Arbeit weiß ich jedoch, dass viele von Ihnen alte unterschwellige Vorstellungen in sich tragen, die Sie blockieren. Vielleicht fühlen Sie sich im gegenwärtigen Moment gelangweilt, so dass die Langeweile Sie wieder zu Ihren Gedanken zurücktreibt. Vielleicht empfinden Sie eine leichte Besorgnis, wenn Sie auf den gegenwärtigen Moment umschalten, und diese Sorge bringt Sie schlagartig wieder zu Ihren Gedanken zurück. Aber welchen Abwehrmechanismus Sie auch immer entwickelt haben, er ist kein Problem – das zweite und dritte Kapitel werden Ihnen helfen, hindernde Ängste zu erkennen und sich von ihnen zu lösen.

> Sehen Sie sich für den Moment einfach um und beobachten Sie, was Sie entdecken, wenn Sie das Buch zur Seite legen. Schwingen Sie sich auf Ihre Atmung ein, schalten Sie um und werden Sie sich des gegenwärtigen Moments bewusst... beobachten Sie Ihre emotionalen und kognitiven Reaktionen darauf, im Hier und Jetzt lebendig zu sein...
>
> *Halten Sie inne & erleben Sie*

Vom Denken zum Erleben

Wir haben von der Wirkung gesprochen, welche die Beruhigung des denkenden Geistes auf unser Erleben hat. Bedeutet das aber, dass wir ganz aufhören müssen zu denken, um vollkommen hier zu sein? Es scheint doch tatsächlich so, als würden wir entweder nur auf einer deduktiv-kognitiven oder nur auf einer sensorisch-intuitiven Basis funktionieren.

Es ist nun höchste Zeit, über die neurologische Tatsache zu sprechen, dass die linke und rechte Gehirnhälfte zwar unterschiedliche Funktionen haben, durch einen Teil des Gehirns, der als Corpus callosum bezeichnet wird, aber auch eng miteinander verbunden sind. Dieses bemerkenswerte und noch wenig erforschte System enthält über 200 Millionen winziger Fasern. Jede von ihnen kann bis zu 1 000-mal pro Sekunde aktiv werden. Somit besteht ein erstaunliches Potenzial zur Kommunikation und Kooperation zwischen der linken und der rechten Hemisphäre.

Untersuchungen haben Folgendes gezeigt: Wenn wir gerade mit einer besonders kreativen geistigen Arbeit beschäftigt sind, die stark von plötzlichen Erkenntnissen und neuen Ideen beeinflusst wird, sind beide Gehirnhälften aktiv, oder es findet ein rascher Wechsel statt, bei dem manchmal die eine und manchmal die andere Gehirnhälfte dominiert. Obwohl wir das »Denken« und das »Erleben« in der Regel als unterschiedlich und voneinander getrennt betrachten, besitzen wir potenziell die neurologische Fähigkeit, beides zu einem größeren Bewusstsein verschmelzen zu lassen.

Darum geht es für mich bei der Entwicklung des Bewusstseins: zu lernen, die einengenden geistigen Fixierungen loszulassen und sich eines größeren Ganzen bewusst zu werden. Wir werden uns diesem Ziel Schritt für Schritt nähern, bis Sie Ihr Denken bewusst zur Ruhe bringen können, im gegenwärtigen Moment verweilen – und in diesem Moment erweiterten Bewusstseins, in dem Sie auf intuitive Weise die Gesamtheit einer Situation erfassen, Ihre Gedanken auf eine völlig neue Art fließen lassen können, während das Corpus callosum die linke und rechte Gehirnhälfte zu einem größeren Ganzen vereint.

Es ist eine wunderbare psychologische Tatsache, dass die Gedanken häufig sogar wieder zu fließen beginnen, wenn man seine plappernden Ego-Gedanken beruhigt, seine Aufmerksamkeit auf die sensorische Wahrnehmung einschwingt und sich dann für eine Erfahrung öffnet, bei der man »alles auf einmal« erfasst. Der Unterschied besteht darin, dass diese neuen Gedankenströme direkt im Hier und Jetzt erzeugt werden, während Sie mit Ihrem Herzen und Ihrer Seele tief verbunden sind. Sie sind von gänzlich anderer Qualität als Gedanken, die halb automatisch aus der konditionierten Vergangenheit heraus entstehen.

Warum ist das so? Weil die neuen Gedanken nicht mit Furcht oder anderen negativen Emotionen behaftet sind und weil die intuitiven und höheren deduktiven Fähigkeiten miteinander verbunden werden. Inspirierende Gedanken fließen plötzlich durch unseren Geist, wenn wir unseren chronischen Gedankenfluss beruhigen und einen höheren Bewusstseinszustand erreichen, in dem der universelle Geist oder eine höhere Weisheit unser persönliches Leben beeinflussen können. Wir erleben einen spontanen Gedankenfluss, der durch unsere Wahrnehmung des Ganzen inspiriert wird. Bei diesem Prozess wird der innere Kommentator nicht ausgeblendet, sondern erhält sogar die bemerkenswerte Gelegenheit, sich auf eine höhere Inspirationsebene einzuschwingen, um seine Gedanken durch den Geist strömen zu lassen ...

Tatsächlich können wir alle anstreben, unser Leben ständig auf einer höheren Bewusstseinsstufe zu leben, da unser innerer Kommentator lernen kann, keine ängstlichen Gedanken mehr zu denken, ruhig zu werden und den Strom inspirierender Gedanken abzuwarten. Nichts außer unseren tief verwurzelten geistigen Angewohnheiten hält uns davon ab, jetzt sofort diesen erweiterten Bewusstseinszustand zu erreichen.

Als Spezies scheinen wir uns in einem evolutionären Prozess zu befinden, in dem sich ein bemerkenswertes geistiges Potenzial entwickelt. Bei den meisten Menschen wurde dieses Potenzial bisher durch die Dominanz einer Bewusstseinsdimension begrenzt – des auf Angst basierenden kognitiven Denkens. Nun befinden wir uns offensichtlich in einem Prozess, in dem wir uns bewusst dafür entscheiden, integrierende Bewusstseinsebenen zu erreichen, die spirituelle Meister seit Jahrtausenden erkunden und die nun mehr und mehr zu einem Geburtsrecht jedes Menschen werden.

Der Schlüssel für die Transformation unserer täglichen Erfahrung liegt darin, die entscheidende Kraft einzusetzen, die wir alle besitzen und die wir erst jetzt bewusst zu steuern lernen, so dass wir ganz neue Fähigkeiten erlangen ...

Herzfokus

Es ist deutlich geworden, dass wir das Gefühl der Liebe nur dann erleben, wenn unsere Aufmerksamkeit auf den gegenwärtigen Moment gerichtet ist. Wir erinnern uns vielleicht auf kognitive Weise daran, dass wir geliebt wurden, oder träumen davon, dass wir in der Zukunft so etwas erleben – aber das eigentliche physische Gefühl, das wir haben, ist eine körperliche Stimulierung im gegenwärtigen Moment, die das Gefühl der Liebe erzeugt. Das ist das Wesen der Erinnerung und der Vorstellung: ein Gedanke, ein Bild oder eine Erinnerung strömen durch unseren Geist und verursachen eine emotionale Reaktion in unserem Körper, so dass die Vergangenheit und die Zukunft im gegenwärtigen Moment lebendig werden.

Aber in Wirklichkeit empfinden wir alle Emotionen nur hier und jetzt. Unser Körper ist auf die Gegenwart bezogen. Und eine wesentliche Motivation für die Rückkehr aus der Gedankenverlorenheit und die Präsenz im gegenwärtigen Moment ist es sicherlich, tiefe, mit dem Herzen empfundene Gefühle wiederzuerlangen. Denn was für einen Wert hat unser Leben letztlich, wenn unser Herz leidet? Wenn wir uns abgelehnt oder wie betäubt fühlen? Wenn es unserem Herzen gut geht, wenn Gefühle der Liebe im Übermaß, Gefühle der Furcht dagegen vorübergehend gar nicht vorhanden sind, dann ist das Leben großartig – was auch geschieht.

Viele Menschen stellen fest, dass ihr Herz leidet, sobald sie in den gegenwärtigen Moment eintauchen. Sie flüchten regelmäßig vor diesem Schmerz, indem sie an tausend Dinge denken, sich auf die Vergangenheit und die Zukunft fixieren und somit den gegenwärtigen Moment meiden, in dem der eigentliche körperliche Schmerz zu finden ist. Sie gehören vielleicht auch dazu. Wenn das der Fall ist, geht es Ihnen wie der Mehrheit der Bevölkerung.

Eines der Hauptziele dieses Buches besteht darin, Sie zu ermuntern, mehr Zeit im gegenwärtigen Augenblick zu verbringen und sich direkt auf die Gefühle Ihres Herzens zu konzentrieren. Wir befinden uns also möglicherweise in einem Konflikt. Sie möchten den Schmerz, das Gefühl des Verlusts oder des Verlassenseins vermeiden, die Sie empfinden, sobald Sie sich für die Gefühle des Herzens öffnen, und ich möchte, dass Sie darauf zugehen und diese Gefühle zulassen ...

Das vierte Kapitel widmet sich intensiv diesem Thema. Es naht also Hilfe. Aber im Moment möchte ich Sie sanft dazu ermutigen, Ihre Aufmerksamkeit regelmäßig auf Ihr Herz zu richten, egal welche Gefühle Sie dort auch vorfinden. Beginnen Sie, der Realität Ihrer augenblicklichen Gefühle ins Auge zu sehen. Letztlich ist das Einzige, was ein Herz heilen kann, die heilende Kraft der Liebe. Und die unmittelbarste Quelle der heilenden Liebe ist Ihre eigene Liebe, die Sie auf Ihr eigenes Herz scheinen lassen können.

Lassen Sie mich ein paar Worte über den Vorgang sagen, bei dem Sie Ihre Aufmerksamkeit auf Ihr Herz lenken. Sie sollten sich zuerst immer auf Ihre Atmung einschwingen ... und Ihr Bewusstsein dann so erweitern, dass Sie sowohl Ihre Atmung als auch Ihr Herz wahrnehmen ... das ist an und für sich schon ein bemerkenswerter Prozess, da Sie Ihre Aufmerksamkeit in den Hirnstamm und das Rückenmark lenken, die Herz und Gehirn miteinander verbinden. Sie zentrieren sich auf den Kern Ihrer Existenz. Und Sie verbinden die Wahrnehmung der zwei Hauptfunktionen des Körpers, die ständig in Aktion, in Bewegung sind, um Sie am Leben zu halten: Ihr Herzschlag und Ihre Atmung.

Wenn ich Sie dazu auffordere, sich der Atembewegungen in Ihrer Brust und Ihrem Bauch bewusst zu werden und dann Ihr Herz inmitten des Atemerlebnisses wahrzunehmen, lenke ich Ihre Aufmerksamkeit auch auf die ständige Massage Ihres Herzens durch die Ein- und Ausatmung sowie die ständig pulsierende Bewegung Ihres Herzens während der Atmung. Später werden wir uns mit faszinierenden Studien befassen, die zeigen, dass Herz und Atmung synchron werden und eine harmonische Beziehung aufbauen, wenn man sie zusammen im Bewusstsein behält.

Den Geist beruhigen

Packen wir es also ohne weitere Umschweife an: Lassen Sie uns damit beginnen, den effektivsten und schnellsten Weg zur Beruhigung der Gedanken zu meistern und uns für den Rest des geistigen Erlebnispotenzials zu öffnen. Sie sollten diesen Ablauf während der nächsten Tage und Wochen immer wieder üben, bis das Umschalten für Sie ganz mühelos wird. Bedenken Sie, dass Übung den Meister macht und dass niemand von Ihnen erwartet, den Umschaltprozess gleich beim ersten Mal zu beherrschen.

Die Erfahrung, durch die ich Sie gleich führen werde, ist sehr essentiell. Daher finden Sie diese Übung in den meisten meiner Bücher. Man muss einfach hier beginnen. Der Vier-Schritte-Prozess dauert nur ein bis zwei Minuten, und Sie werden sich danach stets besser in Ihrer Haut fühlen. Wenn Sie mögen, integrieren Sie diesen Vier-Schritte-Prozess mehrmals in Ihren Tagesablauf.

Während Sie weiterlesen, werden Sie darüber hinaus feststellen, dass Sie für all die weiterführenden Trainingsmethoden, die Sie erlernen, diesen ersten kognitiven Umschaltprozess durchführen müssen.

Sie können den unten stehenden Ablauf entweder durchlesen und die einzelnen Schritte auswendig lernen, so dass Sie sich selbst durch die Übung führen können, oder Sie bitten einen Freund oder eine Freundin, Sie anzuleiten. Sie haben in diesem Kapitel gelernt, dass Sie Ihre Gedanken unmittelbar zur Ruhe bringen können, wenn Sie sich auf zwei oder mehrere unterschiedliche Wahrnehmungen gleichzeitig konzentrieren. Die folgende Übung lenkt Ihre Aufmerksamkeit gezielt auf die beiden körperlichen Empfindungen, die ständig präsent sind. Auf diese Weise erreichen Sie zwei Ziele auf einmal – Sie richten Ihre Aufmerksamkeit auf den gegenwärtigen Moment, und Sie nehmen die zentralen körperlichen Abläufe wahr, die Sie von einem Moment zum nächsten am Leben halten. Lassen Sie uns beginnen!

Geführte Sitzung 1
Die Gedanken zur Ruhe bringen

Nehmen Sie für die nächsten Minuten eine bequeme Position ein ... strecken Sie sich ruhig etwas, wenn Sie möchten ... vielleicht haben Sie das Bedürfnis zu gähnen ... beobachten Sie ohne Anstrengung, ohne zu beurteilen, was in diesem Moment in Ihrem Geist geschieht ...

Worauf ist Ihre Aufmerksamkeit gerichtet ... ist Ihr denkender Geist ruhig, oder tauchen Gedanken auf ... beobachten Sie einfach, wie sie kommen und gehen ...

Beginnen Sie nun, Ihre Aufmerksamkeit sanft vom Nachdenken über das Leben auf das unmittelbare Erleben – genau hier, genau jetzt – zu verlagern ...

1. ... Richten Sie Ihre Aufmerksamkeit auf Ihre Atmung, spüren Sie, wie die Luft durch Ihre Nase oder Ihren Mund einströmt und ausströmt ... versuchen Sie nicht, die Ein- und Ausatmung zu steuern ... lassen Sie zu, dass Ihre Atmung eine Pause macht, wenn sie möchte ... und wieder einsetzt, wenn sie möchte ... und spüren Sie die Luft, während sie einströmt ... ausströmt ... lassen Sie Ihrer Atmung freien Lauf ...

2. ... Während Sie sich der Luft, die durch Ihre Nase oder Ihren Mund ein- und ausströmt, weiterhin bewusst bleiben, dehnen Sie Ihr Bewusstsein aus, um auch die Bewegungen in der Brust und im Bauch wahrzunehmen, während Sie atmen ...

3. ... Während Sie sich der Luft, die durch Ihre Nase oder Ihren Mund ein- und ausströmt, weiterhin bewusst bleiben ... und der Bewegungen in Brust und Bauch ... dehnen Sie Ihr Bewusstsein aus, um auch Ihr Herz wahrzunehmen, das inmitten Ihrer Atmung schlägt ...

4. ... Werden Sie sich Ihres ganzen Körpers auf einmal bewusst, hier in diesem Moment ...

Ihre Gedanken sind nun ruhig ... Ihre Aufmerksamkeit ist ganz hier im gegenwärtigen Moment ... und während Sie diesen inneren Frieden und diese Ruhe genießen, bleiben Sie sich Ihrer Atmung bewusst ... Ihres Herzens ... beobachten Sie, was in Ihrem Geist geschieht, ohne es zu beurteilen ... seien Sie offen für neue Wahrnehmungen und Erkenntnisse ...

Halten Sie inne & erleben Sie

Kapitel zwei:
Annehmen, was ist

Während Sie die eben beschriebene Übung durchgeführt haben, ist es Ihnen vielleicht zeitweilig gelungen, Ihren Geist zur Ruhe zu bringen und Ihre Aufmerksamkeit auf Ihre Präsenz im Hier und Jetzt zu lenken. Wie bereits erwähnt, macht Übung den Meister, und ich möchte Sie dazu ermuntern, regelmäßig Pausen einzulegen und diese Grundtechnik zu üben, bis Sie sie beherrschen.

Wahrscheinlich wird dieses geistige Umschalten anfangs aber nicht ausreichen, um Sie völlig von den Konditionierungen Ihres Geistes zu befreien. Sie werden sicherlich einige Momente oder sogar Minuten inneren Friedens und geistiger Ruhe erleben, wenn Sie die Atmungs-Herz-Körper-Meditation durchführen, und das allein kann schon ein Geschenk des Himmels sein. Aber sehr bald werden Sie merken, dass Sie in einen Gedankenstrom zurückgerissen werden, der wiederum häufig ein Gefühl der Ungewissheit oder Besorgtheit sowie Selbstzweifel, Verunsicherung, Schuld und andere Emotionen dieser Art erzeugt.

In diesem Kapitel werden wir den nächsten Schritt zur Beruhigung des Geistes absolvieren, indem wir die eigentliche Quelle des menschlichen Leidens näher betrachten: die dominierende Tendenz des Geistes, in einem Beurteilungsmodus gefangen zu sein, der herzlos ist und auf Ängsten basiert, anstatt liebevolles Annehmen und reine Freude zuzulassen. Wir werden die Neigung des Geistes untersuchen, fast ständig alles, was ihm begegnet, zu bewerten – und durch diese Bewertung eine Trennung zwischen Ihnen und Ihrem Herzen, Ihnen und Ihrer Umgebung, Ihnen und Ihrem höheren intuitiven und spirituellen Bewusstsein zu erzeugen.

Lassen Sie mich wieder ein Beispiel eines meiner Klienten anführen, um Ihnen konkret zu zeigen, auf welche Weise die urteilende Funktion des menschlichen Geistes Disharmonie und

Furcht erzeugt und wie die Trainingsmethoden, die Sie in diesem Buch kennen lernen, Ihnen helfen können, solche schädlichen wertenden Gewohnheiten zu überwinden.

Ein Fallbeispiel: Nicoles Verabredung

Nicole eilte von der Arbeit nach Hause. Sie war unzufrieden mit sich selbst. Kein einziges Mal in den sieben Monaten seit ihrer Trennung von Gerald hatte sie einen Mann getroffen, der sie interessierte – bis ihr auf einer Party am vergangenen Wochenende Michael vorgestellt worden war. An diesem Morgen hatte er sie völlig unerwartet angerufen und sie zum Abendessen bei ihm zu Hause eingeladen. Aus irgendeinem Grund war sie so dumm gewesen (sie machte sich jedenfalls deswegen Vorwürfe) und hatte zugesagt. Jetzt ersann ihr kritischer Geist lauter Gründe, warum er unmöglich der ideale Mann sein konnte, den sie suchte – er war nicht groß genug und passte daher nicht zu ihr, er war zu sehr von sich selbst eingenommen, er hatte auf subtile Weise mit ihr auf der Party geflirtet...
Als sie ihre Wohnung betrat, bemerkte sie, dass ihr Geist alle möglichen peinlichen und sogar richtig Furcht erregenden Szenarien entwarf, die sich während des Abendessens entwickeln konnten – und besonders später, wenn der Abend weiter fortschritt. Dieser Kerl war so drängelig, so dominant – er war einfach nicht ihr Typ. Davon abgesehen würde er wahrscheinlich ohnehin feststellen, dass sie ihm nicht sexy genug und nicht klug genug war...
Nicole war 27 und in ihrem Beruf erfolgreich – aber wie bei vielen anderen Menschen wurde ihr Wohlbefinden von den Sorgen und negativen Einstellungen beeinträchtigt, die sie häufig bei zwischenmenschlichen Kontakten blockierten. Seit einigen Monaten arbeitete sie bereits mit ihrem Therapeuten daran, einen neuen Ansatz zu finden und sich von überholten Vorstellungen und Angstgefühlen zu befreien, die sie vor allem in Situationen attackierten, in denen andere Menschen ihr näher kamen. Sie hatte mittlerweile gelernt, nicht das Opfer alter Ängste und Selbsturteile zu werden. Also machte sie es sich auf dem Sofa bequem, beobachtete eine Weile ihren zerstreuten geistigen Zustand und begann dann, die Situation aktiv zu kontrollieren. Bewusst lenkte sie ihre Aufmerk-

samkeit weg von ihren zwanghaften Gedanken und Vorstellungen und richtete sie auf die Wahrnehmung ihrer physischen Gegenwart ... auf die Atemzüge, die kamen und gingen ... ihren Herzschlag ... die Erfahrung ihres ganzen Körpers im Hier und Jetzt ... Nachdem sie kurze Zeit später die Ruhe-Übung, die sie seit einigen Wochen praktizierte, beendet hatte, öffnete sie ihre Augen und stellte zufrieden fest, dass es ihr besser ging. Sie fühlte sich geerdet und im Einklang mit der äußeren Welt – aber immer noch spürte sie in der Tiefe ihres Bewusstseins die alten Ängste, die nur darauf warteten, sie zu attackieren ... Also führte sie den nächsten Schritt des geistigen Prozesses durch, den sie gelernt hatte. Sie richtete ihre Aufmerksamkeit direkt auf das Gefühl der Unsicherheit und die Nervosität in ihrem Körper und erlaubte sich bewusst, die Ängste und Vorstellungen zu formulieren, die ihr sonst so erfülltes Leben chronisch vergifteten.

Der erste Gedanke, den sie direkt unter der Oberfläche ihrer negativen Emotionen bezüglich des bevorstehenden Abends entdeckte, war überraschend wütend: »Michael ist so von sich selbst überzeugt, er ist offensichtlich ein egoistischer Idiot, er ist nicht gut genug für mich – ich sollte ihn sofort anrufen und das Abendessen absagen.«

Die Möglichkeit, vor ihrer Angst zu flüchten, war verführerisch – aber anstatt sich weiter auf dieses Fluchtverhalten einzulassen, stellte Nicole sich die entscheidende Frage: »Moment mal ... sind diese negativen Gedanken über Michael wirklich gerechtfertigt? Woher weiß ich, ob er ein Idiot ist? Projiziere ich diese Beurteilung nur aus Angst auf ihn?«

Als sie diese Frage ehrlich betrachtete, stellte Nicole fest, dass die negative Haltung gegenüber Michael, die sich vorwiegend unbewusst in ihrem Geist entwickelt hatte, einer bewussten Überprüfung nicht standhielt. So wie sie Michael bisher erlebt hatte, fand sie im Innersten sogar, dass er überhaupt kein Idiot war. Er sah gut aus, war charmant, intelligent, und der Ausdruck in seinen Augen war so sanft, so ermutigend gewesen ...

Als sie sich das eingestand, kam plötzlich ein noch tiefer liegendes negatives Urteil an die Oberfläche: »Ich bin die Idiotin, nicht er. Sobald er mich heute Abend ein bisschen besser kennen lernt, wird er mich ablehnen – weil ich so viele Probleme habe. Innerlich bin ich ein Wrack, ich bin definitiv nicht gut genug für jemanden wie ihn ... «

Nicole hatte sich vor kurzem zusammen mit ihrem Therapeuten eingestanden, dass sie die innere Einstellung hegte, nicht »gut genug« zu sein. Anstatt sich von diesem Gedanken wie früher deprimieren zu lassen, wendete sie nun ihre neu erworbene Fähigkeit an, diese Vorstellung rational zu bewerten. In Wirklichkeit, das lernte sie in ihrer Therapie, hatte sie die Nase voll von ihren negativen Selbsteinschätzungen, die ihr ständig ihre Kraft raubten. Eines war ihr klar: Mehr als irgendetwas anderes wollte sie damit aufhören, sich selbst zu verurteilen. Sie wollte lernen, sich so anzunehmen und zu lieben, wie sie war.

Wenn sie alles in Betracht zog, wusste sie, dass sie mehr als gut genug für Michael war. Sie war nicht perfekt, und ihre letzte Beziehung war gescheitert – aber sie lernte und entwickelte sich weiter, und sie hatte viel zu geben. Sie erinnerte sich daran, dass sie sich in einer neuen Beziehung Anteilnahme und Verständnis wünschte, nicht weitere Beurteilungen. Wenn Michael ihr nicht das Gefühl vermitteln konnte, dass er sie mit ganzem Herzen annahm, dann war er einfach nicht der richtige Mann für sie.

Sie schloss also einen Pakt mit sich selbst. Sie würde an diesem Abend weder Michael noch sich selbst bewerten. Sie würde stattdessen ein Experiment versuchen. Sie wollte auf die Weisheit und die spontane Reaktion ihres Herzens vertrauen, nicht aber auf die Analyse ihres wertenden Verstands... und sie wollte von Michael erwarten, dass er das Gleiche tat. Sonst bestand tatsächlich keine Hoffnung, dass zwischen ihnen die wahre Liebe erblühen würde...

Nicole dachte nun viel positiver über sich selbst und den Abend. Sie sprang auf, duschte geschwind, zog ein schlichtes Kleid an, anstatt zu versuchen, Michael mit ihrer Kleidung zu beeindrucken, und machte sich auf den Weg in ihr neues Abenteuer. »Wie es mit Michael auch laufen mag«, sagte sie zu sich selbst, als sie zum Taxi ging, »ich bin zufrieden mit mir.« Sie gestand sich ein, dass sie immer noch ein Stück davon entfernt war, sich völlig von der Vorstellung zu lösen, nicht zu genügen, die noch aus ihrer Kindheit stammte. Aber allein diese positiven Worte zu sprechen, wirkte schon wie ein kleines Wunder...

Als sie bei Michael ankam, fühlte sie sich bereit und war neugierig auf alles, was an diesem Abend auf sie zukommen würde. Der Mond hatte sich einen Weg durch die Wolken oben am Himmel gebahnt, und als sie die Straße überquerte, rannte sie sogar ein wenig. Sie fühlte sich leichtfüßig und wohl in ihrem Körper, bereit für das, was geschehen würde. Sie bemerkte, wie ihr Verstand begann, die Gegend, in der Michael wohnte, zu bewerten (es war ein positives Urteil, da es eine sehr angenehme Wohngegend war, aber trotzdem war es eine Beurteilung), und sie entschloss sich, die wertenden Gedanken ziehen zu lassen, bevor sie ihre tieferen Gefühle für diesen Mann beeinflussen konnten.

Als sie vor Michaels Tür stand und darauf wartete, dass er ihr öffnete, wurde sie erneut von der schrecklichen Nervosität und der Unsicherheit attackiert, die ihre romantischen Begegnungen so häufig beeinträchtigt hatten. Aber jetzt wusste sie, was zu tun war. Bewusst lenkte sie ihre Aufmerksamkeit weg von den sorgenerfüllten Gedanken und konzentrierte sich stattdessen ganz auf die sensorischen Gefühle, in diesem Moment in ihrem Körper lebendig zu sein, ihre Füße fest auf dem Boden zu spüren und ihr aufgeregtes Herz wahrzunehmen...

Die Tür öffnete sich, und da war er... Seine Augen strahlten, blickten aber auch etwas unsicher. Einen Moment lang standen sie beide bewegungslos da. Sie sah, dass er genauso nervös war wie sie selbst – und beide schienen dies gleichzeitig zu bemerken, denn spontan begannen sie, über ihre Schüchternheit zu lachen. Damit war das Eis sofort gebrochen, und die natürliche Nähe, die sie auf der Party in der vorigen Woche empfunden hatten, war immer noch vorhanden.

Sie betrat sein Zuhause und beurteilte weder seine Wohnungseinrichtung noch sonst irgendetwas. Sie war nur dort mit ihm, im gegenwärtigen Moment. Sie roch das Abendessen, das er für sie gekocht hatte, seufzte erleichtert, da sie die schwierige Anfangshürde dieser romantischen Begegnung erfolgreich gemeistert hatte – und ließ sich gerne ein Glas Weißwein reichen. Sie war ungewöhnlich ruhig, und ihre Sinne nahmen alles genau wahr, was sich während dieser gemeinsamen Erfahrung, in diesem aufregenden neuen Moment, in dem sie zusammen waren, entwickelte...

Beobachten, ohne zu bewerten

Nicoles persönliche Erfahrung veranschaulicht, wie wertvoll es ist, wertende Gedanken zu erkennen und zur Ruhe zu bringen. Bewerten Sie nicht...

»Moment mal«, wendet Ihr logischer Geist nun vielleicht verständlicherweise ein, »wir müssen doch zwischen Rot und Grün an der Ampel unterscheiden. Wir müssen doch beurteilen, ob es sicher ist, über die Straße zu gehen. Und ist es denn nicht ratsam, die Leute, denen wir im Park begegnen, als potenziell gefährlich einzustufen und ihnen am besten aus dem Weg zu gehen? Die Logik sagt uns, dass es am besten ist, die Welt um uns herum zu beurteilen, damit wir sicher und unversehrt bleiben.«

Das ist ein gutes Argument. Lassen wir alle esoterischen Ansätze einmal beiseite und fragen uns, ob wir im Leben damit durchkommen können, wenn wir uns von unserem Herzen anstatt von unserem kritischen Geist leiten lassen. War es dumm von Nicole, sich darauf zu verlassen, dass der gegenwärtige Moment sich erfolgreich weiterentwickeln würde, ohne dass sie ständig bewertete, was geschah? Oder beschritt sie einen äußerst erfolgreichen Weg, indem sie die hohe Kunst anwendete, einem anderen Menschen vorurteilsfrei zu begegnen? Ist es möglich, auf eine vorwiegend nicht wertende Weise an der Welt teilzunehmen, unser Leben frei von Einstellungen und Überzeugungen zu leben, die in der Vergangenheit programmiert wurden?

Ich möchte Ihnen eine Antwort aus der Neurologie auf diese Frage geben, damit Sie verstehen, auf welche Weise unser Gehirn uns automatisch vor Gefahren schützt, selbst wenn unser denkender Geist vollkommen ruhig ist.

Während wir uns durch jeden neuen Moment bewegen, kümmert sich eine unserer »ältesten« Gehirnregionen, das Dienzephalon, eifrig um uns, egal was wir gerade tun oder worauf wir unsere Aufmerksamkeit richten. Es ist ständig aktiv, selbst wenn wir schlafen, und achtet darauf, dass uns nichts geschieht. Jede Wahrnehmung, die unser Gehirn aus der äußeren Welt empfängt, sei sie visuell, akustisch, taktil, olfaktorisch oder auch anders geartet, erreicht zuerst das Dienzephalon und wird dann zu einer benachbarten Region des limbischen Systems, der Amygdala, weitergeleitet. Sie ist das Frühwarnsystem unseres Gehirns.

Die Amygdala (die aus zwei mandelförmigen Bündeln von Gehirnzellen besteht) befindet sich inmitten des Emotions-Gedächtnis-Assoziations-Zentrums. Sie empfängt alle unsere Wahrnehmungen und überprüft sie, um sicherzustellen, dass sie keine Informationen enthalten, die Gefahr bedeuten könnten. In weniger als einer Zehntelsekunde verarbeitet die Amygdala diese Information, und falls eine Wahrnehmung mit Gefahr assoziiert wird, drückt sie auf den roten Alarmknopf des Gehirns, den Angstknopf. Dieser Amygdalabereich wird zu Recht als primitives Angstsystem des Gehirns bezeichnet, da wir dieses System mit allen Tieren gemeinsam haben und da es uns unmittelbar, ohne die Einmischung von Gedanken, in einen aktiven Zustand versetzt, in dem wir die Gefahr erfolgreich abwehren können.

Dieses Zentrum ermöglicht es, dass wir uns ohne vorherige Überlegung ducken können, um einem Gegenstand auszuweichen, der durch die Luft fliegt. Es lässt uns auf laute Geräusche reagieren, auf die Gefahr, von einer Klippe zu fallen, auf alles, was auf unserer Haut krabbelt, auf plötzliche Bewegungen in unserem Gesichtsfeld, auf die Gegenwart einer potenziell giftigen Schlange oder Spinne etc.

Von großer Bedeutung ist die Tatsache, dass die Amygdala, zusammen mit anderen Gedächtnis- und Assoziationsfunktionen des Gehirns, nicht nur mit Angstindikatoren fest verdrahtet ist, sondern durch Erfahrung ständig etwas über neue Gefahren lernt und einen immer sensibleren Prüfungsprozess entwickelt, mit dem sie potenzielle Gefahren erkennt. Es ist ein ideales, sich selbst aktualisierendes und steuerndes Frühwarnsystem. Wie bereits erwähnt, haben alle Tiere ihre eigene Amygdalavariante; sie wurde während der Evolution in vielen Millionen von Jahren entwickelt und ist verantwortlich für das Überleben aller Wesen, ob groß oder klein.

Zentral für die Frage, wie gut Sie auf sich aufpassen, wenn Ihr Geist frei von beurteilenden Gedanken ist, ist die Tatsache, dass die Amygdala in der Lage ist, Ihre Aufmerksamkeit sofort von einer Sache, auf die Sie sich bewusst konzentrieren, abzuziehen und sie auf die wahrgenommene Gefahr zu richten. Selbst wenn Ihr bewusstes urteilendes Denken ausgeschaltet ist, können Sie sicher sein, dass der Amygdalabereich Ihres Gehirns Ihre Umgebung ständig kontrolliert und bereit ist, Sie zu warnen, falls eine Gefahr auftritt. Wenn beispielsweise eine rote Ampel auf der anderen Straßenseite zu sehen ist, lenkt die Amygdala Ihre Aufmerksamkeit innerhalb von einer Zehntelsekunde auf die Gefahr, die mit ihr verknüpft ist.

In diesem Punkt unterscheidet sich die menschliche Amygdalafunktion von der eines Hundes, einer Katze, eines Elefanten oder einer Fledermaus. Wie wir im dritten Kapitel noch genauer untersuchen werden, hat der menschliche Geist die einzigartige Fähigkeit, die anfängliche Notfallreaktion, die von dem primitiven Angstzentrum vorgeschlagen wird, lange genug zu unterbrechen, um die gegenwärtige Situation mittels des Prozesses kognitiver Deduktion bewusst zu analysieren – um sicherzugehen, dass tatsächlich eine Gefahr besteht, bevor er mit Angst reagiert.

Im Frontallappen der Gehirnrinde sitzt das »rationale Angstsystem«, das auf das Warnsignal des primitiven Angstsystems reagiert und schnell über die zugängliche Information nachdenkt, um zu einer realistischen Einschätzung der Situation zu kommen. Wenn Sie plötzlich eine rote Ampel auf der anderen Straßenseite sehen, sind Sie augenblicklich auf der Hut vor einer möglichen Gefahr. In den nächsten Sekunden analysieren Sie die Situation und entscheiden, ob Sie stehen bleiben oder – falls keine Autos in der Nähe sind – die Straße trotzdem überqueren.

Was uns am Erleben hindert

All das klingt vernünftig. Aber selbst wenn Sie wissen, dass Ihr Amygdalasystem nach roten Flaggen Ausschau hält, um Sie zu warnen, widerspricht die Vorstellung, spontan im gegenwärtigen Moment zu leben, ohne dass der Geist das Erlebte ständig bewertet und manipuliert, wahrscheinlich entschieden Ihrer tief verwurzelten Überzeugung, wie das Leben sein sollte. Seit Sie ein kleines Kind waren, wurden Sie mit großer Wahrscheinlichkeit darauf programmiert, ständig alles, was Ihnen im Leben begegnet, nicht nur als gefährlich oder sicher einzustufen, sondern auch als gut oder schlecht für Sie, als erfreulich oder ärgerlich, positiv oder negativ, richtig oder falsch, hilfreich oder schädlich, als etwas, das man versuchen sollte zu bekommen oder das man meiden sollte. Muss man sich diese höhere kritische Instanz nicht bewahren, um sicherzugehen, dass einem nichts Schlimmes passiert?

Von einem psychologischen Standpunkt aus gesehen hat der kognitive Verstand in der Tat die Aufgabe, zu vergleichen, gegenüberzustellen, zu bewerten und Querverbindungen herzustellen. Es ist sicherlich wichtig für das eigene Überleben, regelmäßig innezuhalten und die eigene Situation bewusst – weit über das Urteilsvermögen des primitiven Angstsystems hinaus – zu bewerten, Entscheidungen zu treffen und Pläne zu machen, die auf einer bestmöglichen rationalen Analyse beruhen. Schließlich haben die Menschen auf diese Weise Unglaubliches erreicht ...

Allerdings haben spirituelle Meister wie Jesus, Buddha, Mohammed oder Laozi, jeder von ihnen auf seine eigene Weise, sehr deutlich gesagt: »Richtet nicht, auf dass ihr nicht gerichtet werdet.«

Wie wir Schritt für Schritt sehen werden, ist diese Aussage eine der erkenntnisreichsten psychologischen Beobachtungen in Bezug darauf, wie der menschliche Geist funktioniert. Wenn man sich das Phänomen des Beurteilens genau ansieht, wird klar, dass man völlig davon vereinnahmt wird, wenn man ständig alles bewertet, was einem begegnet, und auf diese Weise von den spirituelleren Herzbereichen eines wahrhaft erfüllenden Lebens abgeschnitten ist.

Natürlich müssen wir unsere Position in bestimmten Situationen bewerten. Doch sollte die urteilende kognitive Aktivität am besten nur dann eingesetzt werden, wenn sie absolut nötig ist. Bei jeder anderen Gelegenheit darf das Urteilsvermögen abgeschaltet sein oder sich in der »Warteschleife« befinden. Warum? Weil uns der gegenwärtige Moment verloren geht, während unser Geist damit beschäftigt ist, eine Situation zu beurteilen. Wir vergleichen die gegenwärtige Situation mit allen damit verknüpften Erfahrungen der Vergangenheit und bewerten den neuen Moment nicht aufgrund der Realität im Hier und Jetzt.

Während wir damit beschäftigt sind zu vergleichen und zu überlegen, was in der Zukunft geschehen könnte, verlieren wir den direkten Bezug zum gegenwärtigen Moment. Wir ersetzen die Begegnung mit der Realität durch ein kategorisiertes Stereotyp, auf das wir dann mittels vergangener Erinnerungen, Vorstellungen und Überzeugungen reagieren.

Denken Sie einmal über Folgendes nach: Wenn Sie so sind wie die meisten Menschen, werden Sie beim Anblick eines wunderbaren Sonnenuntergangs von der Schönheit vor Ihren Augen überwältigt sein. Durch die kraftvolle positive Wirkung des visuellen Erlebnisses wird Ihr denkender Geist vorübergehend ruhig ... Sie erleben einen Augenblick unerwarteter Freude ... Ihr Herz und Ihre Seele öffnen sich, und Sie erleben zumindest für einen Moment das Gefühl, nicht mehr von der äußeren Welt getrennt zu sein – Sie haben einen kurzen Erleuchtungsmoment, in dem Sie die Begrenzungen Ihres Egos transzendieren und mit dem Universum verschmelzen, von dem Sie ein Teil sind.

Aber was geschieht dann jedesmal? Ihr denkender Geist schaltet sich wieder ein, Ihre innere Stimme beginnt, vorhersehbare Kommentare über die Schönheit des Sonnenuntergangs zu machen – und plötzlich ist die Seifenblase des mystischen Einsseins und des Glücks zerplatzt. Sie sind wieder einmal in Ihre Egohaut zurückgekehrt und *denken über den Sonnenuntergang nach*, anstatt ihn direkt, jenseits der Grenzen kognitiver Kommentare, zu erleben.

Sie sollten sich darüber bewusst sein, dass sogar eine positive Bewertung – »Oh, was für ein wunderschöner Sonnenuntergang!« – die Erlebnis-Seifenblase zum Zerplatzen bringt, häufig genauso schnell wie eine negative Bewertung. Sobald Sie in einen analytischen Gang schalten und Ihre Aufmerksamkeit damit beschäftigen, darüber nachzudenken, was Sie gerade erleben, *erleben* Sie es nicht länger. Sie denken über eine kurzlebige Begegnung nach, die bereits jetzt zu einer Erinnerung geworden ist.

Lassen Sie mich Folgendes noch einmal wiederholen: Der kognitive Prozess, ständig etwas zu beurteilen, setzt voraus, dass wir jede Erfahrung, die wir machen, im Vergleich mit ähnlichen Erfahrungen aus der Vergangenheit bewerten, und dieser Erinnerungs-Bewertungs-Prozess hindert uns daran, das Hier und Jetzt zu erleben. Immer wenn wir umschalten und über die Vergangenheit nachdenken, verlieren wir den gegenwärtigen Moment.

> Dies ist eine gute Gelegenheit, um erneut eine Pause zu machen und sich ein paar Augenblicke zu gönnen, um den geistigen Umschaltprozess durchzuführen, von dem die Rede ist ... lassen Sie uns den Prozess durchführen, bei dem wir unsere Aufmerksamkeit auf Atmung, Herz und den ganzen Körper richten, so wie wir es im ersten Kapitel gelernt haben. Auf diese Weise können Sie Ihren geistigen Umschaltmuskel trainieren und gleichzeitig eine angenehme Atemerfahrung machen ...
>
> 1. ... die Luft, die durch Ihre Nase ein- und ausströmt ...
> 2. ... die Bewegungen in Ihrer Brust und Ihrem Bauch, während Sie atmen ...
> 3. ... Ihr Herz, das inmitten Ihrer Atmung schlägt ...
> 4. ... Ihr ganzer Körper, hier in diesem Moment ...
>
> *Halten Sie inne & erleben Sie*

Die Kraft des Annehmens

Wenn wir damit beschäftigt sind, etwas zu bewerten, akzeptieren wir die Dinge nicht so, wie sie sind. Der Geist, der darauf besteht zu beurteilen, ob etwas anders sein sollte, als es ist, schafft eine Disharmonie, die ihn von dem, was er beurteilt, trennt.

Solange wir denken: »Das gefällt mir nicht« oder »Vielleicht bringt es mir nichts, den Tag mit Harriet zu verbringen« oder »Thomas hätte das nicht tun sollen«, können wir nicht entspannen und den gegenwärtigen Moment genießen. Sobald wir aber sagen: »Ich akzeptiere dies, wie es ist« oder – was noch wichtiger ist – »Ich akzeptiere mich so, wie ich bin«, öffnen wir unser Herz und schließen die Welt und uns selbst in die Arme. Wie wir bei Nicole gesehen haben, ist die Fähigkeit, offen zu sein und etwas anzunehmen, ohne es zu hinterfragen, der Weg zu Liebe und Erkenntnis.

Aber immer noch reagiert der logische Verstand mit der entscheidenden Frage: »Moment mal, wenn wir die Welt so akzeptieren, wie sie ist, wie sollen die Dinge dann jemals besser werden? Und wenn wir uns selbst so akzeptieren, wie wir sind, mit all unseren Eigenheiten, verlieren wir dann nicht jeglichen Antrieb, an unseren alten Programmierungen oder Ähnlichem zu arbeiten? Erlegen wir uns dann nicht selbst Mittelmäßigkeit ohne Veränderungen auf?«

Das ist wieder eine gute Frage. Um die Antwort zu finden, wollen wir genauer betrachten, was eigentlich passiert, wenn wir aufhören zu bewerten und uns darauf verlagern, den gegenwärtigen Moment, so wie er ist, als vollkommen zu akzeptieren. Genau das tat Nicole mit Michael; sie beruhigte ihren Geist und öffnete ihr Herz.

Bitte achten Sie hier besonders auf Folgendes: Sobald wir unsere gegenwärtige Realität annehmen, ohne sie zu bewerten, und unsere Liebe bedingungslos in die Situation hineinfließen lassen, geben wir alle Vorstellungen auf, die uns von der Situation distanzieren ... und wir können uns liebevoller auf die Situation einlassen. Anstatt urteilende Beobachter zu sein, werden wir zu aktiven Teilnehmern. Und indem wir uns auf eine solch persönliche Weise auf den sich entfaltenden gegenwärtigen Moment einlassen, beginnt unsere eigene liebende Präsenz, von ihren bewertenden Hemmungen befreit, die Situation aktiv zu beeinflussen – so dass allein unsere Gegenwart bereits positive Veränderungen fördern kann.

Wenn unser Geist frei ist, sich auf unsere tiefere spirituelle Weisheit und Führung in einer Situation einzuschwingen, erfahren wir intuitiv, wann und wie wir handeln sollen. Wir erreichen also auf wirkungsvolle Weise positive Veränderungen in der Welt, indem wir die Welt einfach so akzeptieren, wie sie ist!

Dieses Phänomen – positive Veränderung durch völlige Akzeptanz – scheint jeglicher Logik zu widersprechen. Lassen Sie es uns deshalb noch einmal genau betrachten.

Wir neigen dazu zu denken, dass die Dinge so bleiben, wie sie sind, wenn wir sie einfach akzeptieren und der Welt bedingungslose Liebe entgegenbringen. Wir gehen davon aus, dass Akzeptanz zu Passivität führt. Aber gerade das geschieht nicht. Liebendes Annehmen führt zu einer *aktiven Teilnahme*, welche die Weiterentwicklung einer Situation fördert. Die Liebe ist stets eine motivierende Kraft, nicht aber das auf Ängsten basierende Urteil.

Wenn Sie diesen Absatz gelesen haben, legen Sie das Buch zur Seite (wenn Sie möchten) und schließen die Augen, schwingen Sie sich auf Ihre Atmung ein ... stellen Sie sich vor, dass jemand, den Sie gut kennen, ins Zimmer kommt, Sie aber nicht sieht ... diese Person setzt sich hin, stellt den Fernseher an oder nimmt ein Buch zur Hand. Beobachten Sie, was Ihr Geist tut, welche Gedanken entstehen, während Sie diesem Menschen zusehen ... bewerten Sie Ihre eigenen Gedanken nicht, beobachten Sie sie einfach in Aktion ...

Halten Sie inne & erleben Sie

Akzeptieren statt urteilen

In der letzten kleinen Übung habe ich Sie dazu aufgefordert, eine scheinbar einfache geistige Tätigkeit durchzuführen: Ihre Gedanken in Aktion zu beobachten. Wenn Sie Ihre eigenen beurteilenden Angewohnheiten liebevoll und annehmend betrachten, werden Sie feststellen, dass Sie diese geistigen Gewohnheiten spontan und positiv verändern können.

Allerdings wissen wir alle, wie schwierig es ist, uns selbst zu beobachten (unsere Gedanken, äußere Erscheinung, persönliche Leistung, Liebenswürdigkeit, Intelligenz etc.), ohne zu kritisieren, was wir sehen. Wenn Sie lernen, das Verhalten Ihres Geistes liebevoller zu betrachten (darauf werden wir im vierten Kapitel genauer eingehen), werden Sie es automatisch positiv verändern – ohne Ihre Gedanken jemals als schlecht, falsch oder fehlerhaft bewerten zu müssen.

Es scheint sogar fast unmöglich zu sein, die wertenden Gewohnheiten Ihres Geistes zu verändern, wenn Sie nicht zuerst lernen, sich selbst vollkommen anzunehmen. Selbsthilfe funktioniert nicht ohne Selbstliebe. Nur durch die Kraft des Annehmen-Könnens und der Liebe kommt es zu einer spontanen inneren Heilung und echtem persönlichen Wachstum.

Wie viele andere Menschen unseres Kulturkreises lernte ich die bemerkenswerte und unmittelbare Heilkraft der Liebe kennen, indem ich mich in meiner Kindheit mit der Religion meiner Familie beschäftigte. Die Lehren von Jesus zeigten immer wieder, dass die »Liebe und nicht das Urteilen« ein innerer Akt ist, der die Welt zum Besseren verändern kann.

Dennoch verstand ich nicht ganz, wie diese heilende Kraft des Annehmens Veränderungen bewirken konnte, bis ich im Alter von Anfang zwanzig von dem Yoga- und Meditationslehrer Joel Kramer unterrichtet wurde. Er lehrte mich, dass eine innere Veränderung nicht durch geistige Manipulation oder eine bestimmte Ausrichtung des Egos hervorgerufen wird, sondern einfach dadurch, dass man die Gewohnheiten und Arbeitsweisen seines eigenen Geistes erkennt und urteilsfrei betrachtet.

Joel präsentierte auf eine neue Weise die psychologische Tatsache, dass unser Organismus unmittelbar – ohne nachzudenken – angemessen auf eine wahrgenommene Gefahr reagieren kann. Wie die Wissenschaft ebenso wie die alten Zen-Meister gezeigt haben, springen wir sofort zur Seite, wenn wir einen fallenden Baum sehen, der uns zu erschlagen droht. Wir nehmen uns nicht die Zeit, nachzudenken; sonst wären wir tot, bevor wir handeln könnten. Unsere Amygdala nimmt die Gefahr unmittelbar wahr – und wir reagieren sofort, um ihr zu entgehen.

Joels tiefe Erkenntnis, die sich aus 4000 Jahren yogischer Meditation über die Funktionen des Geistes entwickelt hat, verdeutlicht die Tatsache, dass unser Organismus in der Lage ist, eine Gefahr sofort zu erkennen und angemessen darauf zu reagieren – und sie zeigt, dass unsere innere geistige Welt auf die gleiche Weise arbeitet.

Wenn wir unsere geistigen Gewohnheiten genau betrachten und die Gefahr und den Schaden erkennen, die durch tief verwurzelte Vorstellungen verursacht werden (wie zum Beispiel Nicoles Überzeugung »ich bin nichts wert«), reagiert unser Organismus automatisch auf diese klare innere Wahrnehmung, indem er sich von dieser Vorstellung löst. Mit einem Wort: Wir korrigieren uns augenblicklich selbst.

Durch den neuen kreativen Einsatz unserer »animalischen« Reaktion auf Angst können wir also positive Veränderungen in unseren überaus stark konditionierten Glaubenssystemen bewirken – indem wir absolut gar nichts tun, außer unseren eigenen Geist auf liebevolle Weise in Aktion zu beobachten, ohne ihn zu beurteilen.

Wir müssen also lernen, einen Bewusstseinszustand zu erreichen, in dem wir unsere Gedanken beobachten können, ohne völlig von ihnen vereinnahmt zu werden oder uns mit ihnen zu identifizieren. Mit der grundlegenden Atem-Herz-Körper-Meditation bereiten wir den Geist für eine solche nicht beurteilende Beobachtung vor. Der Prozess der augenblicklichen Selbstkorrektur wird nur aktiviert, wenn wir uns von dem konditionierten Denken lösen und uns auf das erweiterte Bewusstsein eines nur wahrnehmenden intuitiven Geistes verlagern.

Joel schlug vor, diesen geistigen Umschaltprozess regelmäßig durchzuführen. Sie sollten sich jeden Tag die Zeit nehmen, um die Gewohnheiten Ihres Geistes zu beobachten, damit Sie die Wahrheit einer Situation sofort erkennen und eine angemessene innere Reaktion hervorrufen können. Das Ziel ist, die selbstkorrigierende Kraft Ihres ganzen Bewusstseins einzusetzen. Auf diese Weise reagieren Sie auf die jeweilige geistige Situation mit Ihrem ganzen Sein und bewirken eine sofortige Heilung schädlicher geistiger Gewohnheiten.

Nehmen wir einmal an, Sie sind wütend auf einen Kollegen, weil er etwas Bestimmtes getan hat, und nun denken Sie die ganze Zeit negative Gedanken über ihn. Jedes Mal, wenn sie ihn sehen oder sich an ihn erinnern, attackiert Ihr Geist ihn, weil er dumm, gemein oder unzuverlässig ist... Wenn Sie ebendiese Gedanken beobachten, werden Sie feststellen, dass sie Ihren Körper in eine Anspannung bringen. Ihr Bauch verkrampft sich, Ihr Herz verschließt sich, und wenn Sie Ihrem Kollegen begegnen, wird alles nur noch schlimmer.

Sobald Sie erkennen, dass Ihre Gedanken gegenüber Ihrem Kollegen sowohl ihn als auch Sie selbst verletzen, wird diese klare Wahrnehmung von der Amygdala und allen damit in Verbindung stehenden Teilen des Gehirns verarbeitet, und die wertenden Gedanken werden als gefährliches geistiges Verhalten eingestuft. Dann wird Ihr Geist beginnen, die Gedanken zu beruhigen, um Ihren Organismus vor der Gefahr zu schützen, solche Gedanken weiterzudenken.

Daher ermuntere ich Sie dazu, regelmäßig eine Innenschau zu halten, damit Sie Ihre geistigen Gewohnheiten auf liebevolle Weise in Aktion beobachten können. Das Ziel ist, immer klarer zu erkennen, dass es eine Gefahr für Ihr allgemeines Wohlbefinden darstellt, wenn Sie ständig dem urteilenden Denken verhaftet sind.

Jedes Mal, wenn Sie sich beim Beurteilen einer Situation ertappen, erkennen Sie, dass Sie sich von der Situation distanzieren und damit die Möglichkeit, an der Situation teilzunehmen und positive Veränderungen herbeizuführen, drastisch reduzieren. Diese Erkenntnis geht aus von Ihrem größeren Bewusstsein, Ihrer höheren Weisheit, die sowohl Ihren Verstand, Ihre Instinkte, Ihr liebevolles Mitgefühl als auch Ihre intuitive, ja sogar Ihre spirituelle Weisheit umfasst. Ihr ganzes Sein erkennt die Wahrheit, dass wertende Betrachtungen Sie davon abhalten, ganz in Liebe im gegenwärtigen Moment zu sein. Während Sie diese Wahrheit erkennen... werden Sie sich augenblicklich verändern.

Kehren wir einen Moment zu Jesus zurück. Als er sagte: »Richtet nicht«, wollte er höchstwahrscheinlich auf die große Gefahr hinweisen, die dem Urteilen innewohnt. Von einem psychologischen Standpunkt aus betrachtet ist es egal, was beurteilt wird – solange man dem analytischen Denken verhaftet ist, bleibt man von seiner Fähigkeit, spontan mit Herz und Seele auf den gegenwärtigen Moment zu reagieren, abgeschnitten.

Man kann nicht gleichzeitig lieben und urteilen. In jeder beliebigen Situation hat man die Wahl, einen Schritt rückwärts zu machen und zu urteilen oder nach vorne zu gehen und an dem Moment teilzuhaben. Der Welt oder sich selbst ohne die Weisheit und die heilende Kraft der Liebe zu begegnen, ist letztlich eine Gefahr für das eigene Wohlbefinden.

Daher ist es weise und logisch, so selten wie möglich im »Beurteilungsmodus« und so oft wie möglich im »Liebesmodus« zu sein. Ihr Ego versteht diese höhere Logik (und erinnert sich hoffentlich daran). Es kann nun dazu beitragen, Ihre Aufmerksamkeit auszurichten, um urteilende Gedanken zu beruhigen und Ihr Herz und Ihre Seele zu öffnen...

Nun wollen wir uns sanft auf diese Erfahrung einlassen. Mithilfe der nächsten kurzen Übung können Sie beobachten, wie Ihre Gedanken durch Ihren Geist strömen.

> Wenn Sie diesen Absatz gelesen haben, legen Sie das Buch für einen Moment zur Seite. Schließen Sie die Augen und denken Sie wieder an jemanden, den Sie kennen – jemand, der Ihnen gerade einfällt. Beobachten Sie, welche Gedanken und Bilder Ihnen in den Sinn kommen, wenn Sie darüber nachdenken, was Sie an dieser Person ärgert, was sie ändern oder verbessern sollte... beobachten Sie nun, was in Ihrem Geist geschieht, wenn Sie vorübergehend all Ihre Urteile über diesen Menschen loslassen und ihn einfach so akzeptieren, wie er ist, mit dem offenen Geist der Liebe...
>
> *Halten Sie inne & erleben Sie*

Von der Vorstellung zur Erfahrung

Als Nicole auf der Party zum ersten Mal Michael begegnete (siehe Seite 58), schien es ihr anfangs so, als ähnelte er ihrem früheren Freund (die Farbe seiner Augen, die Art, wie er dastand, seine legere Kleidung, der selbstsichere Klang seiner Stimme etc.). Sie kam daher zu dem Schluss, dass sie ihn meiden sollte, da die frühere Beziehung schmerzvoll zu Ende gegangen war.

Glücklicherweise hatte Nicole bereits mit der Beobachtung ihrer Gedanken begonnen, als sie Michael begegnete. Sie erkannte, dass sie vorwiegend aufgrund der vergangenen Erfahrung in der beschriebenen Weise auf diesen neuen Mann reagierte. Sie beurteilte Michael negativ und grenzte ihn aus ihrem Leben aus, Punkt.

Aber als sie bemerkte, dass sie ihn unfair beurteilte, entschloss sie sich, nichts mehr auf Michael zu projizieren und sich darauf einzulassen, im gegenwärtigen Moment auf ihn zu reagieren. Bald stellte sie fest, dass ihre ursprüngliche Annahme, er würde ihrem letzten Partner ähneln, ganz falsch war. Ein innerer Lernprozess hatte stattgefunden, der sie darin bestärkte, ihre Gedanken zu beobachten und sich dabei zu ertappen, wenn sie etwas beurteilte, noch bevor diese Beurteilung beeinflussen konnte, was sie erlebte.

Wir alle neigen häufig dazu, so zu urteilen wie Nicole es beinahe tat. Solche Urteile werden kaum als bewusster assoziativer Denkprozess registriert. Aufgrund einer vergangenen Programmierung werden unsere bewussten Gedanken über eine Situation oder einen Menschen negativ gefärbt, noch bevor wir die Situation realistisch analysieren können. Fast augenblicklich projizieren wir ein Stereotyp auf den gegenwärtigen Moment und entwickeln Gedanken, die dieses Stereotyp widerspiegeln.

Das kann sogar auf einer reinen Wahrnehmungsebene geschehen. Als mein ältester Sohn zehn Jahre alt war, rasierte ich mir meinen Bart ab. Das letzte Mal, als ich keinen Bart hatte, war er noch sehr klein gewesen, und dieses Mal wusste er vorher nichts davon. Er kam von der Schule nach Hause und sah mich direkt an. Aber anstatt mein frisch rasiertes Gesicht im gegenwärtigen Moment zu sehen, projizierte sein Geist mein bärtiges Gesicht aus der Vergangenheit auf das, was er im Moment erlebte. Dreimal sah er mir während der nächsten halben Stunde ins Gesicht, als er mit mir sprach, ohne zu bemerken, dass der Bart ab war. Schließlich überholte die gegenwärtige Erfahrung das vergangene Bild, und er sah mein Gesicht ohne Bart.

Überlegen Sie, in welchem Maße Sie die tatsächliche Wahrnehmung, die Ihr Gehirn erreicht, verarbeiten, anstatt nur auf die Situation zu projizieren, was Sie zu sehen erwarten. Wenn wir uns entscheiden, eine Situation nicht mehr zu beurteilen, und sie einfach direkt im gegenwärtigen Moment erleben, entscheiden wir uns auch dafür, zumindest vorübergehend unsere Assoziationen loszulassen und stattdessen der Wahrnehmung des gegenwärtigen Moments, den tief empfundenen Emotionen und spontanen Reaktionen zu vertrauen. Wenn wir erkennen, dass wir diese Wahl haben, können wir alte, auf Angst basierende Programmierungen überwinden und stärker im Hier und Jetzt leben.

Spontane Selbstkorrektur

Kognitive Psychologen stimmen zum größten Teil mit dem, was ich bisher dargelegt habe, überein. Gemäß ihrer Theorie bewerten alle Menschen die äußere Welt ständig mittels so genannter »automatischer Gedanken«. Wie wir gesehen haben, beurteilen diese automatischen Gedanken gegenwärtige Situationen auf der Grundlage vergangener Erfahrungen. Kognitiven Psychologen zufolge existiert ein geistiges Kontinuum für unsere Einstellungen und Überzeugungen, das mit zufälligen Annahmen und Vorlieben beginnt, sich zu grundsätzlichen Lebensprinzipien und Einstellungen vertieft und sich schließlich zu festen Überzeugungen verdichtet.

Vor allem während unserer Kindheit lernen wir, bestimmte Situationen und Erfahrungen mit bestimmten kognitiven »Schubladen« zu assoziieren. Wenn wir dann einer neuen Situation begegnen, die in Verbindung mit einer vergangenen Situation zu stehen scheint, projizieren wir automatisch unsere Vorstellungen, Annahmen und Regeln auf die neue Situation. Wenn diese negativ oder unrealistisch sind, hat es zur Folge, dass wir leiden.

Die kognitive Therapie ist ein sehr erfolgreicher Prozess, durch den solches Leid zumindest teilweise gelindert werden kann, indem man die Überzeugungen sowie die daraus resultierenden chronischen Gedankenströme, die ein Verhaltensproblem verursachen, identifiziert und durch positivere und realistischere Vorstellungen ersetzt. Sollten Sie das Gefühl haben, dass Ihre Ängste zu dominant sind, um mit dem Programm in meinem Buch fortzufahren, könnten (als erster Schritt) ein paar Monate kognitive Therapie angezeigt sein.

Allerdings arbeitet die kognitive Therapie nach meinem Verständnis mit einer Reihe von Grundüberzeugungen bezüglich des menschlichen Wesens, die ich als begrenzend empfinde. Die meisten kognitiven Therapeuten, die ich kenne, gehen bei ihrer Arbeit davon aus, dass die »Einstellungs-Beurteilungs-Überzeugungsstruktur« der menschlichen Persönlichkeit letztlich die Basis dieser Persönlichkeit ist. Demzufolge erreicht man jegliches persönliche Wachstum, indem man unliebsame und zerstörerische Überzeugungen und Urteile korrigiert, verändert, dekonditioniert und in erfolgreichere Überzeugungen und Annahmen umwandelt.

Die These des vorliegenden Buches lautet, dass wir in der Tat unsere Hausaufgaben machen müssen, indem wir negative Einstellungen erkennen und realistischere Überzeugungen entwickeln, die uns dienlicher sind. Und ich unterstütze die kognitiven Therapeuten und ihre wunderbare Arbeit, mit der sie Symptome erfolgreich behandeln.

Gleichzeitig hoffe ich, dass dieses Buch wissenschaftliche Untersuchungen über die Fähigkeit des menschlichen Organismus fördert, sich durch den Prozess der Beruhigung des Geistes spontan selbst zu korrigieren und auf diese Weise nicht nur Symptome zu lindern, sondern auch zu tieferer Heilung und einem Gefühl der Ganzheit und des Wohlbefindens zu gelangen.

Der Vergebungsfaktor

Ein Team von Wissenschaftlern, das von dem Psychologen Carl Thorensen von der Stanford University geleitet wurde, hat vor kurzem gezeigt, dass eine rasche emotionale Heilung erfolgt, wenn man von Schuldzuweisungen ablässt. Indem wir aufhören, jemandem die Schuld an etwas zu geben, und einfach die Realität einer Situation akzeptieren, üben wir den Akt der »Vergebung«. Das ist der Begriff, den Thorensen und sein Team in ihrer Untersuchung verwendeten.

Sie stellten fest, dass sie bei wöchentlichen Gruppentherapiesitzungen, die über einen Zeitraum von sechs Wochen durchgeführt wurden, eindeutig positive Ergebnisse erzielen konnten, indem sie verschiedene psychologische Techniken anwandten, um Klienten dabei zu helfen, Folgendes zu tun:

1. dazu überzugehen, nicht mehr an strengen, vorgefassten »Regeln« festzuhalten, wie andere Menschen sich verhalten sollten, sondern weniger wertende Präferenzen bezüglich des Verhaltens anderer zu haben
2. die Überzeugung oder das Grundverständnis zu entwickeln, dass kein Erwachsener das Verhalten einer anderen Person kontrollieren kann oder soll
3. den schmerzlichen Vorfall aus mehreren verschiedenen Perspektiven, einschließlich eines neutralen Blickwinkels, erneut zu bewerten
4. sich bewusst vom Akt der Schuldzuweisung zu distanzieren und das, was einem selbst widerfahren ist, vollständig zu akzeptieren.

Nachdem die 259 Erwachsenen, die an dieser Studie teilnahmen, gelernt hatten, zu vergeben anstatt anderen Schuld zuzuweisen, waren sie negativen Gefühlen, die im Zusammenhang mit einem schmerzlichen Ereignis standen, weniger verhaftet und künftig eher geneigt zu vergeben als die Kontrollgruppe. Eine sechsmonatige Folgestudie zeigte, dass diese positiven Wirkungen von Dauer waren. Die Menschen, die gelernt hatten, von Schuldzuweisungen abzulassen und die Realität urteilsfrei anzunehmen, erlebten im Vergleich mit der Kontrollgruppe zudem eine deutlich wahrnehmbare Verringerung von Stress, Zorn und psychosomatischen Symptomen.

Die Vergebung wird oft als mystischer religiöser Vorgang gesehen, und in der Tat konzentrieren sich viele Religionen stark auf den Akt der Vergebung als Teil des spirituellen Weges. Wir können die Kraft der Vergebung aber auch auf psychologischer Ebene verstehen und anwenden, indem uns bewusst wird, dass Schuld nicht darauf basiert, was ein anderer in Bezug auf uns tut oder nicht tut. Schuld basiert darauf, was uns *unserer Meinung nach* aufgrund des Handelns dieses Menschen widerfahren ist.

Vergebung ist mit anderen Worten der kognitive Akt, sich von einem Werturteil zu lösen, das uns nicht dienlich ist. Wenn wir erkennen, dass wir eigentlich dadurch verletzt werden, dass wir an dem Glauben festhalten, von jemandem »verletzt« worden zu sein, können wir diese schmerzliche Vorstellung loslassen. Indem wir die Realität der Situation genauer betrachten, anstatt in unserer konditionierten Reaktion darauf stecken zu bleiben, verlagern wir unsere Aufmerksamkeit vom Glauben zum Erleben und erfahren die Wahrheit der Situation. In diesem Prozess beruhigen wir die kognitive beurteilende Funktion des Geistes und wechseln zu herzorientierteren und mitfühlenden intuitiven Ebenen. Wir verabschieden uns davon zu beurteilen und erleben in diesem Akt den Prozess der Vergebung.

Wir wollen nun aufmerksam den Unterschied zwischen Glauben und Erleben untersuchen.

Vom Glauben zum Wissen

Lassen Sie mich Ihnen davon erzählen, wie ich selbst ein neues Verständnis für die zwei unterschiedlichen Perspektiven gewann, die den Umgang mit der Welt prägen: die Perspektive eines Glaubenssystems und die des unmittelbaren Erlebens. Zur

Zeit des Vietnamkriegs entschloss ich mich, Theologie zu studieren, da Geistliche nicht eingezogen werden konnten. Diese Entscheidung schien mir vernünftig zu sein, da mich spirituelle Themen schon als Kind fasziniert hatten und mich Krieg nie interessiert hatte – und einer, den ich nicht für gerechtfertigt hielt, schon gar nicht.

Im Seminar herrschte ein anderer unerwarteter Krieg (er war von einer anderen Art, aber trotzdem war es ein intensiver Kampf). Es war ein akademischer und religiöser Krieg, der die Fundamente der christlichen Kirche ernsthaft zu erschüttern drohte. Man kämpfte um die Grundüberzeugungen, die der jüdisch-christlichen Tradition zugrunde liegen. Eine Gruppe von Theologen in meinem Seminar und in anderen Teilen der USA, von denen viele einen ausgeprägten psychologischen Hintergrund hatten, hinterfragte das Prinzip des »Glaubens« als Basis der spirituellen Praxis. Sie hatten sich intensiv mit der psychologischen Natur des Glaubens und des Glaubensprozesses beschäftigt und konstatierten nun, zu glauben bedeute »zu hoffen und zu akzeptieren, dass etwas wahr ist, ohne jemals die unmittelbare Erfahrung gemacht zu haben, dass es wahr ist«. Sie wiesen auf den erheblichen Unterschied hin, daran zu glauben, dass es einen Gott gibt, und zu wissen, dass es einen Gott gibt.

Ihre These war recht einfach: Spiritualität war im Kern ein erlebbarer intuitiver Prozess im gegenwärtigen Moment, der auf der direkten Begegnung mit dem Göttlichen beruhte, und nicht etwa ein kognitiver Prozess, der auf einem beständig weiterentwickelten Glauben basierte.

Was die etablierte Kirche in Rage brachte, war der Vorschlag der Theologen, dass Christen aufhören sollten, einfach an die Grundsätze der christlichen Kirche zu glauben. Der Glaubensakt bedeutete in ihren Augen, mit Informationen aus zweiter Hand zufrieden zu sein und sich auf ein Modell – eine theologische Vorstellung über das spirituelle Leben – zu verlassen, anstatt der direkten Begegnung mit dem göttlichen Geist zu vertrauen.

Zu Beginn meines (zugegeben ziemlich radikalen) Seminars hatten die Theologen postuliert, dass Menschen, die »nur per definitionem an Gott glauben«, keine direkte erlebte Beziehung zum Göttlichen haben und dass Menschen, die diese erlebte Beziehung zu Gott haben, gar keine Glaubensgrundsätze brauchen. Sie kennen die Wahrheit, sie sind im gegenwärtigen Moment in Verbindung mit dem göttlichen Geist – und dieses unmittelbare Wissen ist die Realität des spirituellen Lebens, nicht Glaubensgrundsätze, die auf Worten und theologischen Konstrukten aufgebaut sind.

Obgleich ich der »Entweder-Oder-Argumentation« der Theologen nicht ganz zustimmte (meiner Meinung nach ist es nicht verkehrt, religiöse Glaubenssätze zu entwickeln, solange man sich darüber hinaus regelmäßig auf die direkte spirituelle Erfahrung einlässt), muss ich zugeben, dass mich diese Logik grundsätzlich sehr beeindruckte. Vor allem, da ich Parallelen zu anderen Studien über die Psychologie buddhistischer und hinduistischer Meditationserfahrungen entdeckte, an denen ich damals teilnahm. Die Meditation ist in jeder Religion, so stellten wir damals fest, bei näherer Betrachtung immer eine Variante eines elementaren psychologischen Prozesses: Menschen richten ihre Aufmerksamkeit auf eine Begegnung mit der universellen spirituellen Realität (im gegenwärtigen Moment), die jenseits aller Worte und Vorstellungen existiert, im Zentrum der erlebbaren Realität eines jeden von uns.

Weitere psychologische Studien über die spirituellen Erfahrungen der Mitglieder mehrerer Meditationsgemeinschaften ergaben, dass die meisten Menschen, die regelmäßig meditieren, ihre tägliche Begegnung mit dem Göttlichen als weitaus wichtiger empfinden als irgendwelche religiösen Glaubenssätze und Rituale, die mit ihrer Meditationspraxis in Verbindung stehen.

Ich war ziemlich bestürzt, als ich feststellte, dass die presbyterianische Kirche, der meine Familie angehörte, gar nichts über die Meditation sagte. Es gab hier keine kontemplative Tradition, keine Überlieferungen oder Übungen, um den Geist zur Ruhe zu bringen und eine direkte Verbindung zu Gott aufzubauen. Stattdessen lehrte der presbyterianische Protestantismus uns, regelmäßig über Gott »nachzudenken«, mit Gott »zu sprechen«, an

Gott »zu glauben«, und ein großer Schwerpunkt lag darauf, die Bibel zu lesen. Das war ein weiterer Weg, den Geist mit einer Vielzahl religiöser Ideen zu füllen, anstatt mit einer direkten spirituellen Begegnung...

Natürlich hatten (und haben) auch zahlreiche Protestanten hin und wieder spontane spirituelle Begegnungen mit dem Göttlichen. Und viele Geistliche schließen zur spirituellen Kontemplation stille Momente in ihr Gebet mit ein. Aber grundsätzlich war das Studium der Theologie eine rationale Beschäftigung mit Gott und kein Versuch, die Realität Gottes zu erleben, obgleich Gott per definitionem weitaus mehr ist, als der menschliche Verstand je zu erfassen vermag.

Die radikalen Theologen in meinem Seminar hinterfragten also einen grundsätzlichen christlichen Glaubenssatz, indem sie sich dafür entschieden, jenseits des denkenden Geistes eine Verbindung zu Gott herzustellen, anstatt rational über ihn nachzudenken. Darüber hinaus beharrten sie darauf, dass es für den spirituellen Weg erforderlich sei zu lernen, regelmäßig den denkenden Geist zur Ruhe zu bringen und sich von allen Glaubenssätzen zu lösen, damit die Wirklichkeit und Gegenwart Gottes direkt erlebt werden könne, selbst wenn eine solche Begegnung außerhalb der Grenzen des christlichen Glaubenssystems stattfand. Mit einem Wort, sie befreien das Individuum von den vorherrschenden Glaubensgrundsätzen dieser religiösen Kultur.

Die Theologen konnten sich direkt an die Bibel als Quelle des Wissens wenden: »Seid still, und wisset, dass ich Gott bin... Erkennt die Wahrheit, und die Wahrheit wird euch befreien... Seht euch die Blumen auf den Feldern an, wie sie wachsen... Richtet nicht... Fürchtet euch nicht... Das Königreich des Himmels liegt in euch selbst.«

Wenn ich ehrlich bin, haben ein großer Teil dieses Buches und die Übungen zur Beruhigung des Geistes ihren Ursprung in diesem »heiligen Krieg«, der in jenem Seminar ausgetragen wurde. Mir wurde immer klarer, dass zumindest für mein eigenes Leben Folgendes galt: Entweder ich glaube daran, dass etwas wahr ist, oder ich weiß, dass etwas wahr ist. Ich erhalte Wissen, Hoffnungen und Vorstellungen entweder aus zweiter Hand, oder ich begegne der Wahrheit direkt. Sobald ich erkannt hatte, dass ich die Wahl habe, hatte ich keine Wahl mehr. Wer gibt sich schon mit einer Vorstellung zufrieden, egal wie gut sie auch sein mag, wenn man das, was der Vorstellung zugrunde liegt, selbst erleben kann?

Das Thema »glauben oder erleben« ist auch im Bereich der kognitiven Therapie aktuell. Es wird diskutiert, ob es einem Klienten genügend hilft, eine Überzeugung einfach durch eine andere zu ersetzen. Viele Therapeuten erkennen, dass wir lernen müssen, nach innen, jenseits all unserer Meinungen, zu sehen, um uns von unseren einengenden und zerstörenden Vorstellungen zu befreien. Wir müssen die tiefe Wahrheit erleben, wer wir sind, damit wir es unmittelbar wissen können. Dann müssen wir uns nicht auf irgendwelche Meinungen verlassen, um ein Gefühl von Sicherheit zu bekommen.

Viele Psychologen und Therapeuten verstehen dieses elementare menschliche Bedürfnis gut und wenden in ihrer Arbeit Methoden für einen anderen Umgang mit der Intuition sowie meditative Techniken an. Damit die Klienten die Realität klarer erkennen und sich von unrealistischen Ansichten lösen, setzen immer mehr Therapeuten ganzheitliche Techniken ein. Das ist ein wichtiger Enwicklungsschritt in der Geschichte der Therapie. Still sein ... und wissen!

Lassen Sie uns eine Pause machen, um zu erleben ... Wenn Sie diesen Absatz gelesen haben, legen Sie das Buch zur Seite, schließen Sie die Augen und richten Sie Ihre Aufmerksamkeit auf die Wahrnehmung Ihres Atems ... auf Ihr Herz ... auf die Wahrnehmung Ihres gesamten Körpers hier in diesem Moment ... und ohne irgendeine Erwartung lenken Sie Ihre Aufmerksamkeit nun nach innen, auf Ihr Herz, das Zentrum Ihres Seins, und erleben einfach, was Sie finden, jenseits der Gedanken – das reine Erlebnis dessen, was Sie sind ...

Halten Sie inne & erleben Sie

Wen geht es etwas an?

Wie Sie wahrscheinlich bei der Beobachtung Ihres Bewusstseinsstroms bemerkt haben, hängen sich einige unangenehme Gedanken an Beurteilungen über Situationen fest, die Sie nicht direkt etwas angehen. Wir alle neigen dazu, unsere Nase in anderer Leute Angelegenheiten zu stecken. Wir tratschen über unsere Nachbarn, machen uns Sorgen über die Probleme anderer Menschen, ärgern uns über Dinge, die sie tun, und hinterfragen ihre Entscheidungen.

Damit erzeugen wir jede Menge inneren emotionalen Aufruhr, der uns (und in der Regel auch den anderen) gar nicht gut tut. Wir schaffen uns unnötiges Leid, da wir den Unterschied zwischen den Dingen, die uns etwas angehen, denen, die nur andere etwas angehen, und denen, die außerhalb unserer Kontrolle liegen, nicht akzeptieren.

Im Folgenden finden Sie eine Übersicht, die es Ihnen erleichtert, etwa zwei Drittel der beunruhigenden Gedanken, die Ihr Geist in der Regel produziert, zur Ruhe zu bringen. Sie zeigt, was Sie ohnehin Schritt für Schritt selbst entdecken werden: dass man im Leben drei verschiedene Bereiche beurteilen kann.

1. Man kann sein eigenes Leben beurteilen.
2. Man kann andere Menschen und deren Leben beurteilen.
3. Man kann gesellschaftliche und religiöse Situationen und Themen beurteilen.

Dies wird deutlich, wenn man zwischen den eigenen Angelegenheiten, den Angelegenheiten anderer Menschen und den Angelegenheiten Gottes unterscheidet. In meiner therapeutischen Arbeit besteht ein wesentlicher Schritt meiner Klienten darin, zu erkennen, wann sie ihre Aufmerksamkeit auf ihre eigenen Belange richten und wann sie ihre Nase in die Angelegenheiten anderer Leute stecken. Es ist eine wahrlich befreiende Erkenntnis, dass es nicht unsere Aufgabe ist, sich für andere Menschen und deren Leben verantwortlich zu fühlen. Es steht uns nicht zu, die Entscheidungen, Handlungen oder Überzeugungen anderer Menschen zu beurteilen – sie sind frei zu tun, was immer sie mit ihrem Leben tun möchten.

Aber trotzdem ist unser Geist häufig noch mit wertendem Geschwätz über andere Leute erfüllt: »Harriet hätte sich nicht von Fred trennen sollen.« »Ich glaube, es war ein Fehler von Timmy, seinen guten Job aufzugeben und sich dieser komischen Band anzuschließen.« »Warum hat Ronald diesen blöden Transporter gekauft, in dem nicht mal genug Platz für seine Familie ist?« Oder: »Wenn ich Lukas wäre, würde ich Ignaz mal gehörig die Meinung sagen!«

Es gibt nichts Ärgerlicheres, als wenn jemand unsere Entscheidungen und Handlungen beurteilt, als wäre es seine Aufgabe, unsere persönliche Welt zu bewerten. Also sollten auch wir konsequenterweise aufhören, andere zu beurteilen. Wir erreichen damit nichts Gutes, verbrauchen nur wertvolle Energie und Zeit und fühlen uns danach häufig schlechter, als wenn wir gar nicht über das Ganze nachgedacht hätten. Es ist an der Zeit, sich von den Angelegenheiten anderer Leute zu lösen, damit wir mehr Zeit haben, den gegenwärtigen Moment mit ruhigen Emotionen, geschärften Sinnen und klarem Geist zu genießen.

Das Gleiche gilt für größere gesellschaftliche und politische Geschehnisse. Die meisten von uns verwenden viel Zeit darauf, über Dinge wie den Krieg im Nahen Osten, die Hungersnot in Afrika, den Hurrikan in Florida oder die sinkenden Aktienpreise nachzudenken.

Wenn wir uns aktiv engagieren und etwas gegen die Politiker, die Sonnenflecken oder Terroristen unternehmen, ist das in Ordnung. Ansonsten verschwenden wir wertvolle Zeit damit, dieses oder jenes zu verurteilen, zu hinterfragen und unsere Aufmerksamkeit auf Dinge zu richten, mit denen wir nicht direkt etwas zu tun haben. Wenn ein Hurrikan tobt, wird die Situation durch unsere Besorgnis darüber nicht verändert. Wir tun viel besser daran, zu akzeptieren, was geschieht, und uns der Realität der Situation zu beugen, anstatt uns dagegen aufzulehnen.

> Machen Sie eine Pause, wenn Sie diesen Absatz gelesen haben, schließen Sie Ihre Augen und schwingen Sie sich auf Ihre Atmung ein ... erlauben Sie sich, an einen Menschen oder eine Situation zu denken, über die Sie sich vor kurzem geärgert oder Sorgen gemacht haben. Beobachten Sie, auf welche Weise Sie Verantwortung für die Angelegenheiten anderer Menschen übernehmen. Und beobachten Sie dann, wie Sie sich fühlen, wenn Sie aufhören, in die persönliche Welt der anderen einzudringen, und zu sich selbst sagen: »Was sie tun, geht mich nichts an.«
>
> *Halten Sie inne & erleben Sie*

Den Kampf beenden

Lassen Sie uns die Dynamik des Annehmens etwas genauer betrachten und untersuchen, warum dieser Schritt so wichtig ist, um innere Ruhe zu finden. Wenn Sie in den nächsten Tagen und Wochen nach innen schauen und Ihren Gedankenfluss beobachten, werden Sie wahrscheinlich erkennen, dass der größte Teil des inneren Leids und der Verwirrung aufgrund der Annahme entsteht, dass die Dinge anders sein sollten, als sie sind.

Nehmen wir beispielsweise an, jemand tut etwas, das Ihnen nicht gefällt. Anstatt die Realität dessen, was geschehen ist, zu akzeptieren und diesem Menschen selbst die Verantwortung für sein Handeln zu überlassen, wehren Sie sich innerlich dagegen. Sie verurteilen diese Person und ihre Tat und weigern sich somit, die Realität zu akzeptieren. Bringt Ihnen dieses gedankliche Urteil und die Projektion von Schuld irgendetwas Positives ein, oder ist es nur eine kognitive Angewohnheit, die Ihrem Wohlbefinden schadet und daher sanft, aber bestimmt abgelegt werden sollte?

Der Buddhismus sagt, unser Leiden sei der unmittelbare Ausdruck unserer Entfernung von der Wahrheit. Wenn wir die

Wirklichkeit des gegenwärtigen Moments vollkommen akzeptieren, wird das emotionale Leiden auf ein Minimum reduziert. Wir leiden in dem Maß, in dem wir gegen die Realität ankämpfen.

Halten Sie ebenfalls inne, wenn Sie feststellen, dass Sie einen Gedanken hegen, in dem das wertende Wort »sollte« enthalten ist, und betrachten Sie den Gedanken genauer. Sie werden feststellen, dass auch dies eine Bewertung ist, die sich gegen die Realität des Moments stellt. Immer wenn Sie sich dabei ertappen, dass Sie denken: »Das ist falsch, sie hätten ... sollen«, haben Sie die Wahl, diese Gedanken, die der Welt nichts Gutes bringen, weiter zu verfolgen oder sofort mit der Beurteilung aufzuhören und stattdessen die Realität zu akzeptieren. Sobald Sie die Wahrheit des Moments bewusst annehmen, kann sich Ihr Herz öffnen und Ihr intuitiver Geist aktiv werden. Sie können dann diese Realität positiv beeinflussen, damit sie sich am Ende in eine harmonischere und erfüllendere Richtung weiterentwickelt.

Durch das Leugnen der Wahrheit schließen Sie sich von der Teilnahme am Leben aus. Durch das Akzeptieren der Wahrheit werden Sie dagegen zu einem aktiv handelnden Menschen, der Dinge verändert.

Ärger und Wut

Eine weitere Angewohnheit, die unseren Geist vergiftet, besteht darin, sich auf bestimmte Gedanken zu fixieren, die uns wütend auf andere Menschen oder auf eine Situation machen. Wie alle Emotionen entsteht auch der Zorn nicht aus dem Nichts heraus. Wir werden in erster Linie wütend, weil wir andere Leute für etwas verantwortlich machen und ihnen die Schuld an Dingen geben, die sie unserer Meinung nach nicht hätten tun sollen.

Viele Menschen belasten sich mit Gedanken, dass jemand ihnen oder ihren Angehörigen Unrecht getan und sie verletzt hat – und dieser Mensch daher eine Strafe verdient. Wir haben bereits den Prozess der Vergebung angesprochen, der uns davor bewahrt, im Ärger zu verharren. Lassen Sie uns diesen Prozess noch etwas genauer betrachten.

Die Schlüsselfrage, die wir uns stellen müssen, wenn wir böse auf jemanden sind, lautet: Hat er wirklich etwas getan, das er »nicht hätte tun sollen«? Und ist er wirklich verantwortlich für unsere verletzten Gefühle? Um es auf den Punkt zu bringen: Haben wir das Recht, unsere Vorstellung darüber, was richtig und was falsch ist, auf sein Leben zu projizieren und ihm irgendeine Schuld aufzubürden? Darüber hinaus müssen wir uns wiederum fragen, ob wir in dieser Situation durch unsere Ablehnung, unsere Wut oder unser Gekränktsein irgendetwas gewinnen.

Lassen Sie uns die psychologischen Fakten, die solchen Fragen zugrunde liegen, erneut betrachten: Zorn kann durch das konkrete Handeln einer anderen Person hervorgerufen werden (zum Beispiel indem sie jemandem einen Schlag auf die Nase versetzt). In fast allen anderen Fällen jedoch ist Zorn eine Reaktion auf unsere eigenen Gedanken, in denen wir eine Person (oder eine Situation) verurteilen, da wir meinen, unfair behandelt worden zu sein, oder annehmen, dass uns in der Zukunft Schaden zugefügt werden soll. In beiden Fällen geben wir anderen die Schuld, obwohl unsere eigenen Gedanken unsere negativen Emotionen erzeugt haben.

Denken Sie nun einmal daran, welche Wirkung Zorn auf unseren Organismus hat. Die Anspannung, die durch Zorn in unserem Körper entsteht, ist uns nicht dienlich, es sei denn, wir benötigen diese aggressive Kraft, um zu kämpfen oder fortzulaufen. Daher schaden Gedanken, die uns wütend machen, unserer Gesundheit und unserem Wohlbefinden fast immer. Sie sind kontraproduktiv. Was können wir also tun, um zornige Gedanken zur Ruhe zu bringen?

Die meisten dieser Gedanken lassen sich relativ leicht auflösen, sobald wir lernen zu hinterfragen, ob die zugrunde liegende Annahme, die unseren Ärger erzeugt hat, eine objektive Gültigkeit hat und ob es daher von Vorteil ist, sich darauf zu fixieren. Auf diese Weise können wir das Zorn/Schuld-Syndrom deaktivieren. Es ist der schnellste Weg, zu vergeben und nach vorne zu blicken.

Ich habe den Prozess der Auflösung von Überzeugungen vor über 30 Jahren von einem großartigen Therapeuten und dem Gründer des Radix Instituts, Charles Kelley, gelernt. Seitdem habe ich ihn erfolgreich angewandt. Die spirituelle Lehrerin Byron Katie hat nun eine stark komprimierte, sehr wirksame Technik entwickelt – »The Work« –, mit deren Hilfe man überprüfen kann, ob eine Überzeugung richtig oder hilfreich ist. Wenn sie ständig Zorn oder negative Gefühle erzeugt, kann man sie mithilfe von Katies Methode loslassen. Viele Therapeuten und spirituelle Berater setzen »The Work« mittlerweile mit großem Erfolg bei ihrer Arbeit ein. Im Folgenden werde ich Ihnen die Grundsätze des Prozesses zur Auflösung von Überzeugungen vorstellen (Katie nennt ihn »Überprüfung«), und am Schluss dieses Kapitels werden wir ihn in der geführten Meditation praktisch anwenden.

Der Prozess zur Auflösung von Überzeugungen besteht aus fünf Schritten. Ich habe sie für diese schriftliche Anleitung ein bisschen verändert. Immer wenn Sie feststellen, dass Sie zornige, ängstliche oder beunruhigende Gedanken in Bezug auf einen Menschen (oder eine Situation) haben, können Sie diese fünf Schritte anwenden, um die Gedanken, die Sie in diesem Zustand halten, leichter zu erkennen und dadurch vergeben und sich emotional befreien zu können.

SCHRITT 1
Zunächst stellen Sie fest, auf wen Sie wütend sind und warum. Bringen Sie die Gedanken, die den Ärger erzeugen, zum Ausdruck. »Ich bin wütend auf Philip, weil er gestern Abend etwas gesagt hat, das meine Gefühle verletzt hat.« Schreiben Sie Ihre Aussage am besten auf.

Als Nicole zu mir kam, um eine Therapie zu beginnen, war sie zum Beispiel ständig wütend auf ihren früheren Partner, Jack, weil sie dachte, er habe sie extrem schlecht behandelt, als er sie wegen einer anderen Frau verließ. Monatelang fühlte sie sich tief verletzt und konnte nicht aufhören, Jack an ihrem emotionalen Leid die Schuld zu geben. Bei dieser Übung sagte sie Folgendes: »Ich bin wütend auf Jack, weil er mich liebevoller hätte behandeln sollen, anstatt meine Gefühle so rücksichtslos zu verletzen.«

SCHRITT 2
Der zweite Schritt besteht darin, ehrlich zu hinterfragen, ob die Aussage und die Überzeugung, die dazu geführt hat, stimmen. Warum »sollte« ein anderer Mensch sich so verhalten, wie wir es wollen? Und warum »sollte« er für unsere Gefühle verantwortlich gemacht werden, wenn wir selbst diejenigen sind, die Gedanken denken, aufgrund derer wir uns schlecht fühlen?

War es in Nicoles Fall beispielsweise richtig, dass Jack ihr gegenüber liebevoller hätte sein sollen? Warum hätte er sich denn anders verhalten sollen? Warum dachte Nicole, sie habe das Recht, sein Verhalten zu beurteilen? Und war tatsächlich er derjenige gewesen, der Nicoles Gefühle verletzt hatte, oder hatten ihre eigenen Gedanken das Gefühl erzeugt, betrogen und falsch behandelt worden zu sein? Jack tat, wozu er sich veranlasst sah, und handelte so, wie es ihm entsprach. Nicole erkannte, dass sie von ihm erwartete, nach ihren Regeln zu leben. Sie mischte sich stark »in seine Angelegenheiten« ein und beurteilte ihn nach ihren eigenen Maßstäben, obwohl Jack objektiv gesehen das Recht hatte, sein Leben so zu leben, wie er gerne wollte. Darüber hinaus fügte Jack Nicole kein emotionales Leid zu. Es waren vielmehr ihre eigenen Gedanken, verlassen und falsch behandelt worden zu sein – ihre Reaktion auf sein Verhalten –, die ihre Verletztheit bewirkten. Als sie erkannte, dass sie ihn dafür verantwortlich machte, wie sie mit ihren Gedanken und Emotionen umging, hörte sie mit den Schuldzuweisungen auf.

SCHRITT 3
Der dritte Schritt in diesem Prozess besteht darin, die folgende Frage zu stellen: »Inwiefern könnte es mir helfen, zu glauben, dass meine Reaktion richtig ist?«

In unserem Beispiel war Nicole davon überzeugt, dass Jack netter zu ihr hätte sein sollen. Konnte es sein, dass sie ihre Wut in gewisser Weise genoss? Gab dieses Gefühl ihr einen Grund, sich Jack gegenüber aggressiv zu verhalten oder sich in Selbstmitleid zu stürzen? Blockierte ihre Wut die eigentliche Frage, die sie quälte, ob sie es möglicherweise nicht schaffte, eine Liebesbeziehung aufrechtzuerhalten? Was ist der positive Effekt (es gibt fast immer einen), wenn wir an der Überzeugung festhalten, jemand habe uns Unrecht getan und uns daher verletzt?

SCHRITT 4
Beim vierten Schritt in diesem Prozess stellen wir uns die Frage: »Auf welche Weise bringt es mein Leben durcheinander oder schadet es mir, an der Überzeugung festzuhalten, dass jemand mir Unrecht getan hat?«

Als wir zu diesem Schritt kamen, sprudelte Nicole sofort los, die ständige Wut gegen Jack untergrabe ihr Leben. Sie verbrachte viel Zeit damit, negativ über ihn zu denken, und stellte sich alle möglichen ärgerlichen Konfrontationen vor. Häufig bebte sie innerlich vor Zorn, sie war durcheinander, und ihre Gefühlswelt war ein völliges Chaos. Sie aß unvernünftig, machte keinen Sport, vernachlässigte ihre anderen Beziehungen. Ihre Gefühle und die Gedanken, schlecht behandelt worden zu sein, vereinnahmten sie. Mit einem Wort, sie ließ zu, dass ihre eigenen wütenden Gedanken ihr ganzes Leben vergifteten.

SCHRITT 5
Der fünfte Schritt bewirkt schnelle Erkenntnisse und ein tiefes Loslassen. Wir stellen uns die Frage: »Wie würde mein Leben sich verändern, wenn ich mich von der Überzeugung lösen würde, dass dieser Mensch mir Unrecht getan hat?«

Wie würden Nicoles Gefühle sich verändern, wenn sie aufhören würde zu denken, dass Jack sie ungerecht behandelt hat? Würde sie sich besser oder schlechter fühlen, wenn sie aufhören würde zu denken, dass andere Menschen für ihre eigenen Gefühle verantwortlich sind? Tatsächlich ging es Nicole sofort besser, als sie erkannte, dass sie sich nicht länger damit quälen musste, anderen Menschen die Schuld an ihren Gefühlen zu geben. Selbst die Verantwortung dafür zu übernehmen war für sie ein Durchbruch, eine innere Befreiung von unnötigem Leid. Als sie erkannte, wie gut der Prozess funktionierte, begann sie beherzt, diese Technik auf alle Menschen in ihrem Leben anzuwenden, denen gegenüber sie negative Gefühle hegte.

> Das ist der grundlegende Prozess zur Auflösung von Überzeugungen in aller Kürze. Ich möchte Sie nun dazu auffordern, zum ersten Schritt zurückzugehen und eine Aussage aufzuschreiben, die sich auf jemanden bezieht, der Sie Ihrer Meinung nach verletzt oder schlecht behandelt hat und auf den Sie nun wütend sind. Gehen Sie die einzelnen Schritte dann ehrlich durch... Finden Sie die Wahrheit über die negative emotionale Bürde, die Sie tragen, heraus und lösen Sie die negativen Gefühle nach Möglichkeit rasch auf.
>
> *Halten Sie inne & erleben Sie*

Weder gut noch schlecht

Wenn wir einen anderen Menschen oder eine Situation beurteilen, meinen wir, dass wir die Macht und die Weisheit besitzen, um entscheiden zu dürfen, was gut und was schlecht ist. Steht es uns wirklich zu? William Shakespeare traf den sprichwörtlichen Nagel auf den Kopf, als er eine seiner Figuren in einem Drama sagen ließ: »Es gibt nichts Gutes oder Schlechtes, nur das Denken macht es so.«

Alle Religionen, Kulturen und sozialen Gruppen versuchen das Verhalten ihrer Mitglieder zu kontrollieren, indem sie Regeln aufstellen, was akzeptiert wird und was nicht. Häufig wird diesen Regeln das Gewicht eines religiösen Leitsatzes zugeschrieben, und die darin enthaltene Moralvorstellung wird von Generation zu Generation weitergegeben.

Ich habe nichts gegen grundsätzliche Verhaltensregeln einzuwenden, in denen die gesammelte Weisheit einer Kultur zum Ausdruck kommt. Aber es ist wichtig zu erkennen, ob weise Vorschläge, wie so häufig, in ein »Richtig-oder-falsch-Prinzip« umgewandelt worden sind. Die Vorstellung von gut und böse, von richtig und falsch ist kein Ergebnis der höheren intuitiven Funktion des Geistes. Viele religiöse Leitsätze basieren tatsächlich auf einer solchen »höheren« Logik. Aber eine weise Beobachtung in eine »Richtig-oder-falsch-Kategorie« umzumünzen verschließt die Weisheit in einer auf Angst basierenden Beurteilung in einem dualistischen kognitiven System.

Leider wurden die meisten von uns schon in der Kindheit mit einer ganzen Reihe von verbalen Aussagen und Überzeugungen programmiert, die wir nicht aufgrund eigener Erfahrungen oder rationaler Weisheit übernehmen, sondern einfach weil wir darauf programmiert wurden, diese Dinge zu glauben – und Angst davor haben, sie zu hinterfragen.

Es ist an sich natürlich nicht verkehrt, das Leben auf der Basis von Regeln zu leben, die wir von unseren Vorfahren übernommen haben. Aber wir sind geistig in der Lage, Regeln und Überzeugungen, die uns vorschreiben, wie wir im Leben denken und handeln »sollten«, weiterzuentwickeln. Anstatt Glaubenssätze einfach zu übernehmen, können wir uns von unserer höheren intuitiven und spirituellen Sensibilität durchs Leben führen lassen – frei von der Angst, ob etwas richtig oder falsch ist.

Wichtig ist hierbei, dass Sie Ihrer inneren Führung vertrauen (der ganzheitlichen, intuitiven Wahrnehmung eines ruhigen Geistes), damit Sie sich im gegenwärtigen Moment befreien und spontan handeln können, so wie Ihr Herz und Ihre Seele es Ihnen vorgeben. Andernfalls führen Sie weiterhin ein Leben, das darauf basiert, was Sie tun oder nicht tun sollten – was nicht unbedingt die beste Entscheidung im gegenwärtigen Moment herbeiführt, der sich idealerweise frei entwickeln können sollte.

Lassen Sie uns erneut innehalten, damit Sie über Ihre Gefühle bezüglich des Gesagten nachdenken können. Nachdem Sie den nächsten Absatz gelesen haben, legen Sie das Buch vorübergehend zur Seite und schließen Sie die Augen, wenn Sie möchten...

> Schwingen Sie sich auf Ihre Atmung ein ... auf Ihr Herz ... die Gegenwart Ihres gesamten Körpers hier und jetzt ... und während Sie in Ihr eigenes inneres Zentrum schauen, denken Sie darüber nach, ob Sie Ihren tiefen Gefühlen und intuitiven Erkenntnissen, vielleicht auch dem spirituellen Bewusstsein, zutrauen, Sie erfolgreich durch Ihr Leben zu führen, jenseits der Zwänge von »Richtig-oder-Falsch-Regeln«, mit denen Sie als Kind programmiert wurden ... Sind Sie ein spontaner Mensch, dem man vertrauen kann?
>
> *Halten Sie inne & erleben Sie*

Negative Glaubenssätze überwinden

Um die Bedeutung des Beurteilens ganz zu verstehen, müssen wir noch einen letzten Schritt tun. Viele von uns machen ständig andere Menschen für ihre Probleme verantwortlich. Ebenso viele machen sich selbst dafür verantwortlich, nicht gut genug zu sein, etwas falsch zu machen ... irgendwie unakzeptabel zu sein.

Diesem Muster liegen zwei zentrale Überzeugungen zugrunde, die fast bei allen Problemen eine Rolle spielen, mit denen Klienten zum Therapeuten kommen: Es ist die Überzeugung, machtlos zu sein, und das Gefühl, unwürdig oder nicht liebenswert zu sein.

Diese Überzeugungen entwickeln sich in der Regel früh im Leben, und häufig werden sie unterdrückt oder sind nur latent vorhanden, bis man mit extremen Lebenssituationen konfrontiert wird. Aber solche kognitiven Ursubstrate beeinflussen auf subtile Weise die Qualität und den Inhalt der Gedanken sowie der Emotionen, die ein Mensch in seinem Leben entwickelt, bis er sie offen konfrontiert und überprüft.

Wenn jemand zum Beispiel anderen die Schuld an seinen eigenen Problemen gibt, fühlt er sich in Wirklichkeit innerlich hilflos, schwach und unfähig, für seine Rechte zu kämpfen. Oft sind diese Menschen in einem Gefühl des Zorns gefangen. Sich hilflos zu fühlen macht uns Angst, und Zorn ist ein Weg zu versuchen, das Gefühl der Hilflosigkeit zu überwinden.

Ähnlich ist es bei vielen Menschen, die ständig unter Depressionen und Schuldgefühlen leiden und sich darüber hinaus der Möglichkeit berauben, liebevolle Beziehungen aufzubauen, da sie schon früh in ihrem Leben die Überzeugung entwickelt haben, nicht liebenswert zu sein. Das führt zu einer Reihe von negativen Emotionen, die ständig durch unterschwellige Gedanken hervorgerufen werden. Wenn diese Gedanken an die Oberfläche kommen, werden sie in der Regel mit der weinerlichen Stimme eines Kindes gesprochen... »Niemand liebt mich.« »Ich bin nicht gut genug.« »Es ist sowieso alles hoffnungslos, mir gelingt nie etwas.«

In den meisten Fällen ist man sich dieser beiden Grundüberzeugungen (sich hilflos oder nicht liebenswert zu fühlen) nicht bewusst. Daraus leiten sich unbemerkt ständig wiederkehrende Gedanken ab, wie zum Beispiel: »Ich glaube, ich bin nicht gut genug, um das zu tun.« »Wahrscheinlich wird es mir ohnehin nicht gelingen, warum sollte ich es also überhaupt versuchen?« »Das ist zu gefährlich, das mache ich lieber nicht.« Oder: »Warum ist das Leben so grausam?«

Wie wir gesehen haben, kann es unrealistische negative Überzeugungen heilen helfen, unsere wiederkehrenden Gedanken wertfrei zu betrachten und unsere zentralen Einstellungen über uns selbst und das Leben zu erkennen. Danach wenden wir den Prozess zur Auflösung von Überzeugungen auf jede Überzeugung an, auf die wir stoßen.

Nehmen wir einmal an, Sie möchten einen anderen Menschen fragen, ob er mit Ihnen ausgeht – aber in dem Moment überfällt Sie der folgende Gedanke: »Nein, es ist hoffnungslos, sie wird mich zurückweisen.« Sobald Sie einen solchen Gedanken erkennen, schreiben Sie ihn auf und führen den Prozess zur Auflösung von Überzeugungen durch. Ich möchte Sie nun noch einmal durch diesen Prozess führen. Sie können ihn auf jede Ihrer Überzeugungen beziehen.

SCHRITT 1
Formulieren Sie Ihre Annahme. Im oben angeführten Fall wäre das zum Beispiel, dass Sie die Aufmerksamkeit eines anderen Menschen nicht verdienen, weil Sie grundsätzlich nicht liebenswert sind.

SCHRITT 2
Überlegen Sie – so wenig emotional wie möglich –, ob diese Aussage stimmt. Wenn Sie davon ausgehen, wer Sie jetzt als Erwachsener sind, sind Sie tatsächlich so wenig liebenswert, oder ist das nur eine alte Vorstellung, die Sie überprüfen müssen?

SCHRITT 3
Überlegen Sie, was Sie gewinnen, wenn Sie an der Überzeugung festhalten, dass Sie grundsätzlich nicht liebenswert sind. Gewinnen Sie durch diese Einstellung etwas, ermöglicht sie Ihnen, das zu erreichen, was Sie für Ihr Leben wünschen?

SCHRITT 4
Denken Sie darüber nach, ob die Vorstellung, nicht liebenswert zu sein, Ihr Leben durcheinander bringt oder ihm schadet. Fühlen Sie sich aufgrund dieser Einstellung deprimiert oder einsam?

SCHRITT 5
Überlegen Sie nun, wie sich Ihr Leben verändern würde, wenn Sie die Überzeugung, nicht liebenswert zu sein, losließen und begännen, ein Selbstbild aufzubauen, in dem Sie sich nicht nur selbst lieben, sondern die Liebe anderer Menschen auch verdienen ...

Der Prozess zur Auflösung von Überzeugungen kann erheblich intensiviert werden, wenn Sie ein »Gedanken-Tagebuch« führen, in das Sie regelmäßig die Gedanken schreiben, die Ihnen gerade durch den Kopf gehen. Finden Sie heraus, worauf Ihr unbewusster Geist sich ständig fixiert. Schreiben Sie all die negativen Gedanken, Beurteilungen, Annahmen und Überzeugungen auf, die durch Ihren Geist strömen. Ermitteln Sie die Grundüberzeugungen und die daraus abgeleiteten Gedanken, die Ihr positives Lebensgefühl untergraben. Und schreiben Sie natürlich auch Ihre positiven, angenehmen Gedanken auf.

Mit einem Wort, lernen Sie sich kennen. Bei diesem Prozess werden Sie Erkenntnisse gewinnen, die Ihre Vorstellungen positiv verändern. Wir haben bereits gesehen, dass allein schon die Beobachtung der Gedanken eine heilende und transformierende Wirkung haben kann. Ihre Aufgabe ist es, Ihre Aufmerksamkeit direkt auf die Quelle Ihrer Gedanken zu richten und zu beobachten, was Sie dort vorfinden. Dabei werden Sie entdecken, welche Ihrer Grundüberzeugungen Ihnen nicht dienlich sind. Aufgrund dieser Erkenntnis werden Sie automatisch beginnen, sich von solchen Überzeugungen zu lösen.

Denken Sie dabei an Folgendes: Sie müssen alte Vorstellungen nicht unbedingt durch neue ersetzen. Anstatt eine positive kognitive Einstellung sich selbst gegenüber zu entwickeln, haben Sie auch die Möglichkeit, Ihr Leben nach und nach immer freier von dominierenden Überzeugungen zu leben. Sie können spontan im gegenwärtigen Moment auf die Welt reagieren ...

Das ist der Trick: Wenn Sie gefragt werden, wer Sie sind, oder sich selbst diese Frage stellen, können Sie direkt zum Zentrum Ihres Gefühls vorstoßen, in diesem Moment am Leben zu sein, anstatt in Ihrer Erinnerung nach einer Vorstellung oder Überzeugung zu suchen. Schließlich sind Sie ein Mensch, der ist, und nicht ein Mensch, der »gewesen« ist. Wer Sie sind, lässt sich daran erkennen, wie Sie spontan und mit Ihrem ganzen Sein auf den neuen Moment reagieren. Das sind Sie! Und das ist keine Beurteilung, das ist eine Erfahrung.

Geführte Sitzung 2
Ärger und Wut auflösen

Es ist nun an der Zeit, die zweite geführte Meditation durchzuführen, die auf der Atmungs-Herz-Körper-Meditation aus dem ersten Kapitel aufbaut und Sie dann durch den Prozess begleitet, den Sie in diesem zweiten Kapitel kennen gelernt haben, um Ihre Überzeugungen und bewertenden Gewohnheiten zu erkennen und zu überwinden. Während dieses Prozesses werden wir viel heilende Liebe auf Ihr inneres Wesen lenken, so dass Sie eine annehmende und liebende Beziehung zu sich selbst entwickeln können. Wie bei den anderen Übungen dieses Programms empfiehlt es sich auch hier, sie regelmäßig durchzuführen, um rasch höhere Seinszustände zu erreichen.

Machen Sie es sich für diese Sitzung zur Beruhigung Ihrer wertenden Gedanken bequem. Sie können sich entweder hinsetzen oder hinlegen ... beobachten Sie, womit Ihr Geist gerade beschäftigt ist ...

Wenn Sie so weit sind, verlagern Sie Ihre Aufmerksamkeit von Ihren Gedanken auf die Wahrnehmung Ihrer Umgebung ... spüren Sie das Gefühl der einströmenden Luft ... der ausströmenden Luft ... spüren Sie Ihre Nase oder Ihren Mund, während Sie atmen ... dehnen Sie Ihr Bewusstsein aus und beobachten Sie nun auch die Bewegungen in Ihrer Brust und Ihrem Bauch, während Sie atmen ... dehnen Sie Ihr Bewusstsein weiter aus und schließen Sie Ihr Herz mit ein, das inmitten Ihrer Atemerfahrung schlägt ... seien Sie sich Ihres ganzen Körpers bewusst, hier in diesem Moment ...

Wenn Sie irgendwelche zornigen, depressiven oder wertenden Gefühle gegenüber jemandem hegen ... sehen Sie nach innen und schauen Sie, ob es eine Person oder eine Situation in Ihrem Leben gibt, über die Sie verärgert sind, auf die Sie böse sind oder wegen der Sie deprimiert sind ...

Vervollständigen Sie nun den folgenden Satz mit dem Namen, der Ihnen als Erstes einfällt: »Ich bin wütend auf (oder verärgert über) _____ , weil er/sie _____ .«
Sind Sie sicher, dass diese Aussage richtig ist? Woher wissen Sie, dass diese Person etwas getan hat, was sie nicht hätte tun sollen?

Gefällt oder nutzt es Ihnen, wenn Sie glauben, dass diese Person etwas getan hat, was sie Ihnen nicht hätte antun sollen, oder dass sie etwas nicht getan hat, was sie hätte tun sollen? Was haben Sie davon (falls Sie überhaupt etwas davon haben), weiterhin wütend oder verärgert zu sein?

Leiden Sie darunter oder deprimiert es Sie, wenn Sie weiterhin wütende oder ablehnende Gedanken in Bezug auf diesen Menschen hegen und ihm Vorwürfe wegen seines Tuns machen?

Was würde geschehen, wie würde Ihr Leben sich verändern, wenn Sie aufhörten, gegen die Realität anzukämpfen, und anfingen, zu akzeptieren, was dieser Mensch getan oder nicht getan hat? Wenn Sie es einfach vergäben und vergäßen und die Überzeugung, falsch behandelt worden zu sein, losließen, wie würde es Ihnen dann jetzt gehen?

Bleiben Sie sich Ihrer Atmung bewusst ... betrachten Sie Ihre Wut und all Ihre wütenden Gedanken ... und fragen Sie sich, ob sie Ihnen helfen oder ob sie Sie daran hindern, das Leben zu schaffen, das Sie sich wünschen.

Wie würde Ihr Leben sich verändern, wenn Sie sich dazu entschlössen, sich von der Überzeugung zu lösen, dass andere Menschen Ihnen gegenüber ständig schlechte und verletzende Dinge tun? Wie wäre es, wenn Sie die volle Verantwortung für Ihre eigenen Gefühle übernähmen?

Stellen Sie sich vor, Sie befinden sich in einem großen, schönen Wohnzimmer, Sie sitzen auf dem Sofa ... Sie fühlen sich gut in Ihrem Körper, sind entspannt und innerlich ruhig ... jemand, der Sie häufig verärgert, betritt den Raum. Bleiben Sie sich Ihrer Atmung bewusst, reagieren Sie nicht auf die Anwesenheit dieses Menschen ... stellen Sie sich stattdessen vor, dass Sie auf ihn zugehen. Egal, wie ärgerlich sein Verhalten oder das, was er sagt, auch sein mag, reagieren Sie nicht zornig darauf. Beobachten Sie, was geschieht, wenn Sie keine Furcht empfinden und sich weigern, zornig zu reagieren ... bewahren Sie ein offenes Herz, seien Sie innerlich ruhig und akzeptieren Sie, was ist ...

Stellen Sie sich nun vor, dass die Person den Raum verlässt. Sie sind wieder allein, sitzen auf dem Sofa, beobachten Ihre Atmung und genießen diesen Moment ... Sie blicken zur Tür und sehen jemanden hereinkommen ... stellen Sie sich vor, sich selbst durch die Tür kommen zu sehen ...

Wenn Sie dem Blick dieses sehr vertrauten Menschen begegnen, welches Gefühl können Sie in seinen Augen erkennen – wie fühlt sich diese Person? Was haben Sie für eine Meinung über diese Person – beurteilen Sie diesen Menschen, oder akzeptieren Sie ihn so, wie er ist? Empfinden Sie Liebe in Ihrem Herzen, diesem Menschen gegenüber?

Lassen Sie diese Vorstellung jetzt los, schwingen Sie sich auf Ihre Atmung ein ... auf das Gefühl in Ihrem Herzen sich selbst gegenüber ... beobachten Sie, welche Emotionen in Ihnen ausgelöst werden, wenn Sie den folgenden Gedanken aussprechen oder denken: »Ich akzeptiere mich so wie ich bin.« Erlauben Sie Ihrem Herzen, sich zu öffnen ...

Stellen Sie sich nun vor, dass ein Freund oder jemand, mit dem Sie gerne befreundet wären, den Raum betritt. Achten Sie darauf, ob Sie ihn mit offenem Herzen annehmen können, ohne ihn zu beurteilen ... bleiben Sie sich Ihrer Atmung bewusst, der Präsenz Ihres ganzen Körpers ... gehen Sie mit einem ruhigen Geist auf diesen Menschen zu ... vielleicht umarmen Sie ihn ... spüren Sie das Gefühl bedingungsloser Liebe ...

Nun können Sie diese Vorstellung loslassen ... nehmen Sie wahr, wie Ihre Atemzüge kommen und gehen, ohne dabei bewusst zu versuchen zu atmen ... Sie sind offen für neue Erkenntnisse und eine neue Erfahrung ...

Halten Sie inne & erleben Sie

Kapitel drei:
Frei von Angst und Sorgen

Wir kommen nun zu dem Punkt, an dem wir die Früchte unserer Bemühungen ernten können – zur Auflösung eines psychologischen Geheimnisses: Wer oder was ist eigentlich der Spielverderber in unserem Leben, wer oder was ist dafür verantwortlich, dass wir immer wieder so viele Gelegenheiten verstreichen lassen, uns ins Hier und Jetzt hineinzuentspannen und das Leben in vollen Zügen zu genießen?

Wir haben bereits gesehen, auf welche Weise das ständige Bewerten uns daran hindert, am gegenwärtigen Moment teilzunehmen; solange wir im Bewertungsmodus sind, können wir nicht im Vergnügungsmodus sein. Aber wenn das stimmt und wenn es ebenfalls stimmt, dass Menschen das Vergnügen dem Leiden vorziehen, warum bewerten wir dann weiterhin ständig alles, was um uns herum geschieht, anstatt spontan an der emotionalen Tiefe und dem Spaß im Leben teilzuhaben?

Man kann diese Frage mit einem Wort aus fünf Buchstaben beantworten. Diese fünf Buchstaben dominieren einen erheblichen Teil unseres Lebens, und in der Regel tun sie das auf negative Weise: A ... N ... G ... S ... T. Es geht vor allem um einen bestimmten Aspekt der Angst, nämlich die Sorgen. Wenn man sich Sorgen macht, fixiert sich der denkende Geist übermäßig auf mögliche künftige Probleme, und durch sorgenerfüllte Gedanken erzeugt er ein Gefühl der Angst, das regelmäßig unsere innere Ruhe beeinträchtigt.

Wenn die Angst uns in ihrer Gewalt hat, gibt es überhaupt keine Möglichkeit, im gegenwärtigen Moment Ruhe und Freude zu erleben. Daher werden wir in diesem Kapitel die menschliche Angstreaktion genauer untersuchen und unserer Angewohnheit, uns Sorgen zu machen, auf den Grund gehen – und dann eine Grundtechnik erlernen, um den Strom sorgenerfüllter Gedanken zu beruhigen, die lautstark schöne und friedliche Tage vergiften.

Vorab möchte ich darauf hinweisen, dass ernsthafte Angststörungen und Panikattacken selbstverständlich eine persönliche therapeutische Betreuung erfordern. Wenn Sie also darunter leiden, sollten Sie professionelle Hilfe suchen.

Ein Fallbeispiel: Peters finanzielle Sorgen

Lassen Sie mich zu Beginn dieses Kapitels wieder ein Beispiel aus meiner therapeutischen Arbeit schildern, anhand dessen wir erkennen können, auf welche Weise ängstliche Gedanken Menschen nervös und besorgt machen und ihnen positivere Gefühle wie innere Ruhe, Begeisterung und eine von Spontaneität geprägte Beziehung zur Welt vorenthalten. Das folgende Angstszenario ist sicherlich intensiver als das, was Sie erleben, aber wenn man Extreme betrachtet, ist es oft leichter zu verstehen, wie man die Sorgen in den Griff bekommen kann.

> Peter und Jennie schienen Ende der neunziger Jahre zu den Leuten zu gehören, die ziemlich viel Glück gehabt hatten. Sie arbeiteten zusammen in ihrer kleinen Computer-Software-Firma und entwickelten ein brillantes High-Tech-Konzept, das im damals boomenden E-Commerce-Bereich großen Erfolg hatte. Es gelang ihnen, drei Millionen Dollar von Freunden aufzutreiben und mit ihrem Unternehmen in weniger als elf Monaten schwarze Zahlen zu schreiben. Zu diesem Zeitpunkt stiegen sie wegen Peters gesundheitlicher Probleme aus dem Unternehmen aus – sie hatten so viel Geld verdient, dass es für mehrere Leben gereicht hätte. Sie zogen nach Hawaii und verbrachten dort ihren zwanzigsten Hochzeitstag.
> Ich lernte Peter ein Jahr später über einen gemeinsamen Freund kennen, der auch sein Arzt war. Er hatte ernsthafte Probleme mit einem immer wiederkehrenden Magengeschwür und Verdauungsproblemen – und das, obwohl er seinen frühen Ruhestand im Paradies verbrachte. Sein Alkoholkonsum war beträchtlich, obwohl das Trinken seiner Gesundheit schadete. Und trotz seiner gesicherten Zukunft war er äußerst gereizt, aggressiv und häufig ein nervöses Wrack.
> Ich stellte bald fest, dass es Jennie nicht viel besser ging. Sie machte

sich Sorgen um die Gesundheit und die psychische Verfassung ihres Mannes sowie über eine ganze Reihe anderer Lebensprobleme. Häufig konnte sie das Klima und die Strände ihrer neuen Heimat gar nicht genießen.

In einer solchen Situation lasse ich die Menschen in der Regel einfach von sich erzählen, damit sie selbst zu Einsichten gelangen. Da er intelligent und ehrlich war, brauchte Peter nicht lang, um selbst zu erkennen, was er sagte, während er mir seinen Alltag beschrieb. Ich stellte ihm beispielsweise eine einfache Frage wie: »Was ärgert Sie jeden Tag am meisten?«, und er berichtete mir 90 Minuten lang über sein Leben, das geprägt war von feindseligen Beurteilungen, aggressiven Gedanken, Verdächtigungen und ständigen Sorgen.

»Sie können sich nicht vorstellen«, sagte er während unserer ersten inoffiziellen Begegnung auf seinem weiten Rasen mit Blick auf den Pazifik, »wie stressig es sein kann, bei all meinen Kapitalanlagen auf dem Laufenden zu bleiben. Ich muss mir ständig Sorgen über den Markt, über jede Anlage machen, die ich habe... Ich setze mich an meinen Computer oder telefoniere, und fast jeden Tag entdecke ich irgendwo eine Krise, die meine Situation bedroht. Oder ich habe mit jemandem zu tun, der für eine Sache zuständig ist, dem ich aber nicht zutraue, dass er die Situation im Griff hat. Es würde jeden verrückt machen, morgens aufzuwachen und mit so vielen Unwägbarkeiten zu tun zu haben, mit so vielen potenziell katastrophalen finanziellen Situationen. Es ist letztlich immer wieder die Frage, wem man trauen kann – und an manchen Tagen scheint es, als gäbe es unter all den Zuständigen niemanden, der verantwortlich handelt. Ich habe das Gefühl, immer noch eine schwere Last auf meinen Schultern zu tragen, weil ich mich um alles kümmern muss, und das, obwohl ich eigentlich schon im Ruhestand bin. Wie kann man in den Ruhestand gehen, wenn man sich ums Geld kümmern muss, weil sonst alles den Bach runtergeht und man am Ende ohne einen Pfennig dasteht? Ich habe es bei anderen Menschen gesehen – es könnte mir jede Minute passieren, wenn ich nicht auf der Hut bin.«

Als ich ein paar Tage später mit Jennie sprach, brachte sie auf die Frage, was ihr Sorgen machte, ihre ständige innere Verzweiflung zum Ausdruck: »Ich muss mitansehen, wie Peter immer noch seine Gesundheit gefährdet«, klagte sie, »er hört einfach nicht auf mich. Ich bin so froh, dass Sie jetzt mit ihm arbeiten. Ich fühle mich hilflos, ich mache mir größte Sorgen um ihn. Er hat alles im

Leben, aber trotzdem fühlt er sich elend. Und unser Sohn ist genauso; er ist drauf und dran, sein Leben zu verpfuschen. Er lebt in Lesotho, irgendwo in Südafrika, stellen Sie sich das mal vor – und er arbeitet dort mit den Schwarzen und versucht ihnen zu helfen, besseren Mais anzubauen oder so was. Es könnte sein, dass man ihm die Kehle durchschneidet, er könnte Aids bekommen. Ich gehe jede Nacht voller Sorge ins Bett und bete für ihn, aber was kann ich tun? Und zu alledem ist da noch meine Mutter. Sie ist 86, und seitdem mein Vater gestorben ist, lebt sie allein in ihrem Haus in New Haven, und keiner ist da, der sich um sie kümmert. Ich sage ihr immer wieder, dass sie zu uns ziehen soll, dass ihr etwas passieren könnte und ich es tagelang nicht einmal wüsste. Und zu allem Übel haben wir jetzt auch noch neue Nachbarn, und ich bin sicher, dass sie auf ihrem gesamten Grundstück ein Pestizid gegen die Mücken aussprühen – der Wind trägt alles zu uns herüber. Ich habe schon das Gesundheitsamt angerufen, aber sie haben nichts dagegen unternommen. Wir sitzen hier und müssen das Zeug jeden Tag einatmen. Ich habe zu Peter gesagt, dass wir umziehen müssen. Er meinte daraufhin, er würde heute Nachmittag rübergehen und mit den Nachbarn sprechen, aber Sie wissen ja, er hat Magenprobleme und soll sich nicht aufregen. Ich befürchte, er wird in einen Streit geraten und ...«

Und so weiter und so fort. Sie redeten und redeten darüber, was ihnen Sorgen machte und worüber sie sich ärgerten, bis sie schließlich selbst erkannten, dass sie in ihrem Leben ständig von Gedanken vereinnahmt wurden, die sie unter Feindseligkeit, Angst und Sorgen leiden ließen. Schritt für Schritt vermittelte ich ihnen eine andere Sichtweise. Ich erklärte ihnen, dass unsere eigenen Gedanken uns in einer inneren Folterkammer gefangen halten können – und sehr schnell verstanden sie, worum es mir ging.

»Aber ich kann immer noch nicht ganz damit übereinstimmen, was Sie sagen«, entgegnete Peter mir einmal. »Sie sagen, dass ich meinen Geist einfach beruhigen kann und mich davon lösen kann, hart und aggressiv zu sein. Aber das ist verrückt. Denn wenn ich aufhöre zu kämpfen, wenn ich nur darauf vertraue, dass die Dinge schon funktionieren werden, wenn ich ihnen einfach ihren Lauf lasse, wäre es aus und vorbei. Ich würde alles verlieren.«

Ich hatte Peter bereits erklärt, dass alle zornigen Gefühle sowie die meisten Stress erzeugenden Verhaltensweisen aus dem Gefühl heraus entstehen, in Gefahr zu sein – mit anderen Worten, dem Zorn liegt eigentlich Angst zugrunde, die jene Notfallreaktion hervorruft, um uns zu schützen. Aber ich versuchte nicht, ihn davon zu überzeugen, dass wir die Angst nicht brauchen, um unsere geschäftlichen Angelegenheiten voranzutreiben. Stattdessen schlug ich ihm vor, genauer zu untersuchen, welche Überzeugung er gerade zum Ausdruck gebracht hatte: Wenn er aufhörte, dafür zu kämpfen, erfolgreich zu sein, würde er alles verlieren und weg vom Fenster sein. War diese Annahme tatsächlich richtig?

Peter benötigte nur ein paar Minuten, um diese Annahme logisch zu durchdenken und zu erkennen, dass sie nicht richtig war. Seine ständigen Sorgen und Aggressionen bewahrten ihn nicht davor, alles zu verlieren. Sie raubten ihm sogar die wertvollsten Dinge, die er besaß – seine Gesundheit und seine innere Ruhe.

»Warum mache ich mir solche Sorgen, und warum kämpfe ich so, wenn es mir offensichtlich nicht hilft?«, fragte er schließlich. »Ich bin ein kluger Kopf – und Sie meinen, dass ich meinen Geist auf eine dumme Weise steuere? Sie sind derjenige, der Unsinn erzählt. Sie schlagen einen Weg vor, der absolut ruinös wäre.«

Ruhig lenkte ich Peters Aufmerksamkeit auf seine zentrale Überzeugung, die langsam zum Vorschein kam. Er glaubte, er würde alles verlieren, wenn er sich keine Sorgen über die Zukunft machte. Er benötigte nur 20 Minuten, um zu erkennen, dass all seinen Sorgen über die Zukunft und dem mangelnden Vertrauen zu anderen Menschen die Angst zugrunde lag, dass man ihn ausnutzen würde, wenn er nicht ständig vorsichtig und auf der Hut war. Dann würde er kein Essen und kein Dach mehr über dem Kopf haben und mittellos am Strand sterben.

Diese Angst war in Peters Fall natürlich gänzlich irrational. Aber so war es nun einmal, er vermutete bei allen geschäftlichen Dingen ständig eine drohende Gefahr. Bei näherer Betrachtung stellte er fest, dass sein Vater die gleiche Angst gehegt hatte und sein Großvater wahrscheinlich ebenfalls...

Als er mit ruhigem und klarem Verstand darüber nachdachte, stellte Peter fest, dass seine Kindheitsängste beziehungsweise die auf ihn übertragene Angst, alles zu verlieren und mittellos zu sterben, wenn er sich nicht ständig Sorgen machte und sich um die geschäftlichen Dinge kümmerte, keine begründeten Ängste waren. Als er das Szenario im klaren Licht der Realität des gegenwärtigen Moments bis zum Schluss durchspielte, erkannte er, dass er sein Leben von einer Annahme regieren ließ, die nicht realistisch war.

Selbst wenn alles schief ging, würde er sich um sich selbst kümmern können, er hatte überhaupt keine Opfermentalität.
Und die Angewohnheit, sich von einer irrationalen, vorwiegend unterbewussten Angst steuern zu lassen, hatte nichts mit Intelligenz zu tun. Das Problem entstand nicht, weil es ihm an Intelligenz mangelte. Es bestand immer weiter fort, weil Peter es versäumt hatte, die inneren Abläufe seines Geistes zu beobachten.
Ich half ihm weiterhin, seine Aufmerksamkeit auf innere Abläufe zu richten, die er bisher immer ignoriert hatte. Der gleiche Prozess half auch Jennie. Sie bekam eine Vorstellung davon, wie der Geist arbeitet und auf welche Weise ständige Sorgen das eigene Leben sabotieren. Sie beobachtete ihre wiederkehrenden Gedanken und erkannte bald, dass sie dazu neigte, auf alles im Leben eine Angst zu projizieren, der ein negatives Thema zugrunde lag – die Möglichkeit, dass ein Mensch, den sie liebte, starb und sie allein ließ.
Sie machte sich ständig große Sorgen und stellte sich alle möglichen schrecklichen Szenarien vor, was verschiedenen Freunden und Familienmitgliedern zustoßen könnte. Diese Vorstellungen vereinnahmten sie so stark, dass sie in ihr die gleiche Angst erzeugten, die sie empfunden hätte, wenn diese Dinge tatsächlich geschehen wären. Anstatt nur dann ein Trauma zu erleben, wenn tatsächlich ein Familienmitglied starb, zwang sie sich dazu, dieses Trauma ständig aufs Neue zu durchleben.
Schließlich sahen wir uns ihre größte Angst genauer an – es war die Realität des Todes als letztes Kapitel im Leben jedes Menschen. Nachdem sie sehr mit sich gerungen hatte, gelang es ihr, mir unter vielen Tränen zu erzählen, dass ihre große Schwester bei einem Autounfall ums Leben gekommen war, als Jennie sieben Jahre alt war. Seitdem hatte sie eine schreckliche Angst vor allem, was mit dem Tod zu tun hatte.
Es war für sie nun an der Zeit, der Tatsache ins Auge zu blicken, dass jeder sterben muss – dass keiner von uns am Ende lebend davonkommt... und dass wir den Tod akzeptieren können, anstatt ihn zu fürchten und auf diese Weise von ihm beherrscht zu werden. Als Jennie im tiefsten Inneren akzeptierte, dass auch sie eines Tages sterben würde, löste sich ein großer Teil ihrer Sorgen auf.

Jennie und Peter hatten also ziemlich festgefahrene, auf Angst basierende Gewohnheiten des Denkens und Fühlens. Sie mussten entsprechend viel Zeit aufwenden, um zu verstehen, wie ihr Geist funktioniert. Danach mussten sie der Gefahr direkt ins Auge sehen und aus der Erwachsenenperspektive ihre vergrabenen Ängste und Illusionen aus der Vergangenheit mit dem Licht der Vernunft beleuchten. Darüber hinaus mussten sie in Ruhe ihre Vorstellungen und Überzeugungen über das Leben betrachten und sich aktiv daran erinnern, ihren Geist zu beruhigen, wenn die alte Gewohnheit, sich Sorgen zu machen, wieder an die Oberfläche kam.

Aber innerhalb von sechs Wochen waren sie in der Lage, die Hauptgefahr zu erkennen (ihre Gewohnheit, sich Sorgen zu machen, und ihre von Angst geprägten Überzeugungen) und geistige Gewohnheiten loszulassen, die ihnen nicht dienlich waren. Durch den Prozess, das Leben so zu akzeptieren, wie es ist, und auch den Tod als natürlichen Teil des Lebens zu akzeptieren, waren sie in der Lage, das Leben mit offenen Armen anzunehmen, anstatt dagegen anzukämpfen. Auf diese Weise konnten sie ihr Leben sehr viel bewusster und erfüllter führen. Und sie begannen beide, ihren Geist regelmäßig zur Ruhe zu bringen, um den gegenwärtigen Moment unmittelbar zu genießen.

Natürlich werden Peter und Jennie hin und wieder in alte sorgenerfüllte Gewohnheiten zurückfallen, schließlich sind sie Menschen. Und sie werden sicherlich die üblichen körperlichen Angstreaktionen auf akute Gefahren erleben. Sie werden auch weiterhin Dinge in die Zukunft projizieren und sich verschiedene Szenarien ausmalen, und manche davon werden sie beunruhigen.

Aber nun stehen ihnen die mentalen Grundtechniken zur Verfügung, um ihren Geist zu steuern, so dass sie sich nicht ständig mit irrationalen Ängsten über die Zukunft quälen müssen. Sie wissen, wie sie ihren Geist ausrichten können, so dass sie die meiste Zeit in ihrem Leben frei von der Umklammerung der Angst sind.

Was ist Angst?

Sie haben wahrscheinlich bemerkt, dass Peter und Jennie nicht unter Reaktionen auf lebenswirkliche unmittelbare Bedrohungen ihres Wohlergehens litten. Sie erlebten eher eine besondere Form der Furchtreaktion, bei der die höheren Gehirnfunktionen sich an Furcht erregende Vorkommnisse in der Vergangenheit erinnern und diese Erinnerungen in die Zukunft projizieren. Auf diese Weise wird eine echte Furchtreaktion der Gefühle und des Körpers ausgelöst, die nicht auf einer tatsächlichen Gefahr im gegenwärtigen Moment basiert, sondern auf einer Gefahr in der Zukunft, die man sich vorstellt. Es handelt sich um ... Angst.

Wir wollen die menschliche Furchtreaktion nun noch etwas genauer untersuchen. Bitte haben Sie etwas Geduld, wenn ich auf den nächsten Seiten detaillierte neurologische Zusammenhänge darstelle; sie sind wichtig für das Verständnis.

Wie für alle Lebewesen auf diesem Planeten kann das Leben auch für uns gefährlich sein, wenn wir nicht auf der Hut sind. Daher ist unser gesamtes Nervensystem darauf angelegt, Gefahren zu erkennen und angemessen darauf zu reagieren. Die meisten festverdrahteten Funktionen für den Umgang mit Gefahr und Angriff sind Millionen von Jahren alt. Sie sind darauf ausgerichtet, auf körperliche Angriffe zu reagieren, indem sie augenblicklich eine geballte Ladung Energie aufbauen und diese sofort freisetzen – entweder, indem der Betreffende wie ein Verrückter kämpft oder indem er um sein Leben rennt.

Nun sind die meisten Gefahren in unserem Leben nicht physischer Natur. Trotzdem reagiert unser Organismus auf alle wahrgenommenen oder eingebildeten Gefahren mit einer körperlichen Anspannung. Ein großer Teil der negativen Erfahrung von Angst besteht darin, dass wir auf hormoneller und muskulärer Ebene bereit für eine körperliche Aktion sind, diese Anspannung aber nie in Form von Bewegung freisetzen. Stattdessen bleibt der Körper, wie bei Peter, aufgrund ständiger Sorgen und Ängste in Alarmbereitschaft. Diese Anspannung ist ein Stressor, der unserer Gesundheit und unserer emotionalen Stabilität schadet.

Die Grundstruktur unseres Gehirns begann sich vor einer halben Milliarde von Jahren zu entwickeln. Es handelte sich um einen kleinen Klumpen Nervengewebe am Ende des Rückenmarks unserer Reptilienvorfahren. Dieser entwickelte sich zu vier Bereichen weiter, die übereinander auf dem menschlichen Rückenmark sitzen – dem Hirnstamm, dem Zerebellum, dem Dienzephalon und den Gehirnhälften. Der Hirnstamm besteht aus der Medulla, dem Pons und dem Zwischenhirn. Er kontrolliert automatische Funktionen der inneren Organe und Muskeln. Wenn ich Sie dazu auffordere, sich Ihrer Atmung bewusst zu werden, verlagern Sie Ihre Aufmerksamkeit auf die Medulla, die Ihre Atmung und den Herzschlag kontrolliert. Wenn die Amygdala eine Gefahr erkennt, kann sie der Atmung und dem Herzschlag ein Signal geben, sich sofort für eine heftige Reaktion bereit zu machen, die den ganzen Körper umfasst. Sie schnappen nach Luft, wenn Sie plötzlich Angst haben, nicht wahr?

Das Zerebellum befindet sich genau hinter dem Hirnstamm, am unteren hinteren Teil des Gehirns. Es kontrolliert bewusste Bewegungen. Wenn ich Sie dazu auffordere, sich Ihrer Atmung bewusst zu werden und sie ruhiger werden zu lassen, verbinden Sie die Funktion der Medulla mit der Funktion des Zerebellums. Das Zerebellum ist darüber hinaus direkt mit Ihrem primitiven Angstsystem verbunden, das dem Zerebellum sofort Befehle geben kann, um den Körper so zu bewegen, dass Schmerzen oder Verletzungen vermieden werden. Neuere Erkenntnisse zeigen, dass das Zerebellum den Inhalt des Gedankenstroms mitbeeinflusst, und zwar wenn es darum geht, die Gedanken unmittelbar von dem gewohnten Gedankenstrom auf Überlebensaktivitäten zu richten.

Oberhalb des Hirnstamms befindet sich das Dienzephalon. Es enthält den Hypothalamus und den Thalamus, die alle eingehenden sensorischen Informationen verarbeiten und den Fluss der Hormone im Körper regulieren. Wenn die Amygdala eine Gefahr registriert, kann sie den Hypothalamus sofort dazu veranlassen, ein Kortikotropin freisetzendes Hormon auszuschütten, das den gesamten Organismus durch eine Kaskade von Hormonen und Neurochemikalien im Körper und im Gehirn für die Notfallreaktion bereit macht. Der Thalamus reguliert ebenfalls Befehle aus dem Angstzentrum. Seine zentrale Rolle besteht darin, alle sensorischen Signale, die im Gehirn ankommen, zu verarbeiten und weiterzuleiten. In Zusammenarbeit mit der Amygdala leitet er Informationen, die die Wahrnehmung betreffen, an das rationale Angstsystem im vorderen Teil des Gehirns zur Analyse weiter.

Das Dienzephalon und der Hirnstamm sind umgeben von den zwei größten Strukturen im Gehirn, den Gehirnhemisphären, die alle höheren geistigen Funktionen hervorbringen, das Bewusstsein eingeschlossen. Die faltige äußere Schicht der Gehirnhälften ist die Hirnrinde (Kortex). Dies ist der komplexeste Bereich, den das Gehirn bisher entwickelt hat. Und, wie bereits erwähnt, liegt tief in den Gehirnhälften das alte limbische System – das auch die Amygdala umfasst, die unsere primitiven Notfallreaktionen steuert.

Im Unterschied zu Tieren ist die Amygdala beim Menschen sehr eng mit einer Reihe von Gehirnzentren verknüpft, mit denen sie zusammenarbeitet, um eine Gefahr/Flucht-Reaktion zu steuern. Die Wissenschaft ist noch weit davon entfernt, das gesamte Bild aufzudecken, auf welche Weise das Gehirn eine potenzielle Gefahr wahrnimmt und darauf reagiert. 100 Milliarden informationsverarbeitende Zellen und 100 Billionen möglicher Verknüpfungen zwischen den Nervenzellen ermöglichen eine extrem schnelle Kommunikation zwischen dem primitiven Angstsystem im Zentrum des Gehirns und dem rationalen Angstzentrum im vorderen Kortex.

Anstatt es sich aber nur vorzustellen, fordere ich Sie dazu auf, direkt und regelmäßig zu erleben, welche Wirkung die Wahrnehmung einer potenziellen Gefahr auf unseren Körper hat. Werden Sie sich in den nächsten Tagen Ihrer inneren Erfahrung immer mehr bewusst, wenn Sie plötzlich auf Gefahrensignale des primitiven Angstsystems reagieren. Spüren Sie die plötzliche Anspannung und die Bereitschaft, die durch einen äußeren sensorischen Reiz erzeugt werden ... und beobachten Sie aufmerksam, wie sich Ihr rationales Angstsystem einschaltet, während Sie beginnen, die von der Amygdala wahrgenommene Gefahr zu analysieren und darüber nachzudenken. Bei der Beschreibung von Joel Kramers Modell des »Erkennens und Veränderns« (siehe Seite 70ff.) haben wir bereits gesehen, dass wir die Möglichkeit haben, unmittelbare Veränderungen herbeizuführen, wenn wir beobachten, wie Körper und Geist sich in Aktion verhalten. Gönnen Sie sich diese Möglichkeit für das eigene innere Wachstum regelmäßig an jedem neuen Tag.

Das Angst/Liebe-Kontinuum

Die Amygdala scheint eine Schlüsselrolle bei der Erzeugung aller primären Emotionen zu spielen – von totaler Ekstase über eine passive innere Ruhe bis hin zu panischer Angst. Es existiert ein emotionales Kontinuum; seine Skala beginnt bei dem Extrem, an dem wir überhaupt keine Furcht empfinden, und endet bei dem anderen Extrem, an dem wir eine sofortige Vernichtung erwarten.

Viele Wissenschaftler sind sogar der Ansicht, dass Angst die Ur-Emotion ist, aus der alle anderen Emotionen sich entwickelt haben. Jedes Gefühl kann als direkter Ausdruck eines bestimmten Angstniveaus gesehen werden. Das Angstniveau wird jeweils von der Amygdala bewertet. Furcht kann zum Beispiel Zorn in uns hervorrufen, wenn wir darum kämpfen, unsere körperliche Unversehrtheit zu erhalten. Furcht kann auch ein Gefühl der Hoffnungslosigkeit erzeugen, dann nämlich, wenn wir keinen Ausweg sehen. Darüber hinaus wird Fucht manchmal als aufregend und sogar als Hochgefühl erlebt – wenn wir vor einer Herausforderung stehen oder glauben, einen Kampf zu gewinnen.

In anderen Situationen kann eine überwältigende Angst Verwirrung und Orientierungslosigkeit hervorrufen. Angst ist sicherlich die grundlegende Ursache von Eifersucht, wenn wir befürchten, jemanden zu verlieren, den wir glauben zu brauchen. Und Angst liegt dem Gefühl des Verlassenseins und des

Kummers zugrunde, da wir befürchten, nicht weiterleben zu können, wenn wir dauerhaft von jemandem getrennt sind, von dem wir abhängig sind.

Wie ist es bei den positiveren Emotionen? Denken wir einmal an einfache Zufriedenheit und Glücksgefühle – sind sie nicht das Ergebnis jenes wohligen Gefühls, dass wir nicht in Gefahr sind und uns daher entspannen und das Leben genießen können? Und an die Erfahrung, verliebt zu sein... Wenn jemand uns liebt, fühlen wir uns relativ sicher vor Gefahren und beschützt, so wie als Baby bei unserer Mutter. Genauso ist es, wenn wir etwas meistern und uns selbstbewusst fühlen. Wir erhalten emotionalen Auftrieb, da wir gute Leistungen erbringen und daher keine Angst davor haben, nicht zu überleben.

Nun ist es ein großer Schritt von der rein materialistischen Betrachtungsweise menschlicher Erfahrungen zur tatsächlichen Erfahrung des Bewusstseins selbst. Denken wir beispielsweise an das Phänomen der Liebe. Wir wissen alle ganz genau, dass sie existiert. Jesus ging so weit zu sagen: »Gott ist Liebe« und setzte damit die Liebe gleich mit der unendlichen schöpferischen Kraft und dem Potenzial des Universums – und allem, was darüber hinaus existiert. Aber was können wissenschaftliche Methoden uns über die Liebe sagen? Dass sie nicht mehr ist als eine physiologische Reaktion, die aus dem primitiven Angstsystem des Gehirns stammt? Und wie ist es beim Bewusstsein? Die Wissenschaft hat das Bewusstsein noch gar nicht entdeckt...

Die experimentelle Wissenschaft basiert, wie wir wissen, ausschließlich auf greifbaren Phänomenen, die mithilfe von Maschinen in der äußeren wahrnehmbaren Welt erfasst und in verschiedenen Labors immer wieder aufs Neue wiederholt werden können. Wenn eine Maschine etwas nicht aufspüren kann und wenn es nicht wiederholbar ist, dann existiert es, vom wissenschaftlichen Standpunkt aus gesehen, einfach nicht. Das menschliche Bewusstsein und die tief empfundene Liebe repräsentieren jedoch Phänomene, die allein im gegenwärtigen Moment anzusiedeln sind. Aufgrund der Einzigartigkeit jedes neuen Moments lassen sie sich nie wiederholen. Ebensowenig können Maschinen Bewusstsein oder Liebe messen. Doch wir wissen, dass es sie gibt, da wir ihre Existenz im Inneren unmittelbar erfahren.

Es ist wichtig, sowohl die erstaunlichen Erkenntnisse der Wissenschaft als auch ihre Grenzen zu begreifen, wenn wir verstehen wollen, wer wir sind und wie wir uns selbst durch bewusstes Handeln weiterentwickeln können.

Was kann uns die Wissenschaft nun darüber sagen, wer wir sind und was unsere Angstreaktion mit unserer bewussten Erfahrung zu tun hat? Der Psychiater Michael Davis von der medizinischen Fakultät der Yale University hat vor kurzem herausgefunden, dass Mäuse keine Angst mehr empfinden können, wenn man ihnen die beiden Amygdalas entfernt. Das traf sogar in Situationen zu, in denen sie vorher größte Angst empfunden hatten. Ohne ihre Amygdalas konnte man sie in die Nähe einer Katze setzen, und anstatt wie sonst panisch zu reagieren, spielten sie furchtlos mit ihr.

Das gleiche Phänomen wurde anhand einer aggressiven Affenart gezeigt, die instinktiv mit Schreien und Flucht reagiert, wenn sie mit Menschen konfrontiert wird. Entfernt man das primitive Angstsystem aus ihrem Gehirn (was an sich schon eine eigenartige Idee ist), zeigen die Affen keinerlei Angstreaktion mehr, wenn Menschen auftauchen. Aus den Studien geht sogar hervor, dass die Affen überhaupt keine emotionale Reaktion mehr zeigen...

Diese Untersuchungen deuten auf einen direkten Zusammenhang zwischen der Funktionsweise der Amygdala und unserer generellen emotionalen Verfassung hin. Darüber hinaus scheint wenig Zweifel darüber zu bestehen, dass die animalischen Ur-Emotionen der Furcht und Aggression auf der biologischen Notwendigkeit basieren, unmittelbare Gefahren zu vermeiden, damit wir zumindest ein bisschen länger überleben können. Diese grundlegende Angstreaktion ist ein bemerkenswertes biochemisches System, das sein Bestes tut, uns davor zu bewahren, verletzt oder getötet zu werden.

Die Tatsache, dass dieses System beim modernen Menschen dazu neigt, sich ins Gegenteil zu verkehren und einen chronischen sorgenerfüllten Angstzustand zu erzeugen, bedeutet nicht, dass die Angst unser Gegner ist. Es bedeutet, dass wir lernen müssen, mit unseren Angstreaktionen umzugehen, damit sie uns nicht verrückt machen oder unsere Gesundheit ruinieren oder beides.

Der Schlüssel für einen erfolgreichen Ansatz zum Umgang mit unseren festverwurzelten Angstreaktionen liegt darin, zu akzeptieren, dass gelegentliche Angstreaktionen ein natürlicher Bestandteil des Lebens sind, und zu wissen, dass man überhaupt keine Furcht empfinden muss (Angst und Sorgen), wenn man sich im gegenwärtigen Moment körperlich nicht unmittelbar in Gefahr befindet. Anstatt sich von seinen Gedanken in einen Angstzustand hineinziehen zu lassen, kann man sich stets dafür entscheiden, sein Leben in einem »Liebesmodus« zu leben. Ich bezeichne es so, da ich keinen besseren Begriff dafür finde.

Wir können selbst unterscheiden, wann wir uns tatsächlich einer körperlichen Bedrohung gegenübersehen und unbedingt die Angstreaktion einsetzen müssen... und wann es sich um eine eingebildete zukünftige Bedrohung unseres Wohlbefindens handelt, die wir im Keim ersticken sollten, damit sie uns nicht beunruhigt. Wir müssen auf ein plötzliches Angstgefühl in unserem Körper gefasst sein und sofort den gedanklichen Prozess erkennen, der es erzeugt hat – und diesen gedanklichen Prozess zur Ruhe bringen.

Wir wollen unsere Aufmerksamkeit nun auf konkrete Techniken richten, die Ihnen erlauben, angstbehaftete Gedanken zu überwinden, sobald sie auftauchen.

Ohne Sorgen erfolgreich sein

Wie wir an Peters Fall gesehen haben, ist es das einzigartige Schicksal der menschlichen Spezies, sich vorstellen zu können, dass in der Zukunft möglicherweise etwas Schreckliches geschehen wird, und im gegenwärtigen Moment die ganze emotionale und körperliche Reaktion darauf zu erleben. Daher können wir vor Sorge krank werden (und dies geschieht auch häufig), wenn wir uns selbst quälendes emotionales Leid aufladen – selbst wenn gar keine reale Bedrohung vorhanden ist. Peter und Jennie taten genau das mit all ihren Sorgen darüber, was in der Zukunft passieren könnte, obwohl ihre gegenwärtige Situation ziemlich rosig war – wie vermutlich auch ihre Zukunft.

Zahlreiche physiologische Studien über Stress haben gezeigt, dass es niemandem gut tut, in einem chronischen angstbehafteten Zustand zu verbleiben (sich Sorgen zu machen, zornig oder aggressiv zu sein, ständig in Kampf- oder Fluchtbereitschaft zu sein). Chronischer Stress, der entsteht, wenn man sich zu viele Sorgen macht, hat eine geistige und körperliche Ermüdung zur Folge und bringt Verwirrung, Ungeduld und Schwierigkeiten im Umgang mit anderen Menschen mit sich. Sich Sorgen zu machen führt zu nichts.

Wenn wir einsehen, dass das wahr ist, stellt sich die nächste Frage fast von selbst: Wie lockern wir gezielt die Umklammerung unserer ständigen Sorgen? Sehen wir uns an, wie Peter dieser Herausforderung begegnete. Wahrscheinlich fragen sich einige von Ihnen immer noch, ob es wirklich klug für einen Geschäftsmann oder eine Geschäftsfrau ist, die Sorgen bewusst beiseite zu schieben und bei der Arbeit einen ruhigen Geist zu bewahren. Gehört der Stress, sich über Geschäftsabschlüsse, Personalentscheidungen und ähnliche Dinge Sorgen zu machen, denn nicht zur Erfahrung im Geschäftsleben dazu?

Im Klartext: Würde sich ein Aktionär wohl dabei fühlen, wenn der Geschäftsführer des betreffenden Unternehmens öffentlich erklären würde, dass er sich nun keine Sorgen mehr über den Erfolg des Unternehmens machen werde und die Erfahrung, das Unternehmen zu leiten, auskosten wolle?

Ich persönlich würde mich überaus wohl dabei fühlen. Ich würde den Geschäftsführer sogar dazu beglückwünschen, dass er die scharfsinnigste Entscheidung seiner beruflichen Laufbahn getroffen hat. Warum? Weil die Angst – abgesehen von der Wirkung einer plötzlichen körperlichen Höchstleistung und einer gesteigerten geistigen Klarheit, die nicht viel länger als ein paar Minuten anhält – eine große Bedrohung für gute Leistungen und geistige Brillanz ist. Darüber hinaus betäubt sie die tief empfundenen Emotionen, die es einem Geschäftsführer ermöglichen, nachhaltige und auf Vertrauen basierende Geschäftsbeziehungen aufzubauen. Ein Geschäftsführer, der durch Angst angetrieben wird, ist kein optimaler Geschäftsführer.

Peter stellte eines Morgens eine Liste für mich zusammen. Sie enthielt alle Stressoren, die an diesem Tag auf ihm lasteten, all die finanziellen Angelegenheiten, mit denen er zu kämpfen hatte, all die personellen Fragen, die er zu lösen versuchte. Bei jedem Punkt dieser Liste absolvierten wir einen grundlegenden Prozess, der ihm deutlich zeigte, dass seine Sorgen seine Effektivität in keiner Weise steigerten.

Dann gingen wir der zentralen Angst auf den Grund, die bei ihm ständig ängstliche oder aggressive Gefühle in Bezug auf seine Geschäfte hervorrief. Peter stellte sich das schlimmste Szenario vor und erkannte, dass die Befürchtung fast immer übertrieben war und nicht einer realistischen Einschätzung der Situation entsprach. Auf diese Weise konnte er die Sorgen schnell zerstreuen.

Ich möchte Sie an einer gekürzten Fassung eines Gesprächs teilhaben lassen, das wir eines Tages führten. Dabei betrachtete er die eigentliche Ursache seiner gegenwärtigen Sorgen, befreite sich davon und erreichte einen ruhigen, klaren Zustand, in dem er seine geschäftlichen Entscheidungen zuversichtlich, intelligent und in Resonanz mit der Weisheit seines ganzen Körpers treffen konnte.

Peters Aussage bezüglich seiner geschäftlichen Sorgen: Ich befürchte, dass die Marktsituation sich verschlechtern wird, bevor ich in eine optimale Position gelange, um bestimmte Aktien zu verkaufen. Ich könnte eine ganze Menge verlieren, wenn ich einen Fehler mache, und die ganze Situation könnte sich gegen mich wenden.

Meine Frage: Was wäre das Schlimmste, das passieren könnte, wenn die Aktienpreise sinken würden und Sie nicht verkaufen könnten?

Peters Antwort: Nun, ich würde natürlich Geld verlieren.

Meine Frage: Was wäre das Schlimmste, das passieren könnte, wenn Sie Geld verlören?

Peters Antwort: Ich hätte weniger Sicherheit, weniger Möglichkeiten zu agieren. Und ich würde beginnen, mir Sorgen darüber zu machen, dass mir ernsthaft das Geld ausgehen könnte.

Meine Frage: Was wäre das Schlimmste, das passieren könnte, wenn Sie überhaupt kein Geld mehr hätten und alles verlören?

Peters Antwort: Hmmh. Wenn ich alles verlöre, was ich habe – dann würde ich mittellos dastehen.

Meine Frage: Und was wäre das Schlimmste, das passieren könnte, wenn Sie alles verlören und mittellos wären?

Peters Antwort: Dann würde ich natürlich leiden. Es wäre die Hölle. Ich sage Ihnen, ich könnte einfach nicht damit umgehen, kein Geld zu haben. Es wäre das Ende.

Meine Frage: Also Sie leiden, Sie haben kein Geld, es ist das Ende – was würde tatsächlich in dieser extremen Situation passieren, vor der Sie so viel Angst haben?

Peters Antwort: Ich möchte mir das nicht einmal vorstellen. Ich könnte es nicht ertragen.

Meine Frage: Stellen Sie sich das Allerschlimmste vor, das Ihnen passieren könnte. Lassen Sie es zu – sagen Sie mir, was geschieht ...

Peters Antwort: Okay. Ich bin auf der Straße. Mit Jennie. Wir haben keinen einzigen Dollar mehr, keinen Ort, wo wir bleiben können, es schneit, es ist kalt. Wir werden sterben.

Meine Frage: Nun gut. Beobachten Sie, was passiert, wenn Sie sogar diese extreme Realität akzeptieren. Legen Sie sich hin, erleben Sie, wie es sich anfühlt zu verhungern, zu frieren ... gehen Sie in diese Erfahrung hinein ... wie ist es?

Peters Antwort: (lange Pause) Ich weiß es nicht ... wir sind einfach dort ... wir haben aufgegeben ... unsere Körper werden taub ... wir sterben ... wir werden einfach immer schwächer ...

Meine Frage (nach einer Pause): Sie befürchten also, dass Sie das erleben werden, wenn Sie sich keine Sorgen über den Aktienmarkt machen würden und darüber, wie Sie Ihr Geld schützen können?

Peters Antwort: Nun, ich denke ja. Hilflos zu sein. Niemanden kümmert es. Dort draußen, ganz allein, leidend ... sterbend ... fort.

Meine Frage: Werden Sie eines Tages ohnehin sterben?

Peters Antwort: Na klar – sicher doch. Natürlich. Das muss jeder.

Meine Frage: Vielleicht wäre das also Ihre Art zu gehen?

Peters Antwort: Hmmh. Könnte sein.

Meine Frage: War es so schlimm, als es passierte?

Peters Antwort (nach einer langen Pause): Nun, es war nicht so schlimm, wie ich gedacht hatte. Es geschah einfach ... Hmmh ... Genau in dem Moment, als es passierte, passierte es einfach. Ich verstehe, was Sie meinen. Es stimmt, ich mache mir ständig Sorgen und habe deshalb jeden Tag das Gefühl, völlig verzweifelt zu sein. Ich durchlebe diese mögliche zukünftige Hölle wieder und wieder, obwohl es im Moment ja gar nicht geschieht. Immer wieder empfinde ich diese schreckliche Angst ... aufzugeben ... zu sterben ...

Meine Frage: Und, Peter, wenn Sie wirklich all Ihr Geld verlören, würden Sie sich tatsächlich einfach auf die Straße legen und sterben? Würde das geschehen, wenn Sie plötzlich alles verlören, was Sie besitzen?

Peters Antwort: Nein, Sie machen wohl Witze. Ich habe Freunde, die mir helfen würden. Ich würde mir einen Job suchen. Jennie würde sich einen Job suchen. Wir würden kämpfen, wir würden überleben, wir sind keine Opfer, die keine Hoffnung mehr haben.

Meine Frage: Ihre chronische nagende Furcht davor, mittellos auf der Straße zu enden, Ihre ständige Angst, dass Ihnen in der Zukunft wirklich etwas Schreckliches zustoßen könnte, ist also nicht einmal realistisch?

Peters Antwort (nach einer langen Pause): Nein. Nein. Ich weiß nicht, woher ich diese Angst habe... Doch, ich weiß es sogar. Mein Vater kam aus einer armen Familie, sie mussten immer das Schlimmste befürchten. Sie waren finanziell immer an der Grenze. Und mein Großvater, ich kann Ihnen sagen, er wusste, was es bedeutet, nichts zu haben. Er wusste, wie es ist, wenn man befürchten muss zu verhungern...

Meine Frage: Sie haben diese Angst also übernommen?

Peters Antwort: Nun, ich werde niemandem die Schuld daran geben. Aber es stimmt. Sie hat mich ständig begleitet und mich angetrieben, solange ich mich erinnern kann. Verdammt. Schrecklich. Ich lebe hier im Paradies, habe viel Geld und bin trotzdem noch in dieser alten Furcht gefangen. Das Verrückte dabei ist, wenn ich alles verlieren würde, alle meine Freunde mich im Stich lassen würden, wenn ich keinen Job finden und auf der Straße sterben würde, würde ich es immer noch wie ein Mann ertragen, es wäre einfach so, wie es geschehen würde... Die Realität der Situation wäre gar nicht so schlimm wie das, was ich ständig empfinde, diese nagende Angst, dass irgendetwas

Schreckliches passieren wird... Ich verstehe, worum es geht. Soll es also meinetwegen passieren – aber in der Zwischenzeit werde ich mein Leben genießen!

Das ist eine gekürzte Version des Prozesses, den Peter durchmachte, aber Sie verstehen, worum es geht. In den folgenden Sitzungen erzählte er mir regelmäßig, was ihn gerade am meisten belastete, und ich führte ihn durch den gleichen grundlegenden Prozess: sich auf die Ursache der Sorgen einzulassen, sich dann die schrecklichste Möglichkeit vorzustellen und durch das Erkennen der zentralen Angst zu lernen, diese Angst zu bewerten und damit umzugehen – anstatt sich weiterhin jeden Tag mit Sorgen zu quälen. Sobald er durch diesen Prozess gegangen war, war er in der Lage, mit Hilfe der Meditation erfolgreich seinen Geist zu beruhigen, den gegenwärtigen Moment zu genießen und seine geschäftlichen Aufgaben mit klarem, scharfem Verstand zu erledigen. Ich werde Sie am Ende dieses Kapitels in einer geführten Meditation durch einen ähnlichen Prozess leiten.

Der Anti-Sorgen-Prozess

Lassen Sie uns nun direkt zum Prozess kommen. Immer wenn Sie – bei der Arbeit, zu Hause oder in irgendeiner anderen Situation – wütend, angespannt, sorgenbeladen oder verwirrt sind und eine einfache Verlagerung Ihrer Aufmerksamkeit auf den gegenwärtigen Moment Ihren Geist nicht beruhigt, können Sie diese Methode anwenden, um die eigentliche Angst, die sich hinter all Ihren täglichen Sorgen verbirgt, zu erkennen und zu überwinden.

Wie bereits erwähnt, haben die meisten Ängste, die an die Oberfläche kommen, ihre Wurzel entweder in der Befürchtung, verlassen zu werden (Hilflosigkeit), oder in der Angst, nicht liebenswert zu sein – beides hätte zu Urzeiten, als unsere Vorfahren noch in Höhlen lebten, zum Verlust der Unterstützung durch den Stamm und letztlich zum Tod geführt. Die zentrale Frage lautet: Sind Sie wirklich völlig hilflos oder gar nicht liebenswert? Und falls das nicht zutrifft, warum befürchten Sie ständig, dass es so ist?

SCHRITT 1
Formulieren Sie die Sorge, die Sie beherrscht ... Wie sieht die gegenwärtige oder zukünftige Situation aus, die Ihnen Angst bereitet? Lassen Sie sich Zeit und formulieren Sie diese Sorge in einem klaren Satz.

SCHRITT 2
Malen Sie sich in Ihrer Vorstellung das schlimmstmögliche Szenario bis zum Ende aus. Wovor haben Sie Angst, was könnte passieren, wenn sich all Ihre schlimmsten Befürchtungen erfüllten ...

SCHRITT 3
Akzeptieren Sie alle Erfahrungen, die das Schicksal Ihnen in der Zukunft bringen mag ... Stellen Sie sich schließlich Ihren eigenen Tod vor, der irgendwann kommen wird, und akzeptieren Sie ihn ...

SCHRITT 4
Nutzen Sie nun die Klarheit Ihres denkenden Verstands und überlegen Sie, ob Ihre momentane Sorge realistisch ist ... Ist das schlimmstmögliche Szenario etwas, das Ihnen tatsächlich widerfahren könnte, oder sind Ihre Befürchtungen übertrieben?

SCHRITT 5
Erkennen Sie, dass die Angewohnheit, sich Sorgen über ein mögliches zukünftiges Ereignis zu machen, Ihnen im gegenwärtigen Moment unmittelbares Leid beschert und es daher nicht gesund oder liebevoll ist, sich das anzutun.

SCHRITT 6
Überwinden Sie Ihre Sorgen völlig und schalten Sie auf den Genuss des gegenwärtigen Moments um, in dem Ihnen die positiven Wirkungen dieses Prozesses sofort zuteil werden. Schwingen Sie sich auf Ihre Atmung ein ... auf Ihren Herzschlag ... die Präsenz Ihres ganzen Körpers

> hier in diesem Moment ... Sie werden nicht länger von Sorgen geplagt und sind daher frei, ganz »hier« zu sein und selbst zu bestimmen, worauf Sie Ihre Aufmerksamkeit richten wollen, solange Sie in diesem Zustand sind.

Sobald Sie umgeschaltet haben und sich keine Sorgen mehr machen, ist es gut möglich, dass Sie an Ihre Aufgaben gehen wollen – aber ohne die Angst und den emotionalen Stress, die vorher damit verbunden waren. Sie werden feststellen, dass Sie in diesem neuen geistigen Zustand bessere intellektuelle Leistungen erbringen, dass Ihr Herz offen für alles ist, was mit der Arbeit zu tun hat, und dass Sie es genießen, Ihre Aufgaben zu erledigen.

> Nehmen Sie sich nun ein paar Augenblicke Zeit, um den grundlegenden Prozess, den ich gerade dargestellt habe, noch einmal durchzugehen ... Stimmen Sie sich auf Ihre momentane Sorge ein ... formulieren Sie, was Sie beunruhigt ... und gehen Sie dann die Fragen durch, die Ihre zugrunde liegende Angst freilegen ... Stellen Sie sich vor, dass Ihre schlimmste Befürchtung eintrifft ... schätzen Sie diese Angst anhand Ihrer realistischen Einschätzung als erwachsener Mensch ein ... und schalten Sie dann auf den angstfreien gegenwärtigen Moment um ...
>
> *Halten Sie inne & erleben Sie*

Ein Fallbeispiel: Jennies Angst vorm Fliegen

Wir wollen ein weiteres ziemlich extremes Beispiel betrachten, das zeigt, wie Angst einen Menschen blockieren kann. Jennie musste mit Peter zu einem Familienbesuch nach Los Angeles fliegen, aber sie hatte extreme Flugangst. Erfahren Sie, wie sie erfolgreich mit dieser Angst umging, obwohl es eine große Herausforderung für sie war.

Jennie erwachte am Morgen ihrer Reise nach Los Angeles und sah aus dem Schlafzimmerfenster, wo ein paar flauschige Wolken rasch über der blauen Haut des Ozeans dahinzogen. Vögel zwitscherten und flatterten im Garten von Baum zu Baum. Für ein paar Augenblicke ging sie ganz in der Schönheit dieses Morgens auf, ihre Welt war völlig friedlich ...

Dann traf ein Gedanke sie wie ein Hieb: Dies war der Morgen, an dem sie und Peter in ein Flugzeug nach Los Angeles steigen würden, um seine Eltern zu besuchen – du meine Güte! Sie spürte, dass ihre Atmung sofort flacher wurde. Ihr Herz begann zu rasen, ihr Bewusstsein riss sie aus dem Glück des Moments, als es sich auf die Gefahr fixierte. Sie hatte immer Höhenangst gehabt und daher auch Angst vorm Fliegen, aber seit dem elften September in New York hatte sie geradezu Todesangst vorm Fliegen. Und zu allem Übel hatte sie vor ein paar Monaten in den Nachrichten gesehen, dass der Turm der Plattenfirma Capital Records in Los Angeles in einer Verlautbarung der Terroristen als Ziel genannt wurde – und sie flog nach Los Angeles.

Jennie hatte am vorherigen Tag einige Stunden zusammen mit mir daran gearbeitet, ihre Angst bezüglich des Flugs in den Griff zu bekommen. Aber als sie nun auf dem Bett saß, war es so, als hätte sie alle Anti-Sorgen-Techniken vergessen. Ihr Geist war ein gelähmtes chaotisches Durcheinander und fixierte sich gänzlich auf ihren schlimmsten Alptraum: in einem entführten Flugzeug zu sitzen, das direkt auf den Turm von Capital Records zuhielt ...

Als sie unter der Dusche stand, erkannte sie, dass sie diese Vorstellung immer wieder im Geiste durchspielte, was natürlich ihr primitives Angstsystem anregte und alle möglichen Angstreaktionen in ihrem Körper hervorrief. Als sie sich abtrocknete, gelang es ihr schließlich, ihre Gedanken bis zu einem gewissen Grad zu kontrollieren. Sie begann, auf rationale Weise mit sich selbst zu sprechen und erinnerte sich daran, dass ihre irrationalen Sorgen in der Realität keine Basis hatten – die Wahrscheinlichkeit, dass ihr Flugzeug entführt wurde oder über dem Meer abstürzte, war weitaus geringer als die Möglichkeit, einen Autounfall auf dem Weg zum Flughafen zu haben. Darüber hinaus befand sie sich in diesem Moment nicht in einem Flugzeug, daher gab es nichts, weshalb sie gerade jetzt eine Angstreaktion haben musste.

Diese Gedanken beruhigten sie etwas, und sie erinnerte sich auch daran, ihre Aufmerksamkeit auf ihre Atmung zu lenken, die langsam ruhiger wurde, und auf ihr Herz, wo sie einige positive, liebevolle Gefühle fand, die mit Peters Eltern verknüpft waren. Peters Vater hatte gerade eine kleinere Operation hinter sich, und es war gut, ihn zu sehen. Sie hatte sich so viele Sorgen gemacht, dass im Krankenhaus etwas Schlimmes passieren würde ...

Peter unterstützte sie während des Frühstücks und auf dem Weg zum Flughafen sehr. Er erinnerte sie an das, was sie über die Angstkontrolle gelernt hatten, und half ihr, sich auf rationale Gedanken zu konzentrieren, anstatt in Sorgen abzugleiten. Und er ermunterte sie dazu, ihre Aufmerksamkeit auf den gegenwärtigen Moment zu richten, die Morgenluft und die schöne Natur auf dem Weg in die Stadt zu genießen.

Aber als sie das Auto parkten und zum Flughafenterminal gingen, packte die Angst Jennie erneut, und ihre Gedanken eilten voraus. Sie stellte sich vor, im Flugzeug zu sitzen ... Sie tat ihr Bestes, um sich ihrer Atmung in jenem Moment bewusst zu bleiben, und sie sagte sich immer wieder, dass das Fliegen die sicherste Art des Reisens war, trotz terroristischer Bedrohungen. Die strengen Sicherheitskontrollen im Flughafen beruhigten ihre Nerven auch nicht gerade, aber es gelang ihr zu atmen und sich ihrer Wahrnehmungen in ebendiesem Moment bewusst zu bleiben, und Peter lächelte ihr aufmunternd zu.

Dann betraten sie durch den Korridor das Flugzeug. Jennie spürte ihren Körper fast nicht mehr, so viel Angst hatte sie. Sie konnte fast unmittelbar miterleben, wie das primitive Angstsystem ihres Gehirns eine extreme Notfallreaktion einleitete, aber sie ging weiter und sagte sich, dass es rational betrachtet überhaupt keinen Grund gab, Angst zu haben, dass sie nicht sterben würde, sondern nur nach Los Angeles flog und dann wieder nach Hause zurückkommen würde – ohne besondere Zwischenfälle.

Sie erreichten ihre Plätze und schnallten sich an – und plötzlich spürte Jennie äußerste Panik, da sie völlig hilflos war, ein Opfer, falls irgendjemand über ihr Leben bestimmen und ... sie töten wollte. Draußen begannen die Flugzeugmotoren laut aufzuheulen, und sie verspürte den Impuls, aufzustehen, loszurennen und sich gegen jeden zur Wehr zu setzen, der sie daran hindern wollte, aus dem Flugzeug zu gelangen. Doch anstatt dem Impuls zu folgen, musste sie ihren Fluchtreflex kontrollieren.

Sie hörte, wie ihr Geist schrie: »Ich werde sterben, ich werde sterben!«, und in ihrer Vorstellung tauchte immer wieder das Bild ihres Flugzeugs auf, das in einer riesigen Explosion aus Rauch und Flammen in den Capital-Records-Turm hineinflog. Und plötzlich erinnerte sie sich an etwas, das ich ihr geraten hatte: dass es am besten war, sich einem Angstanfall zu ergeben, wenn sie ihn nicht verhindern konnte, ihre schlimmste Vorstellung zu akzeptieren und sie bis zum grausamen Ende durchzuspielen. Da sie keine Alternative hatte, außer vielleicht aufgrund ihrer Angstattacke ohnmächtig zu werden, tat sie genau das. Sie kämpfte nicht weiter gegen ihre Panik an und ließ sich völlig von ihr vereinnahmen. Sie stellte sich vor, entführt zu werden, dann in den Turm hineinzufliegen und augenblicklich getötet zu werden ...

Sie spürte, wie das Flugzeug unter ihr vibrierte, und merkte, dass sie abhoben. Aber seltsamerweise stellte sie fest, dass ihr Körper, anstatt nach wie vor von Panik ergriffen zu sein, auf eigenartige Weise entspannt war. Sie hatte sich das Schlimmste ausgemalt – sehr bald getötet zu werden –, und etwas in ihr hatte losgelassen, sich entspannt, akzeptiert, was immer auch kommen würde ... Hier war sie also, sie flog im Flugzeug, und anstatt eine wahnsinnige Angst zu haben, saß sie einfach da, sprach mit Peter und hatte beinahe ein angenehmes Körpergefühl, als das Flugzeug dröhnend über den Ozean flog.

»Das war erstaunlich«, berichtete sie Peter später. »Sobald ich mir vorgestellt habe, in tausend Stücke zu zerschellen und ausgelöscht zu werden, ließ mich die Angst los. Ich glaube, ich habe keine Angst davor, tot zu sein, ich habe nur Angst vor dem Moment, in dem es passiert. Und in diesem Moment geschieht es nicht. Was für eine Erleichterung!«

Als der Pilot sie aufforderte, sich für die Landung in Los Angeles anzuschnallen, spürte sie erneut einen Reflex im ganzen Körper, da ihr Geist wieder eine sehr lebhafte Vorstellung erzeugte, dass sie kurz davor waren abzustürzen, und diese Vorstellung sofort an das primitive Angstzentrum weitergeleitet wurde ... Aber anstatt angesichts der Todesvorstellung von Panik übermannt zu werden, ließ Jennie sie bis zum Ende zu und malte sich den Absturz und ihre eigene Auslöschung aus ... Sobald sie das getan hatte, gelangte sie in den gegenwärtigen Moment zurück. Da sie sich das Ende tatsächlich vorgestellt hatte, machte die Angstreaktion keinen Sinn mehr und beruhigte sich.

Sie landeten, und Jennie war äußerst positiv gestimmt, als sie zur

Gepäckabholung gingen. Sie hatte das Gefühl, einen Sieg errungen und ihre alten Ängste bezwungen zu haben. Sie wusste, dass sie in vier Tagen auf dem Weg nach Hause wieder mit ihrer Angst konfrontiert sein würde, aber sie spürte, dass sie das Problem überwunden hatte – indem sie es riskiert hatte, sich mit dem Tod zu konfrontieren ...

Angstmuster positiv verändern

Jennies Bericht über ihren Flug nach Los Angeles zeigt, dass es keine Sofortheilung für stark konditionierte Ängste gibt. Das gilt vor allem für Phobien. Die Höhenangst ist fest in unserem Nervensystem verankert. Daher ist es besonders schwierig, mit Flugangst umzugehen. Jennies Geschichte zeigt aber auch, dass es Möglichkeiten gibt, etwas zu tun, um zumindest die Intensität der Angst zu reduzieren und sich langfristig von ihrer schwächenden Wirkung zu befreien.

Ich vermute, dass vielen von Ihnen bei meiner Aufforderung an Peter und Jennie, sich das Schlimmste bzw. den Absturz des Flugzeugs vorzustellen, unbehaglich zumute wurde. Wer will sich schon das Schlimmste ausmalen? Programmieren wir uns nicht darauf, ein schreckliches Erlebnis zu haben, beschwören wir die Katastrophe nicht herauf, wenn wir sie uns vorstellen? Und konditionieren wir unseren Geist nicht mit noch mehr Angst, wenn wir an das Schlimmste denken?

Als ich mein Therapietraining mit Dr. Charles Kelley vom Radix Institute begann und er mich anleitete, mir meine schlimmsten Ängste vorzustellen, dachte ich genauso. Aber ich stellte bald fest, dass ich auf geheimnisvolle Weise von meiner chronischen Angst befreit war, sobald ich mir das Schlimmste vorstellte ... Diese Technik funktioniert, sie funktioniert sogar hervorragend, um tief verwurzelte Ängste zu dekonditionieren.

Aber Moment mal, warum verursacht es nicht einfach mehr Angst, wenn man sich vorstellt, dass etwas Schreckliches passiert? Das ist die Schlüsselfrage, die es erforderlich macht, unsere

Erkenntnisse über die Angst noch weiter zu verfeinern. Studien zeigen, dass Menschen, die sich Sorgen darüber machen, dass einem anderen oder ihnen selbst etwas Schreckliches passieren könnte, sich diese Vorstellung nicht bis zum Ende der Katastrophe ausmalen – sie verfolgen diese Gedanken in ihrer Vorstellung nicht bis zum Tod...

Stattdessen hören sie stets auf halbem Wege dieser schrecklichen Vorstellung auf und bleiben durch die Angst gelähmt. Wenn sie ihre Vorstellung bis zum Ende verfolgten, würde das Gegenteil geschehen: Sie würden die Reaktion dekonditionieren und sich von der Angst befreien. Die Tatsache, dass sie in ihrer sorgenerfüllten Vorstellung auf halbem Wege stehen bleiben, blockiert den Dekonditionierungs-Prozess. Daran sollten Sie beim Lesen der folgenden Kapitel denken.

Bisher habe ich den psychologischen Prozess, der als »Konditionierung« bezeichnet wird, noch nicht erwähnt, da dieser Begriff in erster Linie mit geistigen Re-Programmierungen verknüpft wird, die auf niederen Bewusstseinsebenen ablaufen. Allerdings bin ich der Ansicht, dass man die Dinge beim Namen nennen sollte, vor allem, da uns die Untersuchung der emotionalen Konditionierung zu einem Modell führen wird, mit dem wir unsere Angstmuster positiv verändern können.

Wie funktionieren nun Konditionierung und Dekonditionierung? Das folgende Beispiel einer positiven Dekonditionierung veranschaulicht dies: Stellen Sie sich vor, Sie würden aus heiterem Himmel von einem Stein getroffen, den jemand nach Ihnen geworfen hat. Vielleicht ducken Sie sich nicht einmal, als Sie den Stein kommen sehen, da Sie nicht darauf konditioniert sind, die Situation mit Schmerz zu verknüpfen.

Aber wenn Sie das nächste Mal einen Stein auf sich zukommen sehen, wird Ihre Amygdala die visuellen Daten sofort verarbeiten, sie wird sich daran erinnern, dass eine ähnliche Situation Ihnen große Schmerzen bereitet hat – und sofort Ihre Angst/Duck-Reaktion aktivieren.

Selbst wenn kein Stein durch die Luft auf Ihren Kopf zufliegt, besteht die Erinnerung an die Erfahrung fort.

So weit, so gut. Sie wurden durch eine Situation konditioniert und sind nun darauf programmiert, so zu reagieren, dass Sie nicht noch einmal von einem Stein getroffen werden, den jemand nach Ihnen wirft. Genauso war es bei Jennie, als sie sah, wie die Türme des World Trade Center durch die entführten Flugzeuge zerstört wurden. Sie konnte das Leid der Opfer dieser Katastrophe nur allzu gut nachempfinden, und immer wenn sie jetzt bloß daran dachte, mit einem Flugzug zu fliegen, wurde die scheinbar weise Angstreaktion aktiviert, die ihr sagte, dass Fliegen gefährlich sei und sie es lassen sollte. Ihre Konditionierung, Schmerzen und den Tod zu vermeiden, funktionierte wunderbar, aber sie war möglicherweise nicht ganz angemessen. Wie wir gesehen haben, funktioniert die Amygdala leider nicht rational, und wenn sie durch extreme Emotionen konditioniert wird, ist sie oft in der Lage, das rationale Angstzentrum zu überwältigen und Panik bei uns auszulösen, selbst wenn diese Panik rational gesehen nicht angezeigt ist.

Wie dekonditionieren wir die Amygdala, so dass sie nur dann mit Alarmbereitschaft reagiert, wenn es erforderlich ist?

Betrachten wir dazu einmal den konditionierten Reflex, der verhindert, dass Sie von einem fliegenden Objekt am Kopf getroffen werden. Angenommen, Sie sind sechs Jahre alt. Die Konditionierung ist fest verankert, und plötzlich möchten Sie gerne in eine Baseball-Mannschaft aufgenommen werden, weil Ihr bester Freund auch dort ist. Sie stehen auf dem Feld, und auf einmal werfen Leute mit Objekten nach Ihnen – Sie bekommen Panik! Ihr primitives Angstzentrum ruft: »Geh in Deckung!«, während Ihr rationales Angstzentrum sagt: »Ganz ruhig bleiben, das ist nicht gefährlich, so geht das Spiel.«

Das ist ein einfaches Beispiel, aber die Situation lässt sich auf fast all unsere Angstattacken übertragen. Während wir heranwachsen, werden wir in der Regel auf eine sehr allgemeine Weise konditioniert. Diese Konditionierung lässt uns auf viele Situationen mit Angst reagieren, obwohl wir in Wirklichkeit nicht in Gefahr sind. Um in der Gesellschaft gut funktionieren zu können, müssen wir lernen, zwischen wirklich gefährlichen und ungefährlichen Situationen zu unterscheiden. Wenn wir unsere Amygdala diesbezüglich nicht dekonditionieren, werden wir unser Leben als Nervenbündel verbringen.

Auf die gleiche Art und Weise, wie Sie die Angst vor fliegenden Objekten dekonditionieren, damit Sie nicht in Panik geraten, wenn jemand Ihnen einen Baseball zuwirft, können Sie auch jede andere Angst dekonditionieren. Sie begeben sich in eine Lernsituation, in der Sie die Situation immer wieder erleben, ohne dass Ihnen etwas Schlimmes zustößt. Sie fangen den Ball immer wieder und sehen, wie er auf Sie zufliegt, ohne Ihnen wehzutun. Nach einer kurzen Weile hat Ihre Amygdala durch Erfahrung gelernt – sie wurde dekonditioniert (oder »desensibilisiert«), so dass sie keinen Alarm mehr auslöst, wenn Sie Baseball spielen. Nur wenn der Ball Ihrem Kopf zu nahe kommt, reagieren Sie mit Angst und ducken sich sofort. Davon abgesehen versetzen fliegende Objekte Sie in einen Zustand positiver Erregung und jagen Ihnen keine Angst mehr ein.

Angstreaktionen dekonditionieren

Wir haben gesehen, dass wir eine vorherrschende Angst dekonditionieren können, indem wir uns das Schlimmste – den eigenen Tod oder den Tod eines Freundes – vorstellen. Das ist jedoch nur eine der Methoden, um eine Angst zu dekonditionieren. Es gibt einen anderen Ansatz, der auf dem gegenteiligen Prinzip basiert und ebenfalls sehr gut funktioniert. Dabei stellt man sich immer wieder vor, etwas Beängstigendes zu tun, ohne dass etwas Schlimmes geschieht. Nach einer Weile wird die Angst aufgrund des Lernprozesses des Geistes dekonditioniert.

Jennie betrat das Flugzeug voller Angst, dass es abstürzen würde ... aber sie kam ohne Zwischenfall in Los Angeles an. Nichts Schlimmes geschah, obwohl ihre Amygdala darauf konditioniert war, etwas Schlimmes zu erwarten. Diese Erfahrung hatte an sich bereits eine dekonditionierende Wirkung. Wenn sie weiterhin häufig fliegt, wird sie ihre Angst rasch abbauen.

Es könnte allerdings sein, dass Jennie nicht oft genug fliegt, um ihre negative Erwartung zu dekonditionieren. Das ist kein Problem. Sie kann den Prozess erheblich beschleunigen, indem sie ihre Erinnerung und ihr Vorstellungsvermögen einsetzt. Studien zeigen, dass es eine ähnliche Wirkung auf unseren Geist hat, sich eine Situation vorzustellen, wie sie tatsächlich zu erleben. Daher wird es Jennie helfen, ihre Flugangst zu überwinden, wenn sie ihren Flug nach Los Angeles, bei dem ihr nichts Schlimmes zustieß, in der Vorstellung immer wieder durchlebt.

Im Folgenden stelle ich den Grundprozess zur Dekonditionierung von Angst vor. Sie können ihn anwenden, wenn Sie sich über Ihr eigenes Wohlergehen oder über das Wohlergehen von Menschen, die Sie lieben, Sorgen machen.

Machen Sie es sich bequem ... Schwingen Sie sich auf Ihre Atmung ein ... auf Ihr Herz ... Ihren ganzen Körper, hier in diesem Moment ... Lassen Sie nun Ihren Geist zu einem Erlebnis zurückwandern, bei dem Sie Angst hatten oder sich bedroht fühlten, zu einer Situation, in der eine Angstreaktion nicht erforderlich war – in der Sie nicht bedroht wurden und Ihnen nichts passierte.

Erinnern Sie sich deutlich an diese Situation ... daran, was Sie tun, was Sie sehen, was Sie hören ... und weil Sie wissen, dass Ihnen bei diesem Erlebnis kein Schmerz zugefügt wird, erlauben Sie sich – anstatt Angst zu empfinden – zu entspannen, sich sicher und glücklich zu fühlen ...

Nachdem Sie die Erfahrung erneut durchlebt haben, mit weniger Angst oder ohne überhaupt Angst zu empfinden, sagen Sie zu sich selbst: »Ich habe keine Angst vor dieser Erfahrung, ich genieße sie.«

Richten Sie Ihren Geist mehrmals am Tag auf die Erfahrung oder die Situation, die mit der Angst verknüpft ist, und erinnern Sie sich daran, dass Sie die Situation erlebt haben und Ihnen überhaupt nichts Schlimmes passiert ist. Dekonditionieren Sie Ihren Geist auf diese Weise aktiv davon, die Situation mit Gefahr zu verknüpfen.

Die Anti-Angst-Formel

Dieses Kapitel hat sich ausführlich mit dem sorgenbehafteten Geist beschäftigt. Danke, dass Sie so ausdauernd waren, aber wir mussten alles vom Anfang bis zum Ende durchdenken, um tatsächlich zu verstehen, wie man einen sorgenerfüllten Geist zur Ruhe bringt. Es ist offensichtlich kein leichtes Unterfangen. Angst ist etwas, das man schwer loswird, selbst wenn sie in einer bestimmten Situation unangemessen ist. Wenn die Amygdala einmal davon überzeugt ist, dass eine Situation Ihr Wohlbefinden oder gar Ihr Überleben gefährdet, kann es unglaublich schwierig sein, sie vom Gegenteil zu überzeugen. Aber ich versichere Ihnen, dass es Schritt für Schritt möglich ist.

Lassen Sie uns die beiden Techniken, die wir in diesem Kapitel gelernt haben, noch einmal auf eine kurze Formel bringen, die Sie stets nutzen können, wenn Sie mit Ängsten zu kämpfen haben und rasch etwas dagegen unternehmen wollen. Danach werden wir eine geführte Meditation durchführen, die Sie mühelos durch den Prozess zur Auflösung von Sorgen leitet. Sie sollten diesen Prozess regelmäßig praktizieren, um Ihre Sorgen auf ein Minimum zu reduzieren.

1. Wir machen uns in der Regel Sorgen über unsere eigene Sicherheit und unser Wohlbefinden beziehungsweise über die Sicherheit und das Wohlbefinden eines anderen Menschen. In beiden Fällen können die Sorgen uns krank machen, wenn wir unsere Gedanken ständig auf befürchtete zukünftige Szenarien fixieren.
2. Es gibt zwei Grundtypen von Angst: die Angst vor einer Gefahr, die wir im gegenwärtigen Moment in unserer Umgebung wahrnehmen; und die Angst vor einer erinnerten oder in der Vorstellung befindlichen Gefahr, die in der Vergangenheit oder Zukunft liegt. Unser »primitives Angstsystem« erweist uns großartige Dienste im Umgang mit unmittelbaren Gefahren im gegenwärtigen Moment. Allerdings kann dieses System uns ernsthafte Probleme bereiten, wenn wir mögliche

gefährliche Szenarien gewohnheitsmäßig in die Zukunft projizieren und dadurch eine Angstreaktion in unserem Körper erzeugen – zum Beispiel, wenn wir uns zu viele Sorgen machen.
3. Wenn wir auf eine Situation – in der Realität oder in der Vorstellung – mit Angst reagieren, macht unser Körper fast augenblicklich hormonelle, muskuläre und emotionale Veränderungen durch, die uns darauf vorbereiten, entweder entschlossen gegen die Gefahr anzukämpfen oder schnellstens wegzulaufen und zu entkommen. Diese angstbedingten Veränderungen sind hervorragend geeignet, um mit Raubtieren oder anderen körperlichen Gefahren umzugehen. Aber die gleichen Veränderungen können unsere Leistungen und unsere Fähigkeit zu überleben ernsthaft gefährden, wenn die Anspannung der Notfallreaktion sich nicht entladen kann, sondern langfristig in Form von Stress und Angst im Körper bleibt.
4. Es gibt zwei primäre Angstzentren im Gehirn: den nicht-logischen primitiven Angstbereich, der als Amygdala bezeichnet wird, und den logischen rationalen Angstbereich im Vorderhirn. Das ständige Zusammenspiel dieser beiden Verteidigungssysteme bestimmt unsere gegenwärtige emotionale Verfassung und unseren Erfolg beim Umgang mit den verschiedenen Herausforderungen des Lebens.
5. Wenn wir in einen Angstmodus umschalten, sind die dominanten Emotionen, die wir spüren, Angst, Ablehnung, Zurückweisung, Abwehr, Wut, Aggression, Hilflosigkeit, Verwirrung, Trauer oder Verzweiflung. Die Angst verdrängt zumindest vorübergehend die sanfteren, entspannten Emotionen wie Mitgefühl, Freude, Hingabe, Liebe und Glücksempfinden. In jedem beliebigen Moment halten wir unseren Körper entweder in einem Angst- oder einem Liebesmodus – wir haben ständig die Wahl.
6. Obwohl die Geschäftswelt dazu neigt, auf einem hohen, angstbehafteten Stress- und Aggressionsniveau zu operieren, kann es die eigene Fähigkeit, bestmögliche berufliche Leis-

tungen zu erbringen, untergraben, wenn man sich über seinen geschäftlichen Erfolg Sorgen macht.
7. Wir können unsere angsterfüllten Erwartungen dekonditionieren, indem wir uns entweder das Allerschlimmste bis zum bitteren Ende vorstellen (bis zu unserem Tod) oder uns immer wieder daran erinnern oder uns vorstellen, eine angstbesetzte Erfahrung zu durchleben und dabei keinerlei Angst zu empfinden.
8. Wenn man die gegenwärtige Realität einer Situation genau betrachtet und erkennt, dass damit keine Gefahr mehr verknüpft ist, hilft auch das, die Angst zu dekonditionieren. Immer wenn Sie feststellen, dass Sie sich Sorgen machen, können Sie eine der fünf Methoden, die unten beschrieben werden, auswählen und mit ihrer Hilfe Ihre Ängste reduzieren oder ganz überwinden. Wir beginnen mit einem Prozess zum Umgang mit leichten Sorgen und gehen dann zu Techniken für schwierigere Ängste über. Wenden Sie diese Techniken möglichst regelmäßig an, um Ihre Sorgen zu überwinden.

Ängste überwinden

SCHRITT 1
Konzentration auf den gegenwärtigen Moment

Um Ihre Gewohnheit zu dekonditionieren, sich zu viele Sorgen über die Zukunft zu machen, sollten Sie regelmäßig alle 15 bis 30 Minuten eine Pause machen und die zweiminütige »Gegenwarts-Meditation« durchführen, die Sie im ersten Kapitel gelernt haben. Auf diese Weise richten Sie Ihre Aufmerksamkeit auf die friedliche Ruhe und die intuitive Klarheit des gegenwärtigen Moments...

1. Richten Sie die Aufmerksamkeit Ihres Geistes auf die unmittelbare Wahrnehmung der Luft, die durch Ihre Nase ein- und ausströmt...
2. Dehnen Sie Ihr Bewusstsein aus, um die Bewegungen in Ihrer

Brust und Ihrem Bauch wahrzunehmen, während Sie atmen...
3. Dehnen Sie Ihr Bewusstsein aus, um auch Ihr Herz wahrzunehmen, das inmitten Ihrer Atmung schlägt...
4. Dehnen Sie Ihr Bewusstsein aus, um sich Ihres ganzen Körpers auf einmal bewusst zu werden, hier in diesem Moment...
5. Hören Sie auf die Geräusche in Ihrer Umgebung... schwingen Sie sich auf die visuellen Eindrücke ein, die auf Sie zukommen... beobachten Sie, ob irgendeine Gefahr in Ihrer Nähe ist... und falls nicht, entspannen Sie sich vollständig und genießen Sie diesen Moment...

SCHRITT 2
Beobachten Sie Ihre Gewohnheiten

Die meisten von uns sorgen sich viel zu sehr um die Zukunft – anstatt zu genießen, was im gegenwärtigen Moment geschieht. Es gibt eine Faustregel, um sich von dieser Angewohnheit zu befreien: Sie sollten sich die positive Gewohnheit zu eigen machen, sich von der völligen Vereinnahmung durch ihren Gedankenstrom zu lösen, damit Sie feststellen können, ob Ihre Gedanken zu sehr auf die Sorgen fixiert sind.

Wenn Sie beobachten, dass Ihr Geist an Sorgen über die Zukunft haftet, sollten Sie das einfach registrieren. Sie werden dadurch häufig augenblicklich den Strom der sorgenerfüllten Gedanken stoppen und Ihre Aufmerksamkeit auf den gegenwärtigen Moment verlagern. Warum? Weil es sich gut anfühlt, im gegenwärtigen Moment lebendig zu sein. Und es fühlt sich nicht gut an, sich über zukünftige Dinge Sorgen zu machen, die noch nicht einmal existieren.

Der Prozess der Selbstreflexion:

1. Erinnern Sie sich daran innezuhalten und... *beobachten Sie den Inhalt Ihrer Gedanken.*
2. Urteilen Sie nicht... *stellen Sie einfach fest, ob Sie sich über etwas Sorgen machen.*

3. Wenn Sie bemerken, dass Sie sich Sorgen über etwas machen ... *entscheiden Sie sich dafür, die Sorgen loszulassen und sich auf den gegenwärtigen Moment einzuschwingen,* so wie Sie es weiter oben gelernt haben.

Dieser bewusste Akt, Ihre Gedanken regelmäßig auf sorgenbehaftete Inhalte zu untersuchen, kann die Erfahrung, die Sie von Moment zu Moment machen, dramatisch verändern. Wenn Sie sich Sorgen machen, fühlen Sie sich prinzipiell schlecht – Sie sind zornig, deprimiert, misstrauisch, hoffnungslos, schwach, verwirrt. Sobald Sie Ihren Geist im Sorgenmodus ertappen und von der Vergangenheit auf den gegenwärtigen Moment umschalten, wird sich Ihre Stimmung entsprechend ändern. Sie wird fröhlicher, herzorientierter, spontan und kreativ. Da Sie die Freude dem Leid vorziehen, werden Sie Ihren Geist darauf konditionieren, den Sorgenmodus zu vermeiden.

SCHRITT 3
Es darauf ankommen lassen

Wenn Sie Ihre Gedanken beobachten und bewusst zum gegenwärtigen Moment umschalten, um Ihre Sorgen zu beruhigen, dies aber nicht richtig funktioniert, ist es an der Zeit, Ihre Sorgen auf aktivere Weise zur Ruhe zu bringen. Häufig sind Ihre Ängste irrational, das heißt, sie basieren nicht auf der Realität der Situation. Irgendwann in Ihrer Vergangenheit haben Sie eine Angstreaktion auf eine Situation entwickelt, und obwohl sich die Situation verändert hat, haben Sie Ihre Vorstellungen und Annahmen nicht aktualisiert, um eine überholte Angstassoziation zu korrigieren.

Immer wenn Sie feststellen, dass Sie sich Sorgen machen, sollten Sie lange genug innehalten, um sich die folgenden Fragen zu stellen und zu überprüfen, ob die Angst gerechtfertigt ist. Wenn Sie es darauf ankommen lassen und Ihren Verstand einsetzen, um zu zeigen, dass die Angst nicht auf Ihre momentane Situation übertragbar ist, wird sie sich umgehend zerstreuen. Bei diesem Prozess setzen wir den kognitiven denkenden Geist ein, um alte unrealistische Ängste zu zerstreuen, damit der Geist sich entspannen kann ...

Frage eins: *Was, befürchten Sie, könnte passieren?*
Frage zwei: *Ist diese Angst, im Licht der Vernunft betrachtet, wirklich gerechtfertigt?*
Frage drei: *Müssen Sie diese Angst behalten, um gut im Leben zurechtzukommen?*
Frage vier: *Wie würde sich Ihr Leben verändern, wenn Sie diese Angst losließen?*

Wenn Sie feststellen, dass die Annahmen, auf denen Ihre Angst basiert, richtig sind, sollten Sie unbedingt weiterhin in Alarmbereitschaft bleiben. Wenn Sie allerdings erkennen, dass die Annahmen nicht mehr stimmen, sollten Sie diese durch realistischere Vorstellungen ersetzen.

Noch ein wichtiger Hinweis: Sprechen Sie Ihre neuen Vorstellungen regelmäßig laut aus und visualisieren Sie sie, damit die Amygdala die Informationen »hört« und neue Reaktionsmuster auf die Situation entwickelt. Sie könnten beispielsweise zu sich selbst sagen: »Ich brauche in einer Gruppensituation wie dieser nicht so viel Angst zu haben. Ich bin erwachsen und kann auf mich aufpassen. Es gibt nichts Gefährliches hier, und ich habe keine Angst mehr.« Oder: »Es bedeutet für mich nicht das Ende der Welt, wenn ich diesen Job verliere. Ich bin kompetent, ich arbeite hart, und ich kann jederzeit einen anderen Job bekommen.«

SCHRITT 4
Die Ursache erkennen

Manchmal haben wir so viel Angst, dass unser Geist ständig voller sorgenerfüllter Gedanken ist und gar kein Platz mehr für innere Ruhe in unseren Köpfen bleibt. Falls die ersten Techniken zur Überwindung von Angst bei Ihnen nicht funktioniert haben, ist es vielleicht nötig, sich die zugrunde liegende, aber meist unbewusste Angst anzusehen, die ständig alle möglichen Sorgen, die an der Oberfläche sichtbar werden, erzeugt. Bei der vierten Methode zur Auflösung von Sorgen stellen Sie sich das allerschlimmste Szenario vor, das Ihrer Meinung nach eintreffen könnte und vor dem Sie Angst haben. Indem Sie das tun, konfrontieren Sie sich mit Ihrem eigenen Tod... und lernen auf diese Weise zu akzeptieren, was auch immer in Ihrem Leben sein wird, ohne deshalb besorgt zu sein. Den kompletten Sechs-Schritte-Prozess finden Sie auf Seite 120 f.

SCHRITT 5
Die Angstreaktion dekonditionieren

Sorgen sind konditionierte Reaktionen, die Sie in der Vergangenheit gelernt haben und auf die Zukunft projizieren. Häufig ist der beste Weg, eine chronische Angst loszuwerden, die Angstreaktion direkt zu dekonditionieren. Dazu bringen Sie sich immer wieder in die angsterzeugende Situation, entweder in der Realität oder in der Vorstellung, und erleben, dass Ihnen nichts Schlimmes dabei widerfährt. Durch diesen Prozess können Sie die negative Reaktion auf die Situation erfolgreich dekonditionieren.

1. Erkennen Sie, dass Sie Angst in Situationen haben, die Ihr Wohlbefinden nicht mehr gefährden, und dass diese Angst Ihre Fähigkeit beeinträchtigt, den gegenwärtigen Moment zu genießen.
2. Versetzen Sie sich immer wieder in die angstbesetzte Situation und werden Sie sich der Realität bewusst, dass Ihnen in dieser Situation nichts Gefährliches und nichts, was Sie verletzt, widerfährt.
3. Nach jeder Dekonditionierungserfahrung sollten Sie über das Erlebte nachdenken und Ihrem Sorgenzentrum erklären, dass es keinen Grund gibt, mit Angst auf solche Situationen zu reagieren.

Sie können diesen Dekonditionierungsprozess auch durchführen, indem Sie sich an angsterfüllte Erlebnisse erinnern, bei denen Ihnen nichts passiert ist, oder indem Sie sich vorstellen, in dieser Situation zu sein und eine positive Erfahrung zu machen. Machen Sie sich regelmäßig bewusst, dass Sie eine Angstreaktion auf die gleiche Weise ver-lernen können, wie Sie sie ge-lernt haben – wenn Sie die Dekonditionierungstechnik bewusst auf die eine oder andere Weise anwenden.

Sie haben stets die Wahl: Sie können sich weiterhin auf Ihre Sorgen konzentrieren (auf die Vergangenheit oder Zukunft gerichtetes Denken), oder Sie entscheiden sich dafür, das Leben anzunehmen und zu akzeptieren, was immer auch kommen mag (Bewusstsein im gegenwärtigen Moment). Sich zu sorgen setzt stets einen aufgeregten Geist voraus. Wenn Sie Ihren Geist beruhigen, bringen Sie auch Ihre Sorgen zur Ruhe... Im Folgenden lernen Sie eine Übung kennen, die Ihnen hilft, von den ständigen Sorgen zur inneren Ruhe umzuschalten. Ich empfehle Ihnen, diese Übung mindestens einmal pro Woche durchzuführen, um Ihre alten Angewohnheiten zu dekonditionieren und neue Ängste aufzuspüren, die sonst auf subtile Weise Ihre Seele beherrschen könnten...

Geführte Sitzung 3
Angst und Sorgen auflösen

> Nehmen Sie sich 10 bis 15 Minuten Zeit, in denen Sie nicht gestört werden, und machen Sie es sich bequem... strecken Sie sich ein bisschen, wenn Sie möchten... vielleicht haben Sie das Bedürfnis zu gähnen und zu seufzen... oder Sie massieren sanft Ihr Gesicht oder Ihre Hände...
>
> Schwingen Sie sich nun auf Ihre Atmung ein... auf Ihr Herz... Ihre Zehen... Ihre Finger... Ihr Becken... Ihren ganzen Körper, hier in diesem Moment...

Jetzt ... beginnen Sie, sich an etwas zu erinnern, über das Sie sich
Sorgen machen ... etwas Schreckliches oder Inakzeptables, von dem
Sie befürchten, dass es Ihnen widerfahren könnte, auf emotionaler
oder körperlicher Ebene, irgendwann in der ungewissen Zukunft ...

Was, befürchten Sie, könnte passieren? Sprechen Sie Ihre Angst
laut aus: Ich habe Angst, dass ... Stellen Sie sich nun vor, dass das,
wovor Sie Angst haben, Ihnen tatsächlich widerfährt ... erleben
Sie, wie eine Ihrer schlimmsten Ängste sich tatsächlich erfüllt ...
atmen Sie in diese Erfahrung hinein ... bis zum Schluss ... was ist
Ihre Urangst im Leben, die all Ihren Sorgen zugrunde liegt? Was
befürchten Sie, könnte Ihnen passieren?

Lassen Sie uns nun im Licht der Vernunft die zentrale Angst
ansehen, die Sie plagt ... ist sie tatsächlich gerechtfertigt? Wenn
Sie Ihr Leben insgesamt betrachten, ist das, was Sie befürchten –
abgesehen von Ihrem Tod natürlich, der irgendwann einmal
eintreten wird –, etwas, das Ihnen mit Sicherheit passieren wird,
oder ist es nur eine von vielen Möglichkeiten in der Zukunft?

Fragen Sie sich mit Besonnenheit: Müssen Sie diese Angst bezüglich
künftiger Gefahren bewahren, um gut im Leben zurechtzukommen? Ist es nötig, sich weiterhin vorzustellen, dass Ihnen in
der Zukunft etwas Schlimmes zustößt, damit Sie sich im gegenwärtigen Moment sicher fühlen können? Gewinnen Sie etwas
durch Ihre Sorgen, oder hindern die Sorgen Sie daran, Herausforderungen erfolgreich zu meistern?

Wie würde Ihr Leben sich verändern, wenn Sie diese eine immer
wiederkehrende Sorge loslassen würden? Was würde mit Ihnen geschehen, wenn Sie sich gar keine Sorgen mehr machen würden?
Wie würden Sie sich fühlen, wenn Sie diese Sorge loslassen würden?

Stellen Sie sich vor, dass Sie sich in ebenjener Situation befinden,
von der Sie befürchten, Sie könne Ihnen irgendwann in der Zukunft
wehtun oder schaden ... stellen Sie sich vor, dass Sie der Gefahr
oder der Bedrohung erfolgreich begegnen – egal wie diese aussehen
mag –, dass Sie überleben und aus der Situation sogar positiv
gestärkt herausgehen ...

Stellen Sie sich nun etwas anderes vor, über das Sie sich Sorgen machen: Jemandem, den Sie lieben, passiert etwas ... stellen Sie sich zunächst das Allerschlimmste vor, lassen Sie Ihren schlimmsten Alptraum über die Zukunft dieses Menschen vor Ihrem inneren geistigen Auge vorbeiziehen ... erleben Sie sogar seinen schrecklichen Tod ...

Lassen Sie diese Sorgen nun los und stellen Sie sich den geliebten Menschen in der gleichen Situation vor. Dieses Mal kommt er großartig zurecht und meistert die Gefahr erfolgreich ... er geht sogar in der Situation auf und genießt sie ...

Fragen Sie sich erneut: Hilft es einem Menschen, den Sie lieben, wenn Sie sich Sorgen um ihn machen? Tun Sie ihm etwas Gutes, wenn Sie sich vorstellen, dass ihm etwas Schreckliches zustößt? Oder helfen Sie ihm eher, wenn Sie sich vorstellen, dass er erfolgreich aus einer gefährlichen Situation hervorgeht und Herausforderungen meistert?

Sagen Sie zu sich selbst: »Ich möchte aufhören, mir Sorgen über die Zukunft zu machen ...«

»Ich lasse meine Ängste los und akzeptiere, was immer auch kommen mag ...«

»Ich entschließe mich dazu, das Leben vollkommen im gegenwärtigen Moment zu leben.«

Entspannen Sie sich nun einfach, schwingen Sie sich auf Ihre Atmung ein ... auf Ihr Herz ... und sagen Sie zu sich selbst: »Mein Herz ist offen zu empfangen ... anzunehmen ... den gegenwärtigen Moment ohne Angst willkommen zu heißen.«

Genießen Sie es zu leben, hier und jetzt ... ohne dass irgendwelche Sorgen durch Ihren Geist strömen ... Sie vertrauen diesem Moment ... und kosten das Leben in vollen Zügen aus ...

Halten Sie inne & erleben Sie

Kapitel vier
Die Intelligenz des Herzens

Als wir aufwuchsen, haben wir alle gelernt, dass Schweigen Gold ist, dass Menschen zuhören, wenn wir mit dem Herzen sprechen, dass Liebe die Welt bewegt ... Manchen von uns wurde sogar aufgetragen, Jesu Worte auswendig zu lernen: »Gott ist Liebe.« Wo wir in unserer Gesellschaft auch hinsehen, überall spielt die Liebe eine aktive Rolle dabei, wie Menschen über sich selbst und andere denken und wie sie mit sich selbst und anderen umgehen. Jede Religion dieser Welt basiert auf der Prämisse, dass es im Zentrum unseres persönlichen Erlebens ein einzigartiges Gefühl gibt, das nur im Herzen zu finden ist, die Liebe.

Dieses Kapitel widmet sich dem vielleicht größten Gewinn, den man durch die Beherrschung eines ruhigen Geistes erzielen kann, und den bemerkenswerten Veränderungen, die sich auf allen Ebenen einstellen, der biologischen, der psychologischen, der emotionalen und der spirituellen. Dies geschieht, wenn Sie lernen, regelmäßig in einen Zustand kognitiver Ruhe zu gelangen und Ihre Aufmerksamkeit auf die reine Essenz der Liebe und des inneren Friedens zu richten, die im Zentrum Ihres Wesens zu finden sind ... direkt in Ihrem physischen Herzen.

Aber Moment mal: Wie kann eine biologische Pumpe, die eine muskuläre Aufgabe erfüllt, einen so hehren Status erreichen, dass sie als spirituelles Gefäß der flüchtigsten und sicherlich am meisten ersehnten Erfahrung des Menschen bezeichnet wird, nämlich der Liebe?

Vor zwei Jahrzehnten hätte ich diese Frage auf eine rein esoterische und subjektive Weise beantworten müssen, obwohl es sich um ein biologisches Phänomen handelt. Aber die letzten 20 Jahre haben im Bereich der Neurokardiologie zu erhellenden und wertvollen Erkenntnissen geführt, die wesentlich für unsere Ausführungen sind. Aufgrund von Untersuchungen, die von John und Beatrice Lacey vom National Institute of Health initiiert und von anderen Forschungszentren weitergeführt wurden, wissen wir mittlerweile, dass neben der Muskulatur und dem Bindegewebe zwischen 60 und 65 Prozent aller Herzzellen Neuronen sind. Es handelt sich um genau die gleichen Neuronen, wie sie in unserem Gehirn zu finden sind. Darüber hinaus existieren enge Nervenverbindungen zwischen der emotionalen limbischen Region des Gehirns und dem Herzen, so dass eine intensive Interaktion zwischen dem Herzen und dem emotionalen Gehirn stattfindet. Die Nervenzellen im Herzen selbst kommunizieren zudem mithilfe derselben Neurotransmitter, derselben Art von Dendriten und Axonen, miteinander, wie sie auch im Gehirn zu finden sind. Und die Ganglien produzieren dieselben Hormone, die auch im Gehirn produziert werden.

Aufgrund dieser Tatsachen beginnen fortschrittliche Neurologen das Herz als »fünftes Gehirn« zu betrachten – neben den vier anderen Gehirnen (dem Reptilien- und dem Säugetiergehirn, dem Großhirn und den Präfrontallappen), die im Kranium zusammenarbeiten. Studien zeigen sogar, dass das Herz Hormone produziert, die die Arbeit des Gehirns beeinflussen. Außerdem sind mindestens die Hälfte der Neuronen des Herzens mit den Hauptorganen des Körpers verbunden und beeinflussen sie.

Was bedeutet es, wenn man sagt, das Herz sei das fünfte Gehirn des menschlichen Organismus? Und auf welche Weise arbeitet dieses fünfte Gehirn mit Geist und Körper zusammen, auf welche Weise beeinflusst es sie? Aktuelle Studien über die Empfängnis und die ersten Wochen des Lebens in der Gebärmutter zeigen, dass das erste Gehirn, das sich beim Embryo entwickelt, tatsächlich das Herz ist. Dieses kleine Herz scheint in direkter Verbindung zum Mutterherzen zu schlagen, und es entsteht eine pulsierende Harmonie zwischen den Herzen von Mutter und Kind. Zurzeit führen Wissenschaftler eine Diskussion über die Möglichkeit, dass das Herz des Kindes nicht durch die Befehle des eigenen Gehirns zu schlagen beginnt (das zu diesem Zeitpunkt am oberen Ende des Nervensystems noch kaum vorhanden ist), sondern durch ein elektromagnetisches Kraftfeld des Mutterherzens.

Weitere wissenschaftliche Studien zeigen, dass das menschliche Herz ein mächtiger elektromagnetischer Generator ist. Messungen belegen, dass es ein dreiphasiges elektromagnetisches Kraftfeld erzeugt, das mindestens fünf Meter weit strahlt – und wahrscheinlich sogar unendlich weit über den Körper hinaus. Unser Herz ist mit anderen Worten ein starker Sender, der das Herz eines Kindes beeinflusst und sicherlich in Verbindung mit den elektromagnetischen Kraftfeldern der Herzen anderer Menschen steht. Hier wird Energie ausgesendet, die 40-mal stärker ist als die Energie des Gehirns.

Die Wissenschaft unterscheidet zwischen vielen verschiedenen Arten von elektromagnetischen Feldern. Aktuelle Untersuchungen beschäftigen sich mit der experimentellen Beobachtung, dass die Art des Kraftfelds, das vom menschlichen Herzen ausgesendet wird, dem elektromagnetischen Feld unseres Planeten entspricht (wobei es natürlich erheblich schwächer ist). Dieses Kraftfeld, das von Mathematikern und Physikern als »Torusfeld« bezeichnet wird, gilt als die stabilste bekannte Energieform im Universum. Dieselbe elektromagnetische »Torusstrahlung« umgibt auch die Sonne und unser gesamtes Sonnensystem. Auch Moleküle bewegen sich innerhalb des Torus-Energiefeldes.

Nach Joseph Chilton Pierce ist das Torus-Energiefeld unseres Herzens eingebettet in andere elektromagnetische Felder, die wiederum in eine Hierarchie an Feldern eingebettet sind. Automatisch fragt man sich, ob der Herzschlag eines Kindes möglicherweise nicht nur im Einklang mit dem Herzschlag seiner Mutter pulsiert, sondern auch mit dem energetischen Pulsieren unseres Planeten und der Sonne.

An diesem Punkt grenzt die wissenschaftliche Betrachtung des Herzens fast an eine mystische Schau. Jeder Herzschlag hat durch die entstehenden elektromagnetischen Wellen eine Sendeleistung, die in der Lage ist, eine fast unendliche Menge von Informationen zu übermitteln. Und jeder Herzschlag sendet Informationen, die in Wechselwirkung mit den Informationen der Strahlungsfelder unseres Planeten und des Sonnensystems stehen. May Wan Ho von der biologischen Fakultät der London University formuliert es folgendermaßen: »Jedes Herz ist letztlich das Herz des Universums. Unser persönliches Herz ist mit dem verbunden, was überall ist.« Demnach gibt es nur ein einziges universelles Herz, innerhalb dessen unsere eigenen Herzen schlagen.

Herz und Gehirn

Die vier Gehirne in unserem Kopf und das Gehirn in der Mitte unserer Brust sind über die Wirbelsäule durch eine Reihe von auf- und absteigenden Nervenbahnen miteinander verbunden. Wir beginnen erst jetzt zu verstehen, wie die beiden neurologischen Zentren miteinander kommunizieren und sich gegenseitig beeinflussen. Allerdings gibt es eine gesicherte Tatsache von großer Bedeutung: Neurologische Studien zeigen, dass das Herz in erster Linie nicht mit der rationalen, verbalen »vorderen« Region unseres Kraniums, sondern mit der älteren emotionalen limbischen Region des Gehirns verbunden ist.

Wenn unser Wahrnehmungssystem sensorische Informationen aus der äußeren Welt empfängt, sie verarbeitet und mit ähnlichen bisherigen Erfahrungen vergleicht, wird das Ergebnis dieser assoziativen Suche nach Erinnerungen direkt an das neurale Bewusstsein des Herzens weitergeleitet.

Jetzt handelt es sich nicht mehr nur um eine Wahrnehmung oder eine Vorstellung über die äußere Welt, sondern um ein echtes Gefühl, ein physiologisches Phänomen, das uns emotional »bewegt«. Wie entsteht dieses Gefühl? Denken wir beispielsweise an das Mitgefühl. Das Herz steuert eine Reihe von physiologischen Veränderungen, die im Herzen selbst auftreten. Muskeln spannen sich an oder entspannen sich, Hormone werden ausgeschüttet oder reduziert, und Botschaften werden an andere Bereiche des Körpers geschickt, damit diese reagieren. Wir erleben ein körperliches Gefühl, das den ganzen Organismus betrifft und mit dem Erlebnis verbunden ist, das uns bevorsteht.

In der Zwischenzeit unterrichten sensorische Nerven im ganzen Körper das bewusste Gehirn über diese physiologischen Veränderungen und weisen es darauf hin, dass ein emotionales Gefühl entsteht. Wir können also das Gesicht eines Menschen ansehen, für den wir in der Vergangenheit Liebe empfunden haben, und sofort machen sich unsere assoziativen Kräfte ans Werk, die sich an Gefühle für diesen Menschen in unserem Herzen erinnern. Dieses emotionale Muster wird unserem Herzen mitgeteilt, das die physiologischen Veränderungen durchlebt, die dann die eigentliche Emotion erneut erzeugen.

Hiermit liegt ein wissenschaftliches Modell vor, das beschreibt, wie unsere Herzen die Emotionen auf physische Weise »fühlen«. Darüber hinaus gibt es mittlerweile beträchtliche Daten, die zeigen, dass die Kommunikation in beide Richtungen läuft. Das limbische System sendet dem Herzen einen grundlegenden Bericht über assoziierte Erfahrungen in der Vergangenheit, und gleichzeitig leitet das logisch denkende Gehirn, wie wir bereits gesehen haben, diese Information weiter. Dann geschieht etwas wahrlich Mysteriöses. Ein Strom neurologischer Informationen fließt vom Herz-Gehirn zu den Frontallappen und bewirkt somit Reaktionen im Gehirn.

Das Herz verarbeitet offensichtlich sensorische und assoziative Informationen und sendet dann Informationen und Befehle an das Gehirn, so als wäre das Herz ein bewusster intelligenter Teilnehmer beim Entscheidungsprozess. Wir fangen gerade erst an, diese Entscheidungsprozesse von Herz und Gehirn zu verstehen, aber es gibt Hinweise, dass das Herz tatsächlich ein gleichwertiger Partner bei unseren Entscheidungen und den daraus resultierenden Handlungen ist.

Und noch eine wichtige Information: Der denkende Geist ist für sich gesehen, ohne irgendeinen wahrgenommenen Reiz aus der äußeren Welt, in der Lage, einen Gedanken über einen Menschen oder eine Situation zu entwickeln, wie zum Beispiel: »Ich weiß, dass ich Hannes liebe.« Dieser Gedanke regt damit verknüpfte Erinnerungen und Fantasien an, die das Herz mit emotionsbeladenen Inhalten überfluten, was wiederum ein körperliches Gefühl der Liebe im Organismus hervorruft. Wahrscheinlich wird bei den meisten von uns der Großteil der emotionalen Reize, die das Herz spürt, nicht durch Begegnungen im gegenwärtigen Moment erzeugt, sondern dadurch, dass Begegnungen aus der Vergangenheit durch Geist und Gehirn geschleust werden.

Natürlich kann das Herz auch sehr schmerzliche negative Emotionen spüren, die durch den denkenden Geist hervorgerufen werden. Wenn unser Geist sich auf Sorgen fixiert, wird das Herz sich angesichts drohender Gefahren mit seiner üblichen Verteidigungsreaktion zusammenziehen. Das Mitgefühl wird dabei lahmgelegt. Wenn ständig wütende Gedanken vorherrschen, wird das Herz damit bombardiert. Aber wir haben gesehen, dass es einen weiteren, ganz anderen Erfahrungsbereich für den menschlichen Organismus gibt: wenn wir unseren Geist zur Ruhe bringen, uns auf den gegenwärtigen Moment einschwingen und unser Herz direkt auf die Erfahrungen reagieren lassen, die im Hier und Jetzt unsere Sinne erreichen. Nur wenn wir unser Herz von Emotionen, die auf die Vergangenheit fixiert sind, befreien, kann es wirklich als bewusste Präsenz teilnehmen. Es reagiert dann nicht nur auf Gedanken und Erinnerungen, sondern auch spontan »aus dem Herzen heraus« auf neue Erfahrungen. Das ist der Bereich, in dem das Leben wahrlich transzendent und »herzerfreuend« wird.

Lassen Sie uns dazu ein einfaches Experiment durchführen, bei dem Sie Ihre innere Erfahrung als Labor verwenden. Achten Sie nun, so gut Sie können, genau auf das, was in Ihnen passiert, während Sie Folgendes tun:

Wenn Sie diesen Absatz gelesen haben, schließen Sie die Augen, schwingen sich auf Ihre Atmung ein ... auf die Gefühle in Ihrem Herzen (falls dort im Moment welche sind) ... auf die Gegenwart Ihres ganzen Körpers, hier in diesem Moment ... lassen Sie nun ohne Anstrengung zu, dass das Gesicht eines Menschen, den Sie lieben, vor Ihrem geistigen Auge auftaucht ... öffnen Sie Ihr Herz für diese Person, indem Sie sagen: »Ich liebe dich ...«, und beobachten Sie, welche körperlichen Veränderungen in Ihrem eigenen Herzen stattfinden ...

Halten Sie inne & erleben Sie

Das Bewusstsein des Körpers

Wir selbst wurden vom »Zeitalter der Vernunft« so stark geprägt, dass wir unsere Kinder lehrten, bei Entscheidungen ihren deduktiven und rationalen Fähigkeiten zu vertrauen, und zwar unter Ausschluss ihrer auf dem Herzen basierenden Emotionen. Es wurde als ziemlich verrückt erachtet, sich »vom Herzen leiten zu lassen« anstatt vom Verstand. Und solange wir unseren Geist falsch steuern, so dass das Herz gezwungen ist, Emotionen zu reproduzieren, die auf vergangenen Erfahrungen basieren, ist es in der Tat am besten, bei Entscheidungen die deduktive Logik einzusetzen.

Aber jetzt, wo wir das Herz mehr und mehr als großes und sehr mächtiges Gehirn wahrnehmen, das auf einzigartige Weise in der Lage ist, wahrzunehmen und zu kommunizieren, müssen wir unsere kulturellen Vorstellungen darüber neu bewerten. Und die Erkenntnisse beschränken sich nicht auf das Herz. Studien haben gezeigt, dass das größte Organ unseres Körpers, unsere Haut, ebenfalls eine enorme Anzahl von Gehirnneuronen enthält, die man gut und gerne als sechstes Gehirn des Körpers bezeichnen könnte. Wenn man sich die riesige Oberfläche der Haut in Ballform vorstellt, hat sie sogar eine größere neurale Präsenz als das Gehirn. Und wer weiß, welches einzigartige Bewusstsein sie besitzen könnte...

Andersherum betrachtet, arbeitet jede der Milliarden von Zellen in unserem Körper als einzigartige individuelle und bewusste Einheit und ist dabei perfekt auf all die anderen Körperzellen abgestimmt – die ein bewusstes Ganzes erzeugen. Joseph Chilton Pierce erklärt dieses Phänomen folgendermaßen: »Intelligenz wird nicht nur dem Gehirn und dem Nervensystem zugeschrieben. Jede Zelle unseres Körpers ist eine Intelligenzform mit einer Schwindel erregenden Komplexität, und jede Zelle handelt intelligent. Alle Grundfunktionen, die der Körper braucht, um sich gut entwickeln zu können – Bewegung, Ernährung, Reproduktion, Bewusstsein und sogar Intelligenz – sind in jeder lebenden Zelle zu finden. Jede Zelle enthält ein

Muster des Ganzen. Intelligenz ist überall, und wir sind diese Intelligenz.«

Allerdings haben wir gesehen, dass wir den größten Teil unseres Bewusstseins lahmlegen und vom gegenwärtigen Moment abgeschnitten sind, wenn wir unseren Geist falsch steuern und unser Verhalten von vorprogrammierten Reaktionen und Überzeugungen bestimmen lassen.

Wenn Sie sich Ihrer Atmung, Ihres Herzens, Ihres ganzen Körpers häufig nicht bewusst sind, schließen Sie die grundlegende Lernfunktion des menschlichen Organismus kurz. Denn Lernen beruht letztlich auf einem ständigen Wechselspiel zwischen Ihren vergangenen Erfahrungen (Erinnerung und Konditionierung) und neuen Impulsen aus der äußeren Welt im gegenwärtigen Moment. Nur wenn Sie Ihre Aufmerksamkeit auf die Wahrnehmung lenken, können Sie Ihre Lernfähigkeit aktivieren, bei der Ihr ganzer Organismus die Welt um Sie herum erlebt und angemessen reagiert. Andernfalls leben Sie ohne eine Verbindung zu Ihren Möglichkeiten des geistigen Wachstums, ohne Verbindung zur enormen Intelligenz und liebenden Kraft Ihres Herzens und Ihres gesamten Körpers ... ohne Bezug zu Ihrer endlosen Weisheit und Urverbundenheit mit der Welt.

Wenn Sie dagegen neue geistige Gewohnheiten entwickeln und regelmäßig innehalten, um sich auf Ihr Herz und die Präsenz Ihres ganzen Körpers einzuschwingen, erwecken Sie fast augenblicklich eine Weisheit und spürbare Kraft, die in einer ganzheitlichen Intelligenz weit jenseits Ihrer deduktiven Prozesse gründet – sie basiert auf der höchsten Weisheit und harmonischen Kraft des Universums.

Der große deutsche Philosoph, Wissenschaftler und Pädagoge Rudolf Steiner lehrte vor fast einem Jahrhundert, dass das Herz intelligent und direkt mit dem Gehirn verbunden ist, und vor allem, dass die Qualität seiner Intelligenz die anderen mentalen Fähigkeiten des Gehirns transzendiert. Für ihn, wie für zahlreiche große spirituelle Meister vor ihm, ist das Herz unser wahrer Lehrer. Einer seiner größten Anhänger, Joseph Chilton Pierce, hat dies prägnant formuliert: »Die größte Herausforderung, der wir uns gegenübersehen, besteht darin, das Herz, das in Wirklichkeit das Herz des Universums ist, sprechen zu lassen.«

Dieses Kapitel erkundet den direktesten Weg, um einen unmittelbaren Zugang zur Intelligenz des Herzens zu erhalten. Sie lernen, in der Stille auf das zu horchen, was Ihre höhere Weisheit, das Universum und das, was jenseits davon ist, Ihnen zu sagen haben, von einem Moment zum nächsten. Vor 20 Jahren hätte man eine solche Aussage als esoterisch bezeichnet. Jetzt sagen renommierte Wissenschaftler das Gleiche – und können es beweisen. Das Herz ist ein Hauptelement des menschlichen Bewusstseins. Es ist elektromagnetisch mit anderen Menschen und letztlich mit dem gesamten Universum und seiner riesigen Intelligenz verbunden ... und jeder von uns kann sich durch eine einfache Verlagerung seiner Aufmerksamkeit unmittelbar auf diese Intelligenz einschwingen.

> Lassen Sie uns dies nun tun, anstatt nur darüber zu reden ...
> dehnen Sie, noch während Sie diese Worte lesen, Ihr Bewusstsein
> aus, um zu erleben, wie die Luft durch Ihre Nase (oder den Mund)
> ein- und ausströmt, während Sie atmen ... und dehnen Sie Ihr
> Bewusstsein noch etwas mehr aus, um auch die mühelosen
> Bewegungen Ihrer Brust und Ihres Bauches wahrzunehmen,
> während Sie atmen ... und dehnen Sie Ihr Bewusstsein aus, um
> auch Ihr Herz inmitten Ihrer Atmung wahrzunehmen ... und
> werden Sie sich nun Ihres ganzen Körpers bewusst, hier in diesem
> Moment ... und seien Sie offen für eine einzigartige, tief aus dem
> Herzen empfundene Erfahrung ...
>
> *Halten Sie inne & erleben Sie*

Bedingungslose Liebe

In einem alten Lied heißt es: »Jeder liebt einen liebenden Menschen ...«, und das ist sicherlich wahr. Wenn unser Herz offen ist, beurteilen wir andere Menschen nicht, sondern nehmen sie so an, wie sie sind. Ihre Herzen empfangen die energiegeladene Ausstrahlung unseres Herzens und werden dadurch ermuntert, sich von unseren positiven Herzgefühlen anstecken zu lassen und ebenso zu reagieren. Wir verbreiten Liebe und mehren positive Gefühle, indem wir die Liebe in unserem Herzen fördern und andere Menschen, wo immer wir auch sein mögen, freigebig an dieser Liebe teilhaben lassen. Es ist tatsächlich so einfach, wie es klingt.

Damit Sie den Prozess, der zu bedingungsloser Liebe führt, klar verstehen können, möchte ich Ihnen ein bewegendes Beispiel aus meiner Praxis erzählen. Es zeigt, auf welche Weise wir die Liebe zu uns selbst fördern, bestehende Beziehungen vertiefen und unsere verschlossenen Herzen wiedererwecken können, wenn wir die Bedingungen, an die unsere Liebe gewöhnlich geknüpft ist, außer Acht lassen und uns stattdessen regelmäßig auf die stille Weisheit und das Vertrauen des Herzens einlassen. Die Namen und besondere Details wurden wieder verändert, um die Anonymität der Beteiligten zu wahren.

Ein Fallbeispiel: Lukas' und Annas Versöhnung

Anna nahm ein rasches Frühstück in ihrem Studentenwohnheim auf dem Campus ein, ging zur Tally Street, fuhr mit dem Bus durch die Stadt und nahm dann ein Taxi bis nach Garrick Heights, wo ihr Großvater Lukas Finch auf seinem etwas verwilderten, aber noch immer recht herrschaftlichen Familienanwesen wohnte. Heute wurde er 70, und wie immer an seinem Geburtstag veranstaltete er eine kleine Party. Er hatte ein sehr erfolgreiches Berufsleben als Manager und Berater hinter sich und war im Ruhestand. Nachdem nun auch seine Frau nicht mehr bei ihm war, hatte er sich in ein sehr ruhiges Leben zurückgezogen, das vielleicht sogar etwas einsam war.

Annas Mutter und ihr Stiefvater reisten an Lukas' Geburtstag für gewöhnlich aus Denver an, aber dieses Jahr waren beide an einer Grippe erkrankt, so dass sie nicht an der Feier teilnehmen konnten. Und Lukas' anderer Sohn lebte mit seiner Familie zu jener Zeit in

Berlin. Anna selbst war etwas frustriert, dass sie sich Zeit für das Treffen nehmen musste, da sie auf diese Weise nicht an einer wichtigen Demonstration gegen transnationale Unternehmen und die Globalisierungspolitik teilnehmen konnte. Aber sie liebte ihren Großvater sehr. In den ersten fünf Jahren ihres Lebens hatte sie mit ihrer allein erziehenden Mutter bei Lukas gewohnt. Er war wie ein Vater für sie gewesen und finanzierte darüber hinaus ihr teures Studium. Sie hatten eine tiefe herzliche Beziehung zueinander, aber dieses Jahr hatte sie aufgrund ihrer vielen zusätzlichen Aktivitäten wenig Zeit gehabt, um ihn zu besuchen. Daher entschloss sie sich, zu seiner Geburtstagsfeier zu gehen.

Da ihr Großvater sie darum gebeten hatte, fuhr Anna eine Stunde früher als die anderen Gäste zu ihm, damit sie sich in Ruhe unterhalten konnten. Ein Dienstmädchen öffnete ihr die Tür, und Anna ging an den Leuten vom Cateringservice vorbei, die das Essen vorbereiteten. Sie fand ihren Großvater im Wohnzimmer. Er sah sich gerade einen Bericht über die weltweiten Demonstrationen gegen die Weltbank und die Freihandelspolitik an, die an diesem Wochenende stattfanden.

Sie erkannte die potenziell explosive Situation nicht sofort (sie war eine engagierte Gegnerin der Politik der Weltbank und ihr Großvater ein überzeugter Anhänger der Globalisierung), umarmte ihn herzlich, gab ihm einen Kuss und setzte sich neben ihn auf das Sofa, um die Nachrichten mit ihm anzusehen. Lukas war bereits wütend über das, was er im Fernsehen sah, und da er nie erwartet hätte, dass die politische Meinung seiner Enkelin von der konservativen Einstellung der Familie abweichen könnte, ließ er einige sehr abschätzige Kommentare über die Demonstranten los. Das provozierte Anna sofort. Ohne nachzudenken fuhr sie ihre eigenen Argumente auf und verteidigte die Prinzipien und Handlungen der Demonstranten.

Ehe sie sichs versahen, waren die beiden in eine hitzige, erbitterte Diskussion verwickelt. Es war ihre erste Auseinandersetzung überhaupt. Sie waren beide aufgebracht und redeten in einem schroffen Ton miteinander. Anna warf ihrem Großvater vor, unwissentlich ein Teil des bösen kapitalistischen Systems zu sein, das die Welt aus eigennütziger Profitgier ausbeutete, und Lukas machte ihr den Vorwurf, unbewusst ein Teil des bösen Verschwörungssystems zu sein, das die Demokratie und das einzige Wirtschaftssystem, das funktionierte, zerstören wollte.

Fünf Minuten lang machten sie sich gegenseitig Vorwürfe, dann stürmte Anna, den Tränen nahe, aus dem Haus. Eine Stunde später fiel es Lukas schwer, bei seiner Geburtstagsfeier glücklich auszusehen, da Anna nicht da war. Er war ein starker, dominanter Mann, der selten Gefühle zeigte, aber die Auseinandersetzung mit einem der wenigen Menschen, zu denen er eine wirklich enge Beziehung hatte, traf ihn innerlich sehr.

Als er am Abend allein im Wohnzimmer saß und eine Sonate von Beethoven hörte, erkannte Lukas, dass er sich sehr allein fühlte, da seine Frau nicht mehr bei ihm war und er sich nun auch noch mit seiner Enkelin überworfen hatte. Er hatte Hunderte von Freunden, die er durch den Beruf, über die Politik, die Kirche oder das Golfspielen kannte, er war in der Gemeinde ein hochangesehener Mann – aber als er die Musik ausgemacht hatte und still auf dem Sofa saß, fühlte er sich zutiefst allein und einsam. Er verspürte einen starken Schmerz in seiner Brust und dachte zunächst, es sei die Vorankündigung eines Herzinfarkts, doch dann erkannte er, dass es kein körperlicher, sondern ein emotionaler Schmerz war, der seine Empfindungen vereinnahmte ...

Am nächsten Tag sagte er seine Tennisverabredung ab und rief Anna an. Er wollte versuchen, den Bruch in ihrer Beziehung wieder zu kitten. Von Anfang an lief jedoch alles schief, da er ihre Einstellung im Innersten nach wie vor ablehnte und nicht bereit war, Anna so zu akzeptieren, wie sie war. Auch sie war nicht in der Lage, seine Position zu akzeptieren, also stritten sie sich erneut. Dieses Mal endete der Streit damit, dass Lukas damit drohte, sie nicht länger finanziell zu unterstützen, wenn sie ihre radikalen Überzeugungen nicht aufgab und wieder vernünftig wurde. Anna knallte den Hörer nieder, nachdem sie ihm vorgeworfen hatte, er versuche sie mit seinem Geld zu erpressen, um den Protest gegen die Ungerechtigkeit in den USA zu unterdrücken.

In der folgenden Woche flog Lukas zum Golfspielen nach Kauai, und wir lernten uns über einen gemeinsamen Freund kennen. Trotz seiner harten Schale machte dieser Mann einen ehrlichen Eindruck auf mich, und wir genossen gegenseitig unsere Gesellschaft. Während des Abendessens erfuhr er, dass ich ein Psychologe bin, der sich mit emotionaler Heilung beschäftigt, und er erzählte mir, was vor kurzem zwischen ihm und seiner Enkeltochter vorgefallen war. Er war sehr betroffen und vor allem verärgert über seinen unerwarteten heftigen Ausbruch gegenüber jemandem, den er liebte. Ich bot ihm meinen Rat an, wie er dieses Dilemma angehen konnte, da er ernsthaft den Wunsch hatte, Annas Liebe zurückzugewinnen. Er war für drei Wochen auf der Insel, daher vereinbarten wir, dass ich ihn professionell als Klienten beraten würde, sofern meine Zeit das erlaubte. Als ein anderer Klient am nächsten Tag seinen Termin nicht wahrnehmen konnte, weil er krank war, kam Lukas an seiner Stelle am Nachmittag zu mir.

In seinem beruflichen Leben war er ein sehr erfolgreicher Geschäftsmann gewesen und hatte dann acht Jahre als Wirtschaftsberater in Washington gearbeitet. Daher hielt Lukas natürlich an der Überzeugung fest, dass er Recht hatte. Aber er war auch in der Lage, zu erkennen, dass Anna eigene Meinungen darüber hatte, was richtig und was falsch war. Ihre Liebe zueinander litt darunter, dass sie beide nicht bereit waren, die Überzeugung des anderen zu akzeptieren.

»Aber ich tue Anna keinen Gefallen«, beharrte er, »wenn ich ihre Einstellung akzeptiere, obwohl sie falsch ist. Ihre Überzeugungen bedrohen all das, was in diesem Land gut funktioniert, und ich werde mich dieser Haltung auf keinen Fall beugen. Das zu tun wäre ein Verrat an allem, woran ich glaube.«

Anstatt auf diese Argumentationsweise einzugehen, schlug ich Lukas vor, genauer zu betrachten, warum er so heftig auf Anna reagiert hatte. Er beschrieb mir detailliert, wie er sich während der beiden Auseinandersetzungen gefühlt hatte, und gab zu, dass er ziemlich aggressiv gewesen war und sich eindeutig durch ihre Überzeugung bedroht fühlte.

Als ich genauer nachfragte, erklärte Lukas mir, dass er zwar eigentlich im Ruhestand war, sich von zu Hause aus aber fast täglich intensiv mit verschiedenen wirtschaftlichen Brennpunkten auf der Welt beschäftigte, die Situation jeweils analysierte und versuchte, Lösungen für brisante Situationen zu finden. Er wurde häufig angerufen und nahm an Konferenzen und Sitzungen teil, die sich mit wirtschaftlichen Problemen beschäftigten. Es dauerte nicht lange, bis er einräumte, dass sein Geist in der Tat ständig voller sorgenerfüllter Gedanken und Projektionen war.

Darüber hinaus erkannte Lukas, dass er fast nie Zeit fand, sich zu entspannen und seinen Geist von den ständigen Gedanken über alle möglichen Probleme zu befreien. Er lachte, als ich das Wort »thinkaholic« ins Spiel brachte, und sagte ohne zu zögern: »Das bin ich.« Bei diesem ersten Treffen gestand er auch, dass er fast alles dafür geben würde, an diesem Punkt in seinem Leben innerlich zur Ruhe zu kommen und zumindest in seinen letzten Lebensjahren tiefere Beziehungen zu pflegen und mehr Zeit mit diesen Menschen zu verbringen. Ich erkannte, dass er an einem Wendepunkt in seinem Leben stand, und willigte ein, mir die Zeit zu nehmen, zweimal pro Woche mit ihm zu arbeiten, solange er auf Hawaii war. Ich schickte ihn mit einigen fotokopierten Seiten des Manuskripts dieses Buches nach Hause, damit er besser verstehen konnte, auf welche Weise unsere Überzeugungen, Bewertungen und Sorgen uns häufig von den Menschen trennen, die wir lieben. Nach drei Tagen kam er wieder. Seine Einstellung hatte sich geändert. Er war ein kluger Mann, und er befand sich in seinem Leben an einem Punkt, an dem sich etwas in ihm verändern musste, wenn er ein sehr einsames Lebensende vermeiden wollte. Und er hatte nicht lange gebraucht, um die grundlegende psychologische Tatsache zu verstehen, dass er Anna nicht lieben konnte, wenn er ihre Überzeugungen gleichzeitig verurteilte. Das Lieben und das Urteilen befinden sich schließlich an entgegengesetzten Enden des Beziehungsspektrums.

Ich brachte Lukas die Ruhe-Übung bei und erklärte ihm, dass es eigene Angelegenheiten, anderer Leute Angelegenheiten und Gottes Angelegenheiten gibt. Er hatte in seinem Leben tatsächlich nie daran gedacht, dass es möglicherweise nicht seine Aufgabe war, zu versuchen, sich um die Probleme der ganzen Welt zu kümmern. Sein Vater war Senator gewesen. Daher war er selbst mit der unangefochtenen Überzeugung aufgewachsen, dass es seine Pflicht war, sich ständig um anderer Leute Angelegenheiten zu kümmern.

Zunächst rechtfertigte er sich angesichts des Gedankens, dass er vielleicht kein Recht hatte, Annas persönliche Überzeugungen aufgrund seiner eigenen Einstellung zu verurteilen. Aber er war entschlossen, die Ursache seines emotionalen Leidens zu ergründen, und war bald in der Lage, zumindest vorläufig zuzugeben, dass er seine Nase tatsächlich in Annas Angelegenheiten steckte, obwohl er kein Recht dazu hatte – denn er verlangte von ihr, dass sie ihre Meinung änderte, damit er sie akzeptierte. »Ich denke«, sagte er, »dass sie zumindest grundsätzlich das Recht hat zu glauben, was sie will. Schließlich ist sie erwachsen. Als ich so alt war wie sie, bestand ich gegenüber meinen Eltern auf der gleichen Freiheit. Und ich erinnere mich daran, dass sie tobten.«

Was Lukas am meisten beunruhigte, als wir uns auf seine Gefühle gegenüber Anna konzentrierten, war die Tatsache, dass er sich auf eine höchst irrationale Weise durch die abweichende Meinung seiner Enkeltochter bedroht fühlte. Aufgrund ihrer vehementen Ablehnung der Globalisierungspolitik und ihrer Auswirkungen griff sie nach seinem Gefühl nicht nur das System an, durch das Lukas seinen Wohlstand bewahren konnte, sondern auch sein Grundverständnis, wer er war und wie die Welt seiner Meinung nach gesteuert werden musste.

»Aber John, Sie verstehen nicht«, beharrte er, »wenn Anna und ihre Gruppe sich durchsetzen würden, dann würde die gesamte Weltwirtschaft zusammenbrechen und im Chaos enden. Es wäre die Hölle. Der Kapitalismus ist die einzige Hoffnung für diese Welt, das wissen Sie doch. Die sozialistischen und diktatorischen Kräfte, die stets hinter den scheinbar unschuldigen Studentenprotesten stehen, stellen eine sehr reale Gefahr dar. Die ganze Situation könnte plötzlich eskalieren. Alles, wofür wir so hart gearbeitet haben, könnte zusammenbrechen. Die Weltwirtschaft ist verdammt sensibel, und sie könnte durch das, was Anna predigt, völlig zerstört werden. Ich kann das nicht zulassen, nur weil ich meine Enkeltochter liebe.«

Als ich Lukas dazu aufforderte, seine Überzeugung, dass wir auf der Hut sein müssen, da wir sonst von den Barbaren überrannt werden, genauer zu untersuchen, erkannte er nach und nach, dass er im tiefsten Inneren ständig in Angst lebte, dass etwas Schreckliches auf der Welt passieren würde und er im Zuge einer internationalen Katastrophe alles verlieren würde. Wieder einmal vereinnahmte die Urangst ums Überleben die Seele eines Menschen. Und Lukas gestand sich ein, dass er in seinem Herzen keine Gefühle empfand, wenn er in seiner Angst gefangen war. Die meiste Zeit befand er sich innerlich in einer Kampfposition.

Als er seiner chronischen Sorge, dass jeden Moment etwas Schreckliches geschehen könnte, auf den Grund gegangen war, ermunterte ich Lukas, den Schritt zur Dekonditionierung zu wagen. Ich half ihm dabei, sich das schlimmste Szenario vorzustellen, und er malte es sich bis zum Schluss aus, bis zur totalen anarchischen Revolution und gewaltsamen Zerstörung von buchstäblich allem, einschließlich seines Vermögens, seines Heims und sogar seines Lebens...

Wie bei Peter hatte die emotionale Katharsis, die Lukas erlebte, als er sich bewusst das Schlimmste vorstellte, sofort eine positive Wirkung. Seine Vorstellung blieb nun nicht mehr in der vorwiegend unbewussten Angst vor einem schrecklichen Ende stecken. Er stellte sich dagegen vor, dass er verfolgt wurde, sich absolut hilflos und verlassen fühlte und von anarchistischen Fanatikern attackiert und schließlich in seinem Haus ermordet wurde. Er malte sich aus, dass er nach dem Überfall auf dem Boden seines Wohnzimmers lag, er blutete, war vernichtet, tödlich verletzt... tot.

Als er sich seinen eigenen Tod vorstellte und während dieses Prozesses schließlich die Unvermeidbarkeit seines eigenen Ablebens akzeptierte, geschah etwas mit Lukas, das ich schon häufig beobachtet habe. Nachdem er fünf Minuten völlig still gewesen war, setzte er sich schließlich auf – und grinste verlegen. »Hmmh, eigenartig, das war gar nicht so schlimm, wie ich erwartet habe«, sagte er leise. »Es war schrecklich, das Schlimmste geschehen zu lassen, aber als es dann passierte, war es nicht so furchtbar, wie ich gedacht hatte. Zumindest ist es dann vorbei. Und der Witz bei der ganzen Sache ist, dass es mit größter Wahrscheinlichkeit ohnehin nicht passieren würde. Das, wovor ich immer Angst hatte, ist nicht realistisch. Erstens bin ich kein hilfloses Kind, das sich nicht wehren kann... und zweitens habe ich so viel Vertrauen in die Menschheit, dass ich nicht glaube, dass die ganze Welt auf einmal verrückt spielt. Sie haben Recht. Ich muss nicht ständig mit der Angst leben, dass das Schlimmste passieren wird, wenn die Dinge nicht so laufen, wie ich es mir vorstelle. Puh... was für eine Erleichterung!«

Lukas erkannte an diesem Tag auch besser, wo die Grenze zwischen seinen Angelegenheiten, anderer Leute Angelegenheiten und Gottes Angelegenheiten liegt. Das war eine ungeheure Herausforderung für ihn, da er sich wie sein Vater und wahrscheinlich auch sein Großvater sehr früh im Leben die Überzeugung zu Eigen gemacht hatte, dass er verantwortlich für andere Menschen und letztlich die ganze Welt war. Es war in der Tat eine große Erleichterung für ihn, den neuen Gedanken durchzuspielen, dass er keine Verantwortung für die Überzeugungen und Entscheidungen anderer Menschen übernehmen musste und nicht einmal das Recht dazu hatte – und schon gar nicht, was Anna betraf.

Natürlich verändert sich keiner von uns über Nacht, und Lukas befreite sich nicht sofort von all seinen Überzeugungen, die ihn so lange geplagt und getrieben hatten. Aber er hatte die Notwendigkeit, seine Gedanken zu steuern, eingesehen. Von diesem Moment an ging es vorwiegend darum, seine Gedankenströme regelmäßig zu beobachten, alte Überzeugungen, die Angst oder Aggressionen auslösten, zu hinterfragen – und generell zu lernen, seine Sorgen zu beruhigen und mehr aus dem Herzen heraus zu leben. Ich beendete unsere Sitzung also, indem ich ihn tief in einen meditativen Zustand führte, in dem seine Gedanken ruhig und sein Herz offen waren, um zu empfangen ...

Während unserer letzten Sitzung verbrachten wir anderthalb Stunden damit, seine Gefühle zu seiner Enkeltochter sowie seine Beziehungen im Allgemeinen zu untersuchen – vor allem seine Beziehung zu sich selbst. Wenn er sich selbst gegenüber ehrlich war und seine schroffen Abwehrmechanismen fallen ließ, bestand das schlimmste Gefühl für ihn darin, ausgeschlossen zu sein, nicht geliebt zu werden. Seit seiner Kindheit bemühte er sich um eine harte und dominante Haltung, die ihm Erfolg in der Welt bescherte, sein Herz zum größten Teil aber verschlossen hielt. Wir beschäftigten uns eingehend mit der Grundtechnik, die in diesem Kapitel gelehrt wird, und mithilfe einer Reihe von weiteren Techniken konnte er sein Herz öffnen und sich selbst sowie jeden Menschen in seiner Umgebung bedingungslos akzeptieren. Durch diesen Prozess war er in der Lage, sich für die ständig ein- und ausströmende heilende Liebe zu öffnen und die wichtigste Entscheidung zu treffen, die wir im Leben haben ...

Als Lukas zum Festland zurückflog, nahm er einige meiner CDs mit den geführten Sitzungen mit, die ihm helfen sollten, sich weiterhin von Selbsturteilen zu befreien und seine eigene Präsenz mit offenen Armen zu empfangen – ebenso wie die Gegenwart der Menschen, die ihn umgaben. Wir sprachen einmal pro Woche eine halbe Stunde lang am Telefon miteinander, und er widmete sich weiterhin der Aufgabe, immer mehr in Liebe statt in Angst zu leben. Nach ein paar Wochen rief er Anna an und bat sie darum, sich mit ihm zu treffen.

Zu seiner Einladung zum Abendessen kam sie in einer Abwehrhaltung, da sie nicht wusste, was sie erwartete. Sie war ziemlich überrascht festzustellen, dass ihr Großvater sich verändert hatte. Statt seine übliche schroffe allwissende Haltung einzunehmen, schien er ruhiger und weniger selbstsicher zu sein, verletzlicher. Er war nicht ablehnend, nicht zornig und wollte überhaupt nicht mit ihr streiten. Stattdessen begann er ihr während des Abendessens auf ehrliche Weise zu erzählen, dass ihre unterschiedlichen Positionen eine Angst in ihm ausgelöst hatten – und dass er daran arbeitete, seine gewöhnlichen Reaktionen und Abwehrmechanismen loszulassen, dass er sie verstehen und nicht gegen sie kämpfen wollte. Er wollte lernen, sie anzunehmen und zu lieben, so wie sie war, auch wenn sie unterschiedliche Meinungen über die Welt hatten.

Anna war anfangs verständlicherweise skeptisch. Sie hatte sich darauf eingestellt, bei diesem Abendessen kämpfen zu müssen, zu verteidigen, was sie als richtig empfand. Stattdessen sprach sie nun mit Lukas über ihre eigenen Ängste und über ihre große Traurigkeit, die sie empfand, wenn sie so viele Millionen von Menschen leiden und sogar verhungern sah, während so viele Amerikaner viel zu viel hatten.

Anstatt wie üblich mit seiner eigenen Meinung darauf zu reagieren, führte Lukas seine neu gelernte Technik zur Öffnung des Herzens durch. Er war sich seiner Atmung bewusst, seines Herzens, seiner physischen Präsenz im Raum, während er Anna gleichzeitig aufmerksam zuhörte. Er war berührt von ihrer Ehrlichkeit und erfrischenden Sichtweise – mit einem Wort, er akzeptierte sie, nahm sie an, ohne sie zu beurteilen. Er empfand ein so tiefes Gefühl der Liebe in seinem Herzen, dass Anna ihren Großvater zum ersten Mal in ihrem Leben mit Tränen des Schmerzes und dann der Erleichterung in den Augen sah. Sein Herz begann aufzutauen ...

Anna gestand ihrem Großvater, dass sie sich völlig zerrissen fühlte. Sie hatte den Eindruck, dass sie sich zwischen ihrer Liebe für ihn und ihren Lebensprinzipien entscheiden müsse, und das wollte sie einfach nicht glauben. Als das Essen vorbei war, waren sie sich über eines einig geworden: Für die Welt war es wichtig – auch wenn es wie ein Klischee klang –, dass die Menschen sich mehr liebten, sich gegenseitig mehr um sich kümmerten, sich zuhörten und verstanden, selbst wenn sie unterschiedliche Meinungen hatten. Wenn sie beide das nicht konnten, dann gab es vielleicht wirklich keine Hoffnung mehr für die Welt. Während sie darüber sprachen, erkannten sie, dass zwischen ihnen tatsächlich nur Überzeugungen standen, die auf Ängsten und Vorurteilen gründeten – und sie nahmen sich vor, mehr Zeit zusammen zu verbringen, sich vielleicht einen Abend pro Woche zu sehen. Sie wollten versuchen, Ihre Reaktionen auf die Vorstellungen des anderen zu überwinden, und lernen, den anderen vorurteilsfrei zu lieben.

Lukas informierte mich per Telefon und E-Mail über die Geschehnisse, und einige Male telefonierte ich auch mit Anna. Ich schickte ihnen ein paar weitere CDs mit geführten Übungen, die sie zusammen durchführten. Danach unterhielten sie sich jeweils über ihre Erlebnisse. Lukas entdeckte erneut, dass seine Enkeltochter immer noch ein Herz aus Gold hatte, obwohl sie andere Meinungen vertrat als er, und er vertraute ihr und respektierte sie, weil sie dafür einstand, was sie als richtig empfand. Als sie sich stärker auf seinen Standpunkt einließ, stellte er fest, dass seine eigene Einstellung über die Welt sich weiterentwickelte und sich in manchen Fällen sogar veränderte. Am wichtigsten war, dass sein Herz immer mehr riskierte, sich zu öffnen und andere Menschen hineinzulassen, so wie sie waren. Und das fühlte sich nicht nur gut an, es schenkte ihm auf eine einzigartige Weise Kraft.

Im Laufe der nächsten Monate erfuhr ich, dass ihr wöchentliches Treffen sich weiterentwickelt hatte. Nun trafen sich acht bis zehn Studenten mit Lukas und einem seiner Kollegen, um ihre unterschiedlichen Meinungen auszutauschen und gemeinsam die Ängste aufzuspüren, die ihren Emotionen und feindseligen Haltungen zugrunde lagen. Immer wenn sie sich dabei ertappten, feindselig, mit Vorurteilen, Angst, Ablehnung, Mitleid oder Zorn auf eine Person oder eine Situation zu reagieren, forschten sie sofort nach der inneren Angst, die diese Reaktion hervorrief – und versuchten, diese Angst direkt anzugehen. Während ihrer Treffen machten sie alle 20 Minuten eine fünfminütige Schweigepause, in der sie im gegenwärtigen Moment mit ruhigem Geist und offenem Herzen beisammen waren.

Bald darauf begannen Anna und ihr Partner Workshops an Universitäten in der Region zu leiten, um ihrer Bewegung zu helfen, die »andere Seite« besser zu verstehen, Einstellungen und Überzeugungen, die auf Ängsten basierten, zu erkennen und sich dafür einzusetzen, Liebe zu verbreiten anstatt immer mehr Aggression und Feindseligkeit. Manchmal begleitete Lukas die beiden auf ihren Reisen. In seinem letzten Bericht erzählte er mir, dass er zutiefst von seiner neuen »Post-Ruhestands-Arbeit« erfüllt ist.

Selbstreflexion

Lukas und Anna entschlossen sich, den Schritt zu wagen und zu sehen, was passierte, wenn sie jemanden vorurteilsfrei in ihr Herz hineinließen, ohne Angst, ohne Vorbehalte und Bedingungen. Sie begegneten dem Leben auf eine neue Weise und stellten fest, dass sie tatsächlich nicht verletzt wurden, wenn sie aufhörten, über andere Menschen zu urteilen. Und die Welt ging nicht unter, wenn sie aufhörten, die Verantwortung dafür zu übernehmen. Und als sie begannen, sich selbst so zu akzeptieren, wie sie waren, wurde ihr Leben nicht mittelmäßig, sondern es begann aufzublühen. Die Liebe erwies sich als das wichtigste Element für Erfüllung und Glück.

Wie sieht es bei Ihnen aus? Sie haben wahrscheinlich einen Freundeskreis, Verwandte, Kollegen, egal ob es viele sind oder wenige. Und im Zentrum Ihres Wesens haben Sie auch eine Beziehung zu sich selbst. Im Laufe der Jahre haben Sie alle möglichen Meinungen über Ihre Freunde entwickelt – wie über sich selbst. Und Sie stellen fest, dass Sie manchmal einem neuen Tag offen und mit Liebe begegnen und manchmal weit entfernt davon sind, irgendeine Form von Mitgefühl zu empfinden.

Dieses Kapitel will Sie ermuntern, darauf zu achten – wenn möglich in jedem Moment –, wie Sie vom Herzen her Ihrer Umwelt und sich selbst begegnen. Ist Ihr Geist ruhig und Ihr Herz offen... oder befindet sich Ihr Geist in einer Abwehrhaltung und beurteilt ständig Sie selbst und andere und hindert Sie auf diese Weise daran, gute, vom Herzen kommende Gefühle mit anderen zu teilen?

Bei diesem Prozess der Selbstreflexion ist es wichtig, sich nicht selbst zu verurteilen, wenn Sie feststellen, dass Sie im Moment noch häufig die Angewohnheit haben zu werten und Ihr Herz daher oft verschlossen ist und nicht annehmen und lieben kann.

Wie wir bereits gesehen haben, hilft es Ihnen schon, wenn Sie erkennen, dass Ihr Herz gegenüber einer Person verschlossen ist, um Ihr Herz für sie zu öffnen. Und das gilt auch für die Liebe zu sich selbst.

Wenn Sie diesen Absatz gelesen haben, schließen Sie für ein paar Minuten die Augen und richten Sie Ihre Aufmerksamkeit auf Ihre eigene Herzerfahrung... im Moment kommt es nicht darauf an, ob Ihr Herz sich gut oder schlecht anfühlt, verletzt oder glücklich, offen oder verschlossen ... wichtig ist, dass Sie beginnen, Ihre Aufmerksamkeit immer mehr auf Ihr Herz zu lenken ... so dass Veränderungen und Lernprozesse stattfinden können, während die Wärme Ihrer Aufmerksamkeit Ihr Herz beruhigt ... Sie lieben sich selbst genug, um Ihrem Herzen vorurteilsfreie liebende Aufmerksamkeit entgegenzubringen ...

Halten Sie inne & erleben Sie

Sich selbst lieben

Wir haben bereits gesehen, dass die meisten von uns dazu neigen, sich selbst regelmäßig scharf zu verurteilen. In der Regel tun wir das aufgrund nicht hinterfragter negativer Annahmen bezüglich unseres Selbstwertgefühls, unserer Liebenswürdigkeit und der Fähigkeit, uns gut um uns selbst zu kümmern. Diese Überzeugungen haben wir uns meist in früher Kindheit zu Eigen gemacht.

Wie sieht es im Moment mit Ihrer Fähigkeit aus, sich so zu lieben, wie Sie sind? Wie beurteilen Sie sich Tag für Tag? Wir wollen nun untersuchen, ob Sie sich in der Regel ablehnen oder annehmen. Sobald Sie sich Ihre wertenden Angewohnheiten bewusst machen, werden Sie beginnen, sie zu überwinden.

Um dieses Ziel zu erreichen, werde ich acht Aussagen auflisten, die Schlüsselaspekte Ihres Selbstbildes zeigen. Sie sollten jeweils die beiden Aussagen über einen bestimmten Aspekt lesen – eine ist sehr positiv, die andere recht negativ – und dann ehrlich einschätzen, welche der Aussagen am ehesten auf Ihr eigenes Selbstbild zutrifft. Wenn Sie feststellen, dass Sie sich recht streng beurteilen, empfehle ich Ihnen, die im Folgenden beschriebene Übung, die nicht mehr als fünf Minuten in Anspruch nimmt, in den nächsten Wochen jeden Tag einmal durchzuführen, um regelmäßig eine tiefe Reflexion und persönliches Wachstum zu fördern.

Lesen Sie zunächst die ersten beiden Aussagen ... Bevor Sie

reagieren und sich Ihre Antwort überlegen, sollten Sie innehalten und Ihre Augen einen Moment lang schließen... schwingen Sie sich auf einen vollen Atemzyklus ein... dehnen Sie Ihr Bewusstsein aus, um Ihr Herz miteinzubeziehen... und in diesem Zustand innerer Ruhe öffnen Sie Ihre Augen, schauen erneut und lesen die zwei Aussagen. Schätzen Sie sich selbst ein und zwar so, wie Sie sich im Moment fühlen. Ärgern Sie sich nicht, wenn Sie sich nicht optimal bewerten. Nehmen Sie Ihre momentane Einstellung sich selbst gegenüber, die auf Konditionierungen in der Vergangenheit basiert, einfach in der Gewissheit zur Kenntnis, dass negative Selbsturteile problemlos durch die Techniken in diesem Buch verändert werden können...

Selbstbeurteilung

»Ich sehe okay aus...«   »Ich sehe schrecklich aus...«

    1   2   3   4   5   6   7   8   9   10

»Ich vertraue anderen Menschen...«   »Man kann anderen Menschen nicht vertrauen...«

    1   2   3   4   5   6   7   8   9   10

»Ich bin klug genug...«   »Ich bin nicht klug genug...«

    1   2   3   4   5   6   7   8   9   10

»Ich fühle mich sicher...«   »Ich bin in Gefahr...«

    1   2   3   4   5   6   7   8   9   10

»Ich bin ein guter Mensch...«   »Ich bin ein schlechter Mensch...«

    1   2   3   4   5   6   7   8   9   10

»Ich kann für mich selbst sorgen…«						»Ich bin hilflos…«			
1	2	3	4	5	6	7	8	9	10

»Das Leben ist großartig…«					»Das Leben ist schrecklich…«				
1	2	3	4	5	6	7	8	9	10

»Ich bin absolut liebenswert…«						»Ich bin überhaupt nicht liebenswert…«			
1	2	3	4	5	6	7	8	9	10

Seien Sie, wenn Sie diese Aussagen durchgehen, immer ehrlich bezüglich Ihres Gefühls in dem Moment, und verurteilen Sie sich nicht aufgrund Ihrer Selbsteinschätzungen. Diese Überzeugungen existieren in diesem Moment in Ihrem Geist, sie sind eine Realität, die Sie akzeptieren können. Sie wissen, dass Sie sie durch bewusstes Handeln positiv verändern können.

Sobald Sie diese Detektivarbeit beendet und einen Bereich mit einem geringen Selbstwertgefühl entdeckt haben, können Sie den Prozess zur Auflösung von Überzeugungen aus dem zweiten Kapitel anwenden, um dieser Annahme auf den Grund zu gehen und im Licht der Vernunft zu beurteilen, ob sie stimmt oder nicht.

Seien Sie sich auch dessen bewusst, dass Sie die Freiheit haben, sich positiv zu sehen, egal, wie der Rest der Welt Sie beurteilt. Vor einer Weile habe ich als Gruppentherapeut im Gefängnis von San Quentin mit neun Insassen gearbeitet, die alle mindestens einen Menschen umgebracht hatten. Anfangs war es eine Herausforderung für mich, diese Leute nicht als schlecht, dumm, gefährlich und hassenswert einzustufen… und natürlich sahen sie sich selbst auf ähnliche Weise. Aber nach zwei bis drei Monaten Gruppentherapie, in der eine immer ehrlichere Kommunikation stattfand und wir ähnliche Techniken wie in diesem Buch anwendeten, hatten wir uns alle erstaunlich verändert. Wir riskierten es, unsere Herzen zu öffnen, und stellten fest, dass die Liebe hineinströmte. Es kam zu Veränderungen, die Selbstbilder wurden positiver, und wir begannen, mit Freude zu leben.

Wenn wir den Herzfaktor mit einbeziehen und der Intelligenz, der Weisheit und der heilenden Kraft des Herzens erlauben, unsere Erfahrung, wer wir sind, aktiv zu beeinflussen, dann ist jeder auf diesem Planeten liebenswert und vertrauenswürdig. Schließlich sind wir in den Augen Gottes alle vollkommen. Wir leben in einem vollkommenen Universum, wir sind ein Teil dieses Universums, unsere Herzen schlagen, wenn wir es zulassen, im Einklang mit der Liebe, die die physische Schöpfung durchdringt... und solange wir uns selbst nicht anders beurteilen, sind wir völlig in Ordnung, so wie wir sind.

Sie werden feststellen, dass Sie eine unmittelbare emotionale Heilung erfahren, wenn Sie eine tiefe Selbstakzeptanz in Ihrem Herzen spüren und wenn Sie Ihre negativen, selbstzerstörerischen Überzeugungen loslassen.

Wenn Sie sich selbst als liebenswert empfinden, werden Sie liebenswert...

Die acht Aussagen, die Sie oben gelesen haben, sind ein Instrument, das Sie immer wieder anwenden können, um Ihr Selbstbild zu korrigieren. Stellen Sie sich bei jeder Aussage, bei der Sie sich nicht für die Zahl 1 entschieden haben, nacheinander die Fragen, die Sie unten aufgeführt sehen. Halten Sie dann inne und untersuchen Sie die Überzeugung, die Ihrem Selbsturteil zugrunde liegt. Lassen Sie Schritt für Schritt Ihre negativen Gefühle sich selbst gegenüber los:

1. Woher kommt diese negative Einstellung sich selbst gegenüber? Sind Sie sicher, dass Ihr negatives Selbsturteil wahr ist?
2. Welches Gefühl vermittelt es Ihnen, wie beeinflusst es Ihr Leben, dass Sie glauben, diese negative Aussage sei wahr?
3. Wenn Sie die positive Aussage ansehen und sie laut aussprechen, wie fühlen Sie sich dann? Wie reagiert Ihr Herz?

4. Auf welche Weise würde Ihr Leben sich verändern, wie würde sich Ihr Herz anfühlen, wenn Sie diese negative Einstellung sich selbst gegenüber loslassen würden?

Ihre Einstellung sich selbst gegenüber, ja Ihr gesamtes Selbstbild ist ausschließlich ein Produkt Ihrer Vergangenheit, nicht Ihrer Gegenwart. Wenn Sie in Gedanken, Erinnerungen und konditionierten Reaktionen leben, bleiben Sie der Vergangenheit verhaftet und sind ein Opfer Ihrer negativen Erfahrungen. Warum? Weil Sie die Vergangenheit nicht ändern können, egal, wie viel Sie darüber nachdenken, sich den Kopf zermartern, das Vergangene verurteilen und wünschen, Sie hätten anders gehandelt.

Es gibt nur eine Möglichkeit, um sich von negativen Selbstbildern, die auf der Vergangenheit basieren, zu befreien: alles loszulassen und sich auf den einzigartigen, sich stets neu entfaltenden gegenwärtigen Moment zu konzentrieren – indem Sie genau das tun, was wir im ersten Kapitel gelernt haben ... indem Sie regelmäßig Ihren Geist zur Ruhe bringen ... sich auf die Weisheit und Liebe, die aus Ihrem Herzen strahlt, einschwingen ... und in der Umarmung der Erfahrungen leben, die Sie gerade jetzt machen.

Wenn Sie im gegenwärtigen Moment leben, bestimmt Ihr momentanes Gefühl, wer Sie sind, und nicht das, was Sie in der Vergangenheit gefühlt oder gemacht haben. Und in diesem Moment steht nichts zwischen Ihnen und Ihrer Fähigkeit, sich selbst und die Welt um Sie herum völlig und auf liebende Weise anzunehmen, abgesehen von Ihrer eigenen beurteilenden Funktion Ihres Geistes. Letzten Endes bedarf es nur eines Schritts ... akzeptieren Sie sich, so wie Sie sind ... und öffnen Sie sich für die Präsenz Ihres Herzens, so dass Sie die Liebe fließen lassen ...

Geben und Nehmen

Es ist viel die Rede von der Kraft der Liebe und dem Zusammenspiel zweier liebender Herzen. Offensichtlich ist die Liebe mehr als eine Vorstellung: Wir spüren die Wirkung der Liebe, versinken darin, wir werden von anderen Herzen berührt. Wie wir in diesem Kapitel gesehen haben, hat die Wissenschaft dokumentiert, dass das Herz Energie ausstrahlt. Ich möchte Ihnen nun von weiteren wissenschaftlichen Erkenntnissen auf einem verwandten Gebiet erzählen, die die Wirkung des menschlichen Herzens/Geistes auf die äußere Welt verdeutlichen.

Möglicherweise haben Sie bereits von den Studien der Princeton University gehört, die eindeutig gezeigt haben, dass Menschen sich in der Tat »berühren«, wenn sie sich auf den anderen konzentrieren. Falls Sie über dieses Thema schon informiert sind, können Sie den nächsten kurzen Abschnitt gerne überspringen.

Das sogenannte Princeton Engineering Anomalies Research Project, das von Professor Robert Jahn geleitet wurde, ist höchst interessant und wird unser allgemeines Verständnis über die nachweisbare Kraft des menschlichen Herzens/Geistes, über Entfernungen zu wirken und zu kommunizieren, verändern.

Das Thema der direkten transpersonalen Kommunikation ist natürlich nicht neu. Viele weise Menschen und Wissenschaftler haben behauptet, sie könnten die Präsenz einer unsichtbaren, aber fast fühlbaren Kraft spüren, die in ihrem eigenen Geist existiere. Isaac Newton, ein Patriarch der klassischen westlichen Wissenschaft, behauptete, dass das Geheimnis, durch das der Geist die Materie kontrollieren könne, die Welt nachhaltig verändern würde. Francis Bacon, der Vater der experimentellen Methode, war sehr daran interessiert, Phänomene wie telepathische Träume, Geistheilungen oder die Kraft des Geistes beim Würfeln zu untersuchen. Und in der zeitgenössischen Physik haben Persönlichkeiten wie Max Planck, Niels Bohr, Albert Einstein, Werner Heisenberg, Erwin Schroedinger und David Bohm über den immer noch mysteriösen Einfluss des Bewusstseins auf äußere Materie und Ereignisse geschrieben.

Aber erst vor kurzem konnte aufgrund neuer technischer Möglichkeiten experimentell getestet werden, ob das menschliche Herz und der Geist tatsächlich energetische Informationen über den physischen Körper hinaus aussenden können. Die letzten 20 Jahre waren bahnbrechend für die Bewusstseinsforschung. Man könnte zahlreiche Studien aus der ganzen Welt anführen, aber die wahrscheinlich erste und fundierteste Studienreihe, die die Wirkung des Geistes auf die Umwelt und andere Menschen zeigt, wurde 1979 von Robert Jahn begonnen.

Jahn gründete das sogenannte Princeton Engineering Anomalies Research Center, um physische Phänomene wissenschaftlich zu erforschen, die mit dem Bewusstsein in Zusammenhang standen. Er wollte Francis Bacons Frage, ob unser Geist einen Würfel, eine Münze und andere Phänomene beeinflussen kann, beweisen oder widerlegen. Daher wurde folgendes Experiment in Princeton durchgeführt, bei dem man die sensibelsten technischen Geräte verwendete, die zur Verfügung standen:

Ein Mensch saß vor einem Computer, der in rascher Abfolge zufällig entweder »Pluszeichen« (1.0) oder »Minuszeichen« (–1.0) erzeugte. Der Proband bekam eine einfache Anweisung – er sollte seine Willenskraft beziehungsweise seine Konzentration einsetzen, um das statistisch zufällige Ergebnis des Computers zu beeinflussen.

Bei dieser Studie wurde nicht zwischen der kranialen Gehirnkraft und der kardialen Herzkraft unterschieden. Da wir mittlerweile wissen, dass das Herz ein integraler Teil des Gehirnsystems des Körpers ist, können wir davon ausgehen, dass seine energetische Strahlung eine Rolle bei dem Experiment gespielt hat.

Bei jedem Test wurde ein »ganz normaler« Proband zunächst aufgefordert, sich darauf zu konzentrieren, dem Computer zu helfen, das erwartete »Nullergebnis« der zufälligen Plus-Eins- und Minus-Eins-Auswahl zu erzielen. Beim zweiten Durchlauf wurde der Proband gebeten, bewusst seinen Willen einzusetzen, um dem Computer zu helfen, ein »höheres numerisches Ergebnis« zu erzielen, als zu erwarten war. Beim dritten Durchlauf sollte der Proband den Computer so beeinflussen, dass dieser ein »niedrigeres numerisches Ergebnis« erzielte, als zu erwarten war.

Vom konventionellen wissenschaftlichen Standpunkt aus betrachtet hätte zwischen den drei Durchläufen statistisch eigentlich kein Unterschied bestehen dürfen. Aber das Gegenteil war der Fall: »Die Ergebnisse weisen auf einen moderaten, aber anhaltenden Erfolg hin, der jenseits aller realistischen Zufallserwartung liegt.« Das Experiment wurde Tausende von Malen durchgeführt, um sicherzustellen, dass die Ergebnisse statistisch gültig waren.

Die Ergebnisse blieben statistisch signifikant. Auf irgendeine Weise war der menschliche Geist in der Lage, die Arbeit einer Maschine allein durch den bewussten mentalen/emotionalen Willen zu beeinflussen. Sobald die Daten der Princetonstudie zusammengestellt und ausgewertet waren und belegten, dass der menschliche Geist einen Computer beeinflussen kann, der sich räumlich in der Nähe des Probanden befindet, wollten die Entwickler dieser Interaktionsstudie herausfinden, ob die Kraft des Bewusstseins über die Materie über Entfernungen gleich bleibt oder abnimmt.

Schritt für Schritt begannen sie, die Menschen von der Maschine zu trennen, mit immer größeren Entfernungen, auf der Suche nach dem Punkt, an dem die Wirkung nachließ. Sie waren überrascht festzustellen, dass die Wirkung überhaupt nicht nachließ. Sogar als der Proband Tausende von Kilometern von der Maschine entfernt war (Princeton – Tokio), blieb die Fähigkeit, die zufälligen Ergebnisse der Maschine positiv oder negativ zu beeinflussen, gleich. Die Entfernung war eindeutig keine Variable in der Bewusstseinsgleichung. Dies war eine weitere Anomalie, die dem konventionellen wissenschaftlichen Denken widersprach – aber es ist absolut nachvollziehbar, wenn Liebende behaupten, sie hätten eine vertraute Verbindung, egal wie weit sie auf dem Planeten voneinander entfernt sind.

Professor Jahn und seine Kollegen kamen zu dem Schluss, dass der menschliche Geist irgendein Wellenmuster aussenden muss, das sich durch ein bisher noch nicht identifiziertes Medium bewegt. An diesem Punkt wurden die Wissenschaftler sehr unruhig. Nun wollten sie die Variable der Zeit in ihrem experimentellen Modell untersuchen. Sie wiesen den Probanden also an, der Maschine seinen Willen zu übermitteln, bevor diese angeschaltet wurde (die Zeitspanne betrug bis zu 336 Stunden).

Wieder erhielt man verblüffende Ergebnisse. Der Zeitfaktor zwischen Reiz und Reaktion verringerte die Fähigkeit des Probanden, das zufällige Ergebnis der Maschine zu beeinflussen, nicht. Auf irgendeine Weise hatte das Medium, durch das der bewusste Wille weitergeleitet wurde, diese Information gespeichert, bis der Computer angestellt und die Studie durchgeführt wurde.

Die Princetonstudien ergaben noch eine weitere erstaunliche Statistik. Als zwei Probanden gleichzeitig – als Team – versuchten, die Funktionsweise der Maschine zu beeinflussen, erzielten sie überraschend positive Ergebnisse: Die durchschnittliche Wirkung war 3,7-mal größer als bei einem einzelnen Probanden.

Und um das noch zu steigern, gab es noch eine spannende Entdeckung bei den Princetonstudien: Wenn die beiden Probanden ein Liebespaar waren (verheiratet oder Freundin/Freund), erzielten sie Ergebnisse, die »fast 6-mal so hoch waren wie die der einzelnen Probanden«.

Anhand weiterer erstaunlicher Experimente dokumentierten die Princetonstudien darüber hinaus zum ersten Mal zur Zufriedenheit skeptischer Wissenschaftler, dass zwei befreundete Menschen sich gegenseitig sowohl Symbole als auch visuelle Bilder übermitteln können, und zwar über jede Entfernung und jenseits der Begrenzungen linearer Zeit. Einzig durch die geheimnisvolle Kraft zweier empathischer Herzen/Geister, die eine emotional positive Resonanz zueinander haben, kann eine detaillierte Kommunikation zwischen ihren Körpern stattfinden. Wie sie funktioniert, ist bislang noch unbekannt.

Nach 20-jähriger Forschungsarbeit sind Professor Jahn und seine Kollegen angesichts all dieser erstaunlichen Fakten zu dem Schluss gekommen, dass es auf der Wellen/Teilchen-Ebene der Realität keine eindeutige Grenze zwischen Geist und Materie gibt. Stattdessen, so Jahn, kann »das Bewusstsein in eben dem Maße nach außen in seine Umgebung dringen, wie es seiner Absicht entspricht«.

Es gibt also mittlerweile wissenschaftliche Beweise dafür, dass das individuelle menschliche Bewusstsein seine Umgebung beeinflusst und dass die Liebe dabei ein aktiver Bestandteil ist. Was bedeutet das nun für unsere Ausführungen? Unsere Gedanken beeinflussen nicht nur unsere Innenwelt, sondern auch die Menschen in unserer Umgebung. Die Maschinen, die in den Princetonstudien durch den menschlichen Willen beeinflusst wurden, waren grob im Vergleich zum menschlichen Gehirn. Wir können daher eine viel größere Wirkung von Gehirn zu Gehirn erwarten als von einem Gehirn zu einer Maschine.

Wenn wir angstbesetzte oder urteilende Gedanken aussenden, empfangen andere Menschen sie, unabhängig von Entfernung und Zeit. Jedes Mal, wenn wir in Gedanken abgleiten, die auf Angst beruhen, senden wir also Angst in die Welt hinaus. Wenn wir uns mit angstbehafteten Gedanken und Vorstellungen beschäftigen, beeinflussen wir die Welt damit.

Umgekehrt, und das ist die gute Nachricht, strahlen wir offensichtlich Liebe aus, wenn wir solche angsterfüllten Gedanken beruhigen und uns auf die Ruhe und Liebe in unserem Herzen einschwingen. Das ist möglicherweise die wissenschaftliche Erklärung dafür, warum Menschen die Liebe von Buddha, Mohammed oder Jesus immer noch stark in ihrem Herzen spüren, viele Jahrhunderte nachdem ihre physische Präsenz die Erde verlassen hat. Wenn wir unsere Herzen für die Liebe öffnen, erleben wir tatsächlich, wie Liebe in unser Herz strömt. Sie stammt aus all der Liebe, die von liebenden Herzen erzeugt wurde und wird ...

Und damit gibt uns die Wissenschaft Recht, wenn wir vorschlagen, regelmäßig innezuhalten, unseren Geist zur Ruhe zu bringen, uns auf die Präsenz unseres Körpers einzuschwingen, unser Herz zu öffnen und die anscheinend unendliche Kraft der Liebe zu empfangen und weiterzugeben, die für immer in unserem Herzen ist.

Wenn das Herz verletzt ist

Bisher habe ich Sie stets dazu aufgefordert, Ihre Aufmerksamkeit auf Ihr Herz zu richten. All unsere guten Gefühle spüren wir im Herzen. Wenn wir das Leben also genießen wollen, wenn wir das Leben mit Liebe und Freude füllen wollen, dann müssen wir unsere Aufmerksamkeit logischerweise zunächst dorthin verlagern, wo diese Gefühle entstehen.

Allerdings ist die emotionale Erfahrung, die wir häufig machen, wenn wir uns auf das Herz konzentrieren, für viele von uns gar nicht so freudig. Oft stellen wir fest, dass unser Herz Dinge fühlt, die wir zweifellos lieber meiden würden: all den emotionalen und scheinbar physischen Schmerz, das Leid, der Kummer, den wir in der Vergangenheit erlebt haben, und die Angst, dass unser Herz erneut verletzt wird, wenn wir uns im gegenwärtigen Moment öffnen. Wer möchte schon all die Schmerzen, die Qualen und die Zurückweisungen erneut durchleben?

Die meisten Menschen erfahren eine ganze Menge Kummer und all die damit verbundenen negativen Gefühle, während sie aufwachsen. Zudem sind wir in der Kindheit häufig unsicher, schüchtern, besorgt; viele von uns werden regelmäßig enttäuscht und sind verwirrt, haben Schuldgefühle, fühlen sich unzulänglich, verlassen, ungeliebt oder sogar nicht liebenswert. In der Pubertät und als junge Erwachsene macht uns häufig Liebeskummer zu schaffen, und wir haben das Gefühl, den Schmerz nicht ertragen zu können.

Was haben wir getan, um uns vor der überwältigenden Agonie des Herzens zu schützen? Nun, wir haben uns gegen zu großen emotionalen Stress abgeschirmt, indem wir uns, so gut wir konnten, von unserem Herz distanzierten. Wir haben uns in unseren denkenden Geist zurückgezogen, haben uns in sicheren Fantasien verloren, in guten alten Erinnerungen geschwelgt oder uns in körperliche Aktivitäten wie Sport gestürzt, haben ferngesehen oder Bücher gelesen. Mit anderen Worten: Wir haben uns zahlreichen äußeren Reizen ausgesetzt, die uns halfen, unsere Aufmerksamkeit von den schmerzlichen und Furcht erregenden Gefühlen in unserem Herzen fern zu halten.

Und jetzt kommt irgend so ein Psychologe daher und sagt, dass man, anstatt vor den Gefühlen des Herzens zu flüchten, die Aufmerksamkeit auf die Herzregion lenken, sich öffnen und wieder spüren sollte, was im Herzen geschieht.

Na toll! Warum sollte man sich wohl für den alten Kummer öffnen? Ganz einfach deshalb, weil die menschliche Natur sich nach den zahlreichen positiven Gefühlen sehnt, die wir in unserem Herzen erleben können, wenn wir es riskieren, uns auf diese tiefen Gefühle einzulassen. Wenn man ernsthaft darüber nachdenkt, ist ein Leben ohne Herz die absolute Hölle. Ohne Herz sind wir von der Liebe abgeschnitten, da die Liebe eine Herzenserfahrung ist. Ohne Liebe haben wir das Gefühl, dass wir durch eine heimtückische, unsichtbare emotionale und spirituelle Membran von der Freude am Leben, der Liebe der Menschen in unserer Umgebung, der Spontaneität, ja vom Lebendigsein getrennt sind.

Wenn man die Weltbevölkerung insgesamt betrachtet, tragen wahrscheinlich mehr als fünf Milliarden Menschen in diesem Moment an der schweren Bürde ihres Herzens, das voller Einsamkeit, Ablehnung, Hoffnungslosigkeit und voller emotionaler Agonie ist, die sich in der Mitte unseres Herzens festsetzt und sich weigert, wieder loszulassen.

Was ist zu tun? Ich möchte Ihnen einen Kompromiss vorschlagen. Wenn Sie sich regelmäßig darauf einlassen, Ihre Aufmerksamkeit auf die Gefühle in Ihrem Herzen zu lenken, biete ich Ihnen einen funktionierenden Weg an, den negativen Gefühlen, denen Sie dort begegnen, ins Auge zu sehen, so dass Sie sie verarbeiten können und einen Punkt erreichen, an dem die guten Gefühle die schlechten überwiegen – und Sie es wieder genießen werden, in Ihrem Herzen zu leben.

Während ich Sie dazu ermuntere, auf Ihr eigenes Herz zu achten, wollen wir uns Zeit dafür nehmen zu untersuchen, wie Ihre verschiedenen Gehirne zusammenarbeiten, um die emotionalen Gefühle in Ihrem Herzen zu erzeugen. Für ein erstes Experiment sollten Sie gleich eine Pause machen und sich auf die Gefühle in Ihrem Herzen einschwingen (oder auf das scheinbare Fehlen dieser Gefühle) und genau beobachten, auf welche Weise sie in Ihrem Herzen hervorgerufen werden. Danach werden wir Ihr Erlebnis aus psychologischer und neurologischer Sicht erklären.

> Wenn Sie diesen Absatz gelesen haben, schließen Sie die Augen, schwingen Sie sich auf Ihre Atmung ein ... und richten Sie die gesamte Aufmerksamkeit Ihres Geistes auf Ihr Herz und die Gefühle, die Sie dort vorfinden ... bewerten Sie die Gefühle nicht, spüren Sie sie einfach ... und während Sie sich Ihrer Atmung zirka zwölf Atemzüge lang bewusst bleiben, beobachten Sie, wie Ihr Geist auf verschiedenen Ebenen des Denkens, Erinnerns, der Vorstellung und des Gefühls agiert ... öffnen Sie sich Ihrem Herzen und erleben Sie, was kommt ...
>
> *Halten Sie inne & erleben Sie*

Die Wurzel der negativen Gefühle

Für einige von Ihnen war die Erfahrung, Ihr Herz zu betrachten, wahrscheinlich so, als würden Sie eine leere Wand ansehen – es war nichts dort. Wenn es so war, verzweifeln Sie nicht! Viele von uns sind blockiert, wenn sie ihr Herz betrachten. Wir wollen im Leben auf Nummer Sicher gehen, da wir Angst haben, wieder von der Agonie überwältigt zu werden, die unser Herz erleben kann.

Viele von Ihnen haben statt einer Leere ständiges Leid in ihrem Herzen gesehen, eine Kombination aus Taubheit und Schmerz, die sich gar nicht gut anfühlt. Andere von Ihnen sind rasch auf eine Reihe von Erinnerungen gestoßen, die Ihren Geist durchfluten, zum Beispiel an Menschen, die Sie auf die eine oder andere Weise verletzt oder abgelehnt haben. Einige haben sofort über das Herz nachgedacht, anstatt im Herzen zu sein. Und viele von Ihnen stießen nicht auf Blockaden und waren in der Lage, sich im Herzen wohl zu fühlen, ohne dass sie verleitet wurden, sich an negative Erfahrungen aus ihrer Vergangenheit zu erinnern...

Und hier liegt die zentrale Erkenntnis in Bezug auf die Wurzel all der negativen Gefühle, die Sie im gegenwärtigen Moment in Ihrem Herzen finden. Diese Gefühle werden durch nichts erzeugt, was im gegenwärtigen Moment geschieht. Sie sind kein Produkt unserer Wahrnehmung oder Teilnahme an dem, was hier und jetzt geschieht. Sie sind einzig und allein ein Produkt der Erinnerung.

Sie erinnern sich, dass das Herz, vom neurologischen Standpunkt aus betrachtet, stark mit dem limbischen Teil des Gehirns verbunden ist, mit dem Säugetiergehirn, das Ihre Erinnerungen und die damit verbundenen Emotionen steuert. Diese Herzdimension unseres Geistes/Gehirns spielt offenbar eine wichtige Rolle für Erfahrungen im gegenwärtigen Moment, die auf Erinnerungen basieren. Wir denken an jemanden, den wir lieben, erinnern uns an diesen Menschen anhand vergangener Erfahrungen, und diese Erinnerungen und Gedanken erzeugen in unserem Herzbereich das körperliche Gefühl der Anteilnahme. Die Vergangenheit kann also im gegenwärtigen Moment durch die Gefühle im Herzen zum Leben erweckt werden.

Dies ist eine sehr wichtige Funktion des Herzens/Geistes, und in vielen Fällen ist sie sicherlich sehr positiv. Auf diese Weise schaffen Säugetiere innige Verbindungen zu ihren Familienmitgliedern, und so stellen wir Beziehungen zu den Menschen her, mit denen wir in der Vergangenheit Angenehmes erlebt haben. Unser Herz ist ein erstaunlicher Transformator, der körperliche Gefühle, die mit Erfahrungen in der Vergangenheit zu tun haben, im gegenwärtigen Moment erzeugen kann. Wir können uns auch vorstellen, dass in der Zukunft etwas mit jemandem geschieht, und empfinden ebenfalls intensive Gefühle in unserem Herzen. Unser Herz hat die erstaunliche Fähigkeit, in der Liebe Zeit und Raum zu überwinden.

Leider kann auch das Gegenteil passieren. Wir können uns an negative Erfahrungen erinnern, bei denen eine von Liebe geprägte Beziehung beendet wurde, und in dieser Erinnerung stecken bleiben, sogar unser ganzes Leben lang. Es ist beispielsweise fast unmöglich, sich in der Pubertät nicht zum ersten Mal leidenschaftlich zu verlieben. Die meisten müssen sich später auf die eine oder andere Weise von ihrer ersten Liebe trennen und leiden unter Liebeskummer und unter dem Verlust des geliebten Menschen. Wie viele von uns bleiben letztlich ihr ganzes Leben ihrer ersten leidenschaftlichen Liebe verhaftet?

Denken Sie daran, dass wir hier über eine Funktion des Säugetiergehirns sprechen. In der Natur ist dies ein Prozess zum Knüpfen von Familien- oder Partnerbeziehungen, der bei den meisten Säugetieren wunderbar funktioniert. Allerdings ist unsere menschliche Gesellschaft unglaublich komplex geworden. Es ist nur selten der Fall, dass sich die erste Liebe zu einer lebenslangen Beziehung entwickelt, in der beide Herzen im Einklang schlagen und diese Verbindung nie verlieren. Fast alle von uns haben Liebeskummer erlebt und tragen diese Ur-Verletzung das ganze Leben mit sich herum.

Ich garantiere Ihnen, dass alles Leid in Ihrem Herzen ein Produkt der Erinnerung ist und kein Produkt des gegenwärtigen Moments. Und ich garantiere Ihnen weiter, dass dieser Schmerz immer wieder auflebt, weil Sie die Erfahrung, die Sie ursprünglich verletzt hat, durch die Gedanken, Einstellungen, Überzeugungen und Erwartungen, die aus dieser Erfahrung stammen, immer wieder nähren.

Wir sind also mit anderen Worten wieder dort, wo wir begonnen haben. Die Gedanken, die ständig durch Ihren Geist strömen, rufen ständig bestimmte Emotionen in Ihrem Herzen hervor. Einige dieser Emotionen sind freudig, andere sind qualvoll, und wieder andere liegen irgendwo zwischen diesen beiden Extremen. Aber solange Ihr Geist automatisch von Konditionierungen aus der Vergangenheit gesteuert wird, bleibt Ihr Herz ein Opfer der Erinnerungen und Assoziationen, Überzeugungen und Sorgen, auf die Ihr Geist sich gerade zufällig fixiert.

Ich möchte Sie auf diese Vereinnahmung Ihres Herzens durch Ihren denkenden und auf die Vergangenheit fixierten Geist noch einmal aufmerksam machen. Und ich möchte Ihnen noch einmal klar machen: Sie haben die Wahl, ob Sie den Rest Ihres Lebens in vergangenen Emotionen verharren wollen oder ob Sie in einen Bewusstseinszustand umschalten möchten, bei dem Ihr Herz seine andere elementare emotionale Rolle in Ihrem Leben spielen kann – nämlich direkt auf die Realität des gegenwärtigen Moments zu reagieren.

Das Herz sprechen lassen

Wir haben bisher untersucht, auf welch unterschiedliche Weise Ihr Geist funktionieren kann. Nun sind wir an einem Punkt angekommen, an dem alles, was wir in diesem Buch besprochen haben, sich zu einem großen Ganzen zusammenfügt... Denn wir sind nun bereit, das Herz/Gehirn in die Gleichung einzubringen und zu beobachten, was geschieht, wenn wir den denkenden Geist beruhigen, von der Ausrichtung auf die Vergangenheit oder die Zukunft auf den gegenwärtigen Moment umschalten und uns dann für die Erfahrung unseres Herzens öffnen.

Solange wir damit beschäftigt sind, Erinnerungen, Überzeugungen und Vorstellungen zu verarbeiten, bleiben wir im Denkmodus verhaftet und sind vom gegenwärtigen Zeitpunkt abgeschnitten, an dem wir mit unserer Umwelt interagieren und somit lernen können, auf neue Art und Weise in der Welt zu sein. Das gesamte Buch ist darauf ausgerichtet zu vermitteln, wie wir von der Gedankenfixierung auf die Erlebnisfixierung umschalten. Und wenn wir das Herz/Gehirn in die Gleichung einbringen, ergibt alles einen Sinn. Denn das Herz ist ein reines Gegenwartsbewusstsein, ein Emotionsgenerator, wenn Sie so möchten, der entweder mit unserem limbischen Gehirn, also vergangenen Erfahrungen, oder mit unserem wahrnehmenden Gehirn, also gegenwärtigen Erfahrungen, verbunden werden kann.

Nehmen wir an, Sie begegnen jemandem zum ersten Mal. Sie stehen diesem Menschen im gegenwärtigen Moment gegenüber. Diese Person ist einzigartig, und wenn Sie mit ihr im gegenwärtigen Moment bleiben und zulassen, dass Ihre Wahrnehmung und die Gefühle Ihres Herzens dominieren, werden Sie eine einzigartige Begegnung mit diesem Menschen haben und eine einzigartige Beziehung zu ihm aufbauen, die auf den Erlebnissen des gegenwärtigen Moments basiert. Ihr Herz wird in der Lage sein, unmittelbar auf das Herz des anderen Menschen zu reagieren – aufgrund all der Signale, die Sie von ihm empfangen sowie aufgrund der subtileren Kommunikation, bei der Ihr Geist und Ihr Herz sich direkt mit Geist und Herz des anderen austauschen.

Sie interagieren also miteinander. Sie nehmen die Präsenz des anderen direkt wahr und begegnen sich von Herz zu Herz. Etwas geschieht zwischen Ihnen, und es entwickelt sich von einem Moment zum nächsten weiter, solange Sie darauf ausgerichtet bleiben, sich gegenseitig im gegenwärtigen Moment zu erleben – und sich nicht auf die Erinnerungen konzentrieren, die bereits beginnen, Ihren Geist zu besetzen.

Was geschieht normalerweise, wenn wir einem Menschen zum ersten Mal begegnen? Fast augenblicklich ruft unsere Wahrnehmung Assoziationen zu Menschen hervor, die ihm ähneln, und wir gleiten in wertende Gedanken und Gefühle über diese Person ab. Unsere Herzen werden mit Emotionen konfrontiert, die wir in der Vergangenheit gegenüber anderen Menschen empfunden haben. Wir nehmen die reale Person vor uns nicht mehr wahr und verlieren uns in assoziativen Erinnerungen und Gefühlen, die möglicherweise gar nichts mit diesem einzigartigen Menschen zu tun haben.

Ich denke, der enorme Unterschied zwischen den zwei Arten, unseren Geist zu steuern, ist nun sehr deutlich geworden. Natürlich ist es wichtig, unsere vergangenen Erfahrungen zu beachten, aber es ist auch wichtig, dass die Vergangenheit die Gegenwart nicht dominiert! Sonst können wir von der Weisheit des Herzens nicht profitieren.

Wenn wir darauf hören, was uns unser Herz über das sagt, was wir erleben, erhalten wir einen direkten Zugang zur tieferen Realität. Wenn unser Herz die harmonischen oder widerstreitenden Gefühle im Herzen des anderen spürt, »wissen« wir sofort über den inneren Zustand des anderen Bescheid – und reagieren entsprechend darauf. Sich vom Herzen leiten zu lassen ist der einzig weise Weg, dem Leben zu begegnen, da das Herz als wahrnehmendes Organ im gegenwärtigen Moment das beste System ist, um die Wahrheit einer Situation unmittelbar zu erkennen.

Wenn das Herz zu uns spricht, bedeutet das natürlich nicht, dass wir den Rest des Gehirns stillgelegt haben. Das Gegenteil ist der Fall. Wir integrieren das gesamte Gehirn in ein intuitives Ganzes, so dass wir das ganze Bild auf einmal wahrnehmen und entsprechend handeln können. Auf diese Weise können wir gedankenlos und völlig klar sein. Wir können uns mithilfe der Liebe in der Welt bewegen, ohne etwas befürchten zu müssen – denn Liebe ist nicht blind. Die Liebe ist die alles durchdringende kreative Kraft des Universums. Die Liebe ist das Herz des Bewusstseins, und das Bewusstsein ist das Instrument, mit dem wir in der Welt überleben und aufblühen.

Ich sehe das optimale Szenario folgendermaßen: In einem beliebigen Moment schwingen wir uns zunächst darauf ein, wie das Herz auf die Realität der Situation reagiert. Welche tiefere Resonanz, welche harmonische, non-verbale Kommunikation findet in diesem Moment zwischen unserem Herzen und der äußeren Welt statt?

Sobald wir uns auf dieses ursprüngliche Sinnesorgan und seine Reaktion auf all die sensorischen und energetischen Signale eingeschwungen haben, können wir zulassen, dass diese Weisheit unseren denkenden Geist beeinflusst und sich mit unseren Erinnerungen und unseren Assoziationen austauscht ... und fast augenblicklich stellen wir fest, dass wir Gedanken haben, die durch unser Herz inspiriert werden, und dass diese daher wahrlich weise sind und wir ihnen vertrauen können.

Das ist die optimale Dynamik zur Steuerung des Geistes. Das Herz steht im Zentrum, und der Rest des Gehirns arbeitet harmonisch mit dem Herzen zusammen. Wenn wir unser Herz sprechen lassen, sind wir in der Liebe zentriert, und alles wird sich auf wunderbare und spontane Weise entfalten, in Harmonie mit der uns umgebenden Welt ...

Das Herz öffnen, Wunden heilen

Die Grundregel des Herzens lautet folgendermaßen: Halten Sie Ihre Aufmerksamkeit so lange wie möglich auf den gegenwärtigen Moment gerichtet, damit das Herz ganz in der Lage ist, Sie zu führen und eine einzigartige Erfahrung entstehen zu lassen, genau hier in diesem Moment.

Allerdings wirken alte emotionale Wunden häufig wie ein Magnet. Sie lenken unsere Aufmerksamkeit vom gegenwärtigen Moment fort und richten sie auf emotionales Leid in der Vergangenheit. Wie können Sie alte Wunden des Herzens heilen und loslassen, damit Sie frei sind, sich offen auf das Hier und Jetzt auszurichten? Ich werde Ihnen nun einen grundlegenden Prozess zur Heilung des Herzens vorstellen.

Das Herz öffnen

SCHRITT 1
Beobachten

Wenn Sie feststellen, dass emotionales Leid der Vergangenheit die Gefühle Ihres Herzens dominiert, sollten Sie sich einige Wochen lang regelmäßig Zeit nehmen, um direkt mit diesen Gefühlen zu arbeiten und sie loszulassen. Damit Sie den Prozess beginnen können, müssen Sie den Mut aufbringen, sich auf Ihr Herz zu konzentrieren und einfach zu erleben, was geschieht, wenn Sie das tun. Machen Sie das jeweils fünf Minuten oder länger, betrachten Sie Ihr Herz mit einem kontemplativen Geist und erleben Sie die Realität Ihrer gegenwärtigen Verfassung. Vorab setzen Sie die grundlegende Ruhe-Übung ein, um Ihre Aufmerksamkeit auf Ihr Herz zu richten.

> Spüren Sie die Luft, die durch Ihre Nase ein- und ausströmt ... dehnen Sie Ihr Bewusstsein aus, um die Bewegungen in Ihrer Brust und Ihrem Bauch wahrzunehmen, während Sie atmen ... dehnen Sie Ihr Bewusstsein aus, um auch Ihr Herz wahrzunehmen, das inmitten Ihrer Atmung schlägt ... und erleben Sie einfach, was geschieht ... beobachten Sie, welche Gefühle, Erinnerungen und Bilder Ihnen in den Sinn kommen ... achten Sie darauf, welche Gedanken durch Ihren Geist ziehen, die mit den Emotionen in Ihrem Herzen zu tun haben ... beobachten Sie genau und akzeptieren Sie alles, was Sie in Ihrem Herzen auch fühlen mögen, heute ...
>
> *Halten Sie inne & erleben Sie*

Das Schlüsselwort lautet »Annehmen«. Sie werden Ihre alten Wunden heilen, indem Sie sie annehmen. Diese Wunden existieren in der Erinnerung, sie sind in der Vergangenheit passiert. Sie können nicht ändern, was in der Vergangenheit geschehen ist. Daher müssen Sie die Realität dessen, was Ihnen widerfahren ist, akzeptieren, anstatt dagegen anzukämpfen und es zu leugnen. Sie müssen aufhören, andere Menschen dafür zu verurteilen, was sie Ihnen angetan haben, da die Vergangenheit nicht mit sich handeln lässt. Sie ist passiert. Akzeptieren Sie die Realität – und Sie werden sich von der Macht, die sie über Sie hat, befreien.

SCHRITT 2
Beschreiben

Es kann eine Weile dauern, bis man dazu bereit ist, die Realität zu akzeptieren. Sie können den Prozess des Annehmens aber auch beschleunigen. Sobald Sie sich einmal Zeit genommen haben, um den Zustand Ihres Herzens zu betrachten, nehmen Sie Stift und Papier, denken etwas darüber nach und beschreiben dann den Zustand Ihres Herzens. Schreiben Sie auf, welche Emotionen Ihr Herz dominieren, welche Erinnerungen Ihren Geist dominieren und welche Gedanken über die Erinnerungen Ihr

Erlebnis dominieren. Ermitteln Sie die Quelle Ihrer Gefühle und notieren Sie sie – welcher Gedanke steht hinter der Erinnerung?

Schreiben Sie auch auf, wer Ihrer Meinung nach verantwortlich dafür ist, wer Schuld an Ihrem emotionalen Leid hat... Nehmen Sie sich ausführlich Zeit dafür, denn diese ehrliche Selbsteinschätzung ist wesentlich für den weiteren Prozess.

SCHRITT 3
Absicht

Wenn Sie die Gefühle Ihres Herzens und seinen Zustand ausführlich beschrieben haben, denken Sie darüber nach, welche Veränderungen Sie sich in Ihrem Leben wünschen. Wenn Sie zum Beispiel unter Liebeskummer leiden, beabsichtigen Sie vielleicht, den Kummer zu überwinden, Gefühle der Verletztheit und Hoffnungslosigkeit loszulassen ebenso wie all die anderen Gefühle, die Sie entdeckt haben... damit Sie Heilung erfahren und sich in Ihrem Herzen wieder wohl fühlen können. Damit Sie sich im gegenwärtigen Moment wieder mehr für die Liebe öffnen können. Seien Sie sich klar darüber, dass Sie die Vergangenheit loslassen wollen – wenn es wirklich so ist.

SCHRITT 4
Überzeugungen auflösen

Wir wollen nun die Gedanken, Überzeugungen, Annahmen und Sorgen ermitteln, die ständig schmerzvolle Gefühle in Ihrem Herzen erzeugen. Um das Herz zu heilen, müssen Sie all die negativen Überzeugungen loslassen, durch die Gefühle hervorgerufen werden, die Ihr Herz umklammert halten. Der Prozess sieht folgendermaßen aus:

1. Schreiben Sie eine der Aussagen, die Sie sich im Schritt 2 der Übung »Das Herz öffnen« notiert haben, nochmals auf. Es sollte eine Aussage darüber sein, *wer verantwortlich ist, wer Schuld an Ihrem emotionalen Leid hat.* Wenn jemand Sie verlas-

sen hat und Sie diesem Menschen deshalb einen Vorwurf machen, dann sagen Sie dies deutlich: »Ich bin wütend, weil Tom mich verlassen und damit tief verletzt hat.« »Karin ist dafür verantwortlich, dass ich leide.« »Meine Mutter hat mich nie richtig geliebt.« Oder: »Ich bin schuld, weil ich nicht liebenswert bin. Mit mir stimmt etwas nicht, und niemand kann mir helfen.«
2. Lesen Sie nun Ihre Aussage erneut. Fragen Sie sich selbst, ob diese Überzeugung, an der Sie festhalten, wahr ist. Wer ist wirklich für Ihr Leid verantwortlich? Wenn Sie sich schuldig fühlen wegen der Befürchtung, nicht gut genug oder nicht liebenswert zu sein, sollten Sie sich fragen: *Ist diese negative Bewertung wirklich richtig?*
3. Fragen Sie sich nun, was Sie gewinnen, wenn Sie an der Überzeugung festhalten, dass Ihnen Unrecht getan wurde, dass jemand Sie verletzt hat, dass Sie unfähig sind, dass Liebe sich nicht lohnt oder wie auch immer diese Überzeugung aussehen mag. *Was könnte es Ihnen bringen, weiterhin an den Gedanken festzuhalten, die Ihnen Leid zufügen?*
4. Überlegen Sie nun, wie Sie sich in Ihrem Herzen fühlen würden und wie Ihr Leben sich verändern würde, wenn Sie die Überzeugung losließen, dass Ihnen Unrecht getan wurde, dass Sie verlassen wurden und nicht selbst für sich sorgen können, dass sie ohne Hoffnung sind ... Was würde geschehen, wenn Sie die Überzeugung losließen, die Sie plagt?

SCHRITT 5
Heilung

Sobald Sie die Überzeugungen und Erinnerungen, die Ihnen Leid zufügen, bewertet und ihre Wirkungen erkannt haben, können Sie sich aktiv dazu entschließen, nicht mehr zu beurteilen, nicht mehr anzuklagen – die Vergangenheit einfach zu akzeptieren, loszulassen und nach vorne zu schauen.
Häufig ist es sehr hilfreich, den Schritt oder die Schritte, für die Sie nun bereit sind (vorausgesetzt, Sie sind wirklich bereit dazu),

laut auszusprechen, um sich von den vergangenen Gefühlen zu lösen und sich für die Begegnungen des Herzens im gegenwärtigen Moment zu öffnen.

Was müssen Sie sagen, um sich zu befreien? Vielleicht ist es: »Ich vergebe Jenny. Es ist nicht ihre Schuld, dass ich verletzt bin.« Vielleicht sind Sie damit einige Tage beschäftigt. Überlegen Sie dann, wie Sie Ihre nächste Aussage formulieren müssen, damit Sie Ihr vergangenes Leid loslassen können. Vielleicht lautet sie: »Ich bin nicht ohne Hoffnung, ich kann für mich selbst sorgen.« Oder: »Ich weiß, dass ich liebenswert bin, weil ich mich selbst liebe und akzeptiere, wie ich bin.« Es sollten solche oder ähnliche Aussagen sein, die Ihre strengen Selbsturteile auflösen, damit Sie sich selbst wieder lieben können.

Die grundlegendste Aussage, die Sie sich immer wieder aus tiefster Seele vorsprechen sollten, ist natürlich folgende: »Ich bin bereit, den Kummer meines Herzens loszulassen. Ich bin bereit, mich emotional zu heilen und mich besser in meinem Herzen zu fühlen. Ich bin bereit, mich zu öffnen und zu lieben.«

SCHRITT 6
Öffnung

Dieser Heilungsprozess braucht seine Zeit. Das Herz kann so verkrampft sein, dass Monate dafür nötig sind. Aber es ist wichtig, sich diese Zeit zu nehmen, denn das Leben ist einfach nicht lebenswert, wenn das Herz sich im Schmerz verschließt. Manchmal geschieht die Heilung mit der Zeit ganz von allein. Bewusst angewandte Techniken können diesen Prozess jedoch beschleunigen und sicherstellen, dass er auch eintritt.

Sobald sich Ihr Herz besser fühlt, leichter, wieder bereit, etwas zu wagen, ist es wichtig, zunächst entschlossen Ihre Liebe zu sich selbst zu fördern. Die wahre Heilung des Herzens findet statt, wenn Sie aufhören, sich im Innersten zu verurteilen, und sich mit uneingeschränkter Liebe annehmen.

Haben Sie einmal diese Basis der Selbstliebe aufgebaut, werden andere Menschen Ihnen nicht mehr so leicht Kummer bereiten, da Sie nicht mehr von ihrer Liebe abhängig sind. Sie schenken sich das Gefühl, geliebt zu werden, regelmäßig selbst. Sobald Sie die Reife erlangt haben und nicht mehr nach einer Mutter- oder Vaterfigur suchen, um geliebt zu werden, sondern dieses Gefühl bei sich selbst finden, werden Sie in der Lage sein, andere an Ihrer Liebe teilhaben zu lassen. Und das, ohne von der Unterstützung der Menschen, die Sie lieben, abhängig zu sein, da nur Sie selbst sich diese Unterstützung geben können.

Sich auf die Weisheit des Herzens einlassen

Nachdem wir den therapeutischen Heilungsprozess kennen gelernt haben, mit dessen Hilfe wir uns gut fühlen können, indem wir unser Herz betrachten, kommen wir nun zu einer schnelleren Methode. Dabei müssen Sie lediglich Ihre Aufmerksamkeit im gegenwärtigen Moment auf Ihr Herz und mithilfe Ihrer Gedankenkraft gleichzeitig auf gute Gefühle lenken, die bereits in Ihrem Herzen sind. Das ist eine Form der positiven Konditionierung, die den Schwerpunkt des Herzens weg vom Leiden und hin zur Liebe verlagert.

Neben den schmerzlichen Erfahrungen in Ihrem Herzen gibt es natürlich auch zahlreiche gute, von Liebe geprägte Erfahrungen. Aufgrund eines negativen Selbstbilds bleiben die Menschen sehr häufig an ihrem Leid haften. Viele Menschen tragen beispielsweise die folgenden unausgesprochenen Überzeugungen in sich: »Meine Beziehungen sind eine Katastrophe.« »Keiner liebt mich.« »Leben heißt Schmerzen ertragen müssen.« Oder: »Mit der Liebe klappt es ja sowieso nicht.« Und da diese Überzeugungen den Geist dominieren, neigt die innere Stimme dazu, über all die negativen Erinnerungen, die diese Überzeugung aufrechterhalten, nachzudenken.

Das ist die Grunddynamik des Geistes. Gedanken, Erinnerungen und Bilder strömen ständig durch unseren Geist und werden vorwiegend durch bestimmte Annahmen über das Leben und über uns selbst bestimmt. Wenn wir denken, dass uns keiner liebt, erinnern wir uns in der Regel nicht an die Zeiten, in denen wir geliebt wurden. Wir leben nach einer sich selbst erfüllenden Prophezeiung.

Ich möchte Sie dazu auffordern, genau das Gegenteil zu tun. Egal, in welcher Verfassung Ihr Herz im Moment ist, und egal, welche schlechten Dinge Ihnen widerfahren sind, die Ihr Herz verkrampft und verschlossen halten, Sie sollten beginnen, die eine Kraft, die Ihnen in jedem Moment zur Verfügung steht, einzusetzen: die Kraft Ihrer Aufmerksamkeit.

Konzentrieren Sie sich auf gute Gefühle, die Sie in Ihrem Herzen erlebt haben, als Sie geliebt haben und sich selbst sehr geliebt fühlten. Dabei ist es egal, ob die Königin von Saba Ihnen liebende Gefühle entgegenbrachte, der Hund Ihres Nachbarn, der Postbote, eine Bankangestellte oder wer auch immer. Wichtig ist lediglich, dass Sie es sich zur Gewohnheit machen, Ihre Aufmerksamkeit regelmäßig auf Erinnerungen zu richten, die Ihre Fähigkeit zu lieben und das Gefühl, geliebt zu werden, fördern.

Erinnern Sie sich also regelmäßig an Momente, in denen Ihr Herz sich gut fühlte und Ihr Geist frei war... Auf diese Weise dekonditionieren Sie die Überzeugung, dass Sie in Ihrer Vergangenheit stets unter mangelnder Liebe gelitten haben.

Sie sollten sich natürlich auch regelmäßig Zeit dafür nehmen, sich ganz von der Vergangenheit zu lösen und sich auf gute Gefühle einzuschwingen, die Sie im gegenwärtigen Moment finden. Die wirksamste Kraft zur Dekonditionierung ist immer die Erfahrung, die Sie gerade *jetzt* machen. Lassen Sie alle Erwartungen außer Acht und begegnen Sie der Wirklichkeit so, wie sie sich Ihren Sinnen im Hier und Jetzt erschließt. Die folgende geführte Meditation wird Ihnen in den nächsten Tagen, Wochen und Monaten helfen, sich immer tiefer auf die Weisheit und Liebe einzulassen, die im Zentrum Ihres ruhigen Herzens lebendig sind.

Geführte Sitzung 4
Das Herz heilen

Wir haben uns in diesem Kapitel damit beschäftigt, welche positiven Kräfte Sie in Ihrem Herzen entdecken können, wenn Sie lernen, Ihren denkenden Geist zu beruhigen, und darauf hören, was die Weisheit des Herzens Ihnen zu sagen hat. Lassen Sie uns nun mit einer geführten Meditation enden, die Sie regelmäßig in Kontakt mit Ihrem Herzen bringt, die Ihnen hilft, alte Wunden zu heilen, und ein unaufhörlich wachsendes Gefühl der Liebe zu sich selbst und anderen gegenüber fördert.

Diese besondere Sitzung ist darauf angelegt, zirka einmal pro Woche für den Rest Ihres Lebens durchgeführt zu werden. Warum? Weil wir ständig mit emotionalen Wunden aus der Vergangenheit konfrontiert werden, Wunden, die wir verdrängt und vergraben haben (meistens von Kindheit an). Diese Wunden kommen nun an die Oberfläche, um angenommen, durchlebt und losgelassen zu werden. Ich praktiziere diesen Prozess seit 30 Jahren und achte jede Woche darauf, ob es irgendeinen emotionalen Druck in mir gibt, der meine Aufmerksamkeit und Liebe fordert und den ich daraufhin loslassen kann.

Wenn wir den emotionalen Druck in uns regelmäßig erkennen, akzeptieren, loslassen und heilen, bleiben wir emotional gesund. Allerdings endet die Geschichte des Herzens nicht mit der Heilung alter emotionaler Wunden. Es ist essenziell, sich bei jeder Sitzung zur Heilung des Herzens zunächst zu öffnen und sich allen Wunden zu widmen, die unsere Aufmerksamkeit fordern. Danach ist es wichtig, einen Prozess zum Erwecken des Herzens durchzuführen, bei dem wir unsere Liebe zu uns selbst und zu anderen stärken und unsere Herzen dafür öffnen, im Einklang mit der größeren Liebe des Universums und allem, was es darüber hinaus gibt, zu schlagen. Auf diese Weise lernen wir, immer mehr in unserem Herzen zu verweilen, dem Zentrum unseres Seins.

Ich schlage vor, dass Sie den Ablauf der folgenden Sitzung einmal durchlesen, damit Sie ein Gefühl dafür bekommen, wohin sie Sie führt. Lernen Sie den Ablauf dann auswendig, damit Sie die Sitzung allein durchführen können. Vielleicht kann auch ein Freund oder eine Freundin Sie anleiten.

> Machen Sie es sich zunächst wie immer bequem. Vielleicht liegen Sie heute am liebsten auf dem Rücken ... atmen Sie ein paar Mal einfach ein und aus, um zu entspannen ... strecken Sie sich, wenn Sie möchten ... vielleicht gähnen Sie ... lassen Sie Ihren Atem ohne Anstrengung kommen und gehen ... lassen Sie Ihre Atmung stoppen, wann sie will ... und wieder einsetzen, wann sie will ...
>
> Beginnen Sie, die Luft wahrzunehmen, die durch Ihre Nase oder Ihren Mund ein- und ausströmt, während Sie atmen ... schwingen Sie sich auf alles ein, was Sie wahrnehmen ... in Ihrer Nase ... in Ihrer Brust und Ihrem Bauch ... werden Sie sich Ihrer Füße bewusst ... Ihrer Hände ... Ihres Kopfes ... Ihrer Haut, die Ihren ganzen Körper bedeckt ... hören Sie auf die Geräusche in Ihrer Umgebung ...
>
> Richten Sie Ihr Bewusstsein sanft auf Ihr Herz, das inmitten Ihrer Atmung schlägt ... akzeptieren Sie alle Gefühle, die Sie in diesem Moment in Ihrem Herzen finden, akzeptieren Sie es auch, wenn Sie keine Gefühle vorfinden ... atmen Sie durch Ihren Mund, wenn Sie irgendeinen emotionalen Druck verspüren ... lassen Sie Ihre Gefühle zu ... akzeptieren Sie sie ... lieben Sie sie, egal, was es für Gefühle sind ... und lassen Sie sie fließen ...
>
> Achten Sie darauf, ob Sie irgendwelche Emotionen in sich haben, die eine bestimmte Person betreffen ... denken Sie an die Erinnerungen, die mit dieser Person verbunden sind ... durchleben Sie die Erinnerungen, die Ihnen in den Sinn kommen ... und stellen Sie sich nun vor, dass diese Person genau vor Ihnen steht ... fahren Sie nun fort, sagen Sie, was Sie diesem Menschen sagen möchten, um Ihre Emotionen ihm gegenüber auszudrücken ... halten Sie sich nicht zurück, seien Sie ehrlich ... reden Sie es sich von der Seele ...
>
> Lassen Sie nun diesen Menschen zu Ihnen sprechen, darüber, wie er über Sie und Ihre Gefühle denkt ... lassen Sie ihn sagen, was er zu

sagen hat, hören Sie zu, ohne ihn zu verurteilen ... nehmen Sie ihn an ... nun können Sie wieder zu ihm sprechen und ihm ehrlich sagen, was Sie auf dem Herzen haben ... öffnen Sie sich und reden Sie es sich von der Seele ... und wenn Sie können, beginnen Sie zu akzeptieren, was Ihnen in der Vergangenheit widerfahren ist ... vergeben Sie ... akzeptieren Sie die Vergangenheit ... und lassen Sie sie los ...

Wenn Sie das getan haben, entspannen Sie sich ... bleiben Sie bei Ihren Gefühlen, während Sie ruhiger werden ... entspannen Sie Ihre Gesichtsmuskeln ... entspannen Sie Ihren Kiefer ... Ihre Zunge ... und lassen Sie Ihre Emotionen in Ihrem Herzen entspannen ... schwingen Sie sich auf die Geräusche in Ihrer Umgebung ein ... auf das Gefühl Ihres Atems, der kommt ... und geht ...

Leiten Sie Ihre Aufmerksamkeit nun sanft auf Ihr Herz ... das sich inmitten Ihrer Atmung befindet ... und beobachten Sie, wie Sie sich in Ihrem Herzen fühlen, wenn Sie ein paar Mal zu sich selbst sagen: »Ich akzeptiere mich, genau so wie ich bin ...«

Sagen Sie nun den folgenden Satz ein paar Mal zu sich selbst und beobachten Sie, wie es sich in Ihrem Herzen anfühlt ... »Ich öffne mein Herz und liebe mich ...«

Atmen Sie ... ohne Anstrengung ... seien Sie nur hier ... Ihr Geist ist ruhig ... Ihre Gefühle sind ruhig ... Ihr Herz ist offen ... offen zu lieben ... lassen Sie Ihr Herz heil werden ... lassen Sie die Liebe hineinfließen ... lassen Sie zu, dass Ihr Herz sich in diesem Moment gut in Ihrer Brust fühlt ...

Wenn Sie die Meditation beendet haben, können Sie sich ein bisschen strecken ... vielleicht gähnen Sie ... beenden Sie diese Sitzung in aller Ruhe und mit einem offenen Herzen sich selbst und anderen gegenüber ... widmen Sie sich wieder Ihren täglichen Angelegenheiten und verbreiten Sie das Gefühl des Angenommenseins ... Vertrauen ... und Liebe ...

Halten Sie inne & erleben Sie

Teil zwei
Das befreite Leben – Mind-Management im Alltag

Das Einzige, was zählt, ist der Augenblick.
Das ganze Leben eines Menschen
ist eine Abfolge von Augenblicken.
Wenn jemand die Bedeutung der Gegenwart versteht,
dann gibt es für ihn nichts anderes mehr
und keine anderen Ziele.
Widme deshalb dein Leben der Gegenwart.

HAGAKURE
Der Weg des Samurai

Kapitel 5
Allein, aber nicht einsam

Wir haben nun die Grundlagen des geistigen Trainingsprogramms intensiv kennen gelernt und können uns bei den folgenden kürzeren und weniger anstrengenden Ausführungen entspannen. Wir werden erkunden, wie sich das Gelernte auf bestimmte Situationen anwenden lässt, in denen ein ruhiger Geist höchst segensreich sein kann.

In diesem Kapitel werden wir darüber nachdenken, auf welche Weise wir neue Lebendigkeit gewinnen können, wenn wir allein sind, anstatt uns einsam zu fühlen oder uns in Gedanken zu verlieren, die uns deprimieren.

Unsere Persönlichkeit hat zwei Seiten: Auf der einen Seite sind wir soziale Wesen, auf der anderen Seite sind wir Individuen. Wenn wir mit einem anderen Menschen oder mit einer Gruppe zusammen sind, tauschen wir uns meistens verbal aus. Wir denken nicht nur innerhalb unseres eigenen Geistes, sondern bauen mit unserem ganzen Körper, unseren Bewegungen und unserer Stimme einen Kontakt zu den anderen Menschen auf.

Zwischen Denken und Sprechen besteht ein großer Unterschied. Wenn wir mit jemandem sprechen, kommen die Gedanken aus einer anderen Quelle, als wenn wir allein über etwas nachdenken. Das Sprechen ist eine gegenwartsbezogene Erfahrung, bei der wir uns unserer Körperhaltung, unserer Gestik und vor allem unserer Zunge und Lunge bewusst sind, da wir Luft ausstoßen und unsere Stimmbänder zum Schwingen bringen, um Laute zu erzeugen, die unsere Vorstellungen und Gefühle ausdrücken.

Daher ist unser Denken beim Sprechen in der Regel spontaner. Wir überraschen uns sogar häufig selbst durch das, was wir sagen – die Inspiration überkommt uns während des Sprechens, wir zapfen unerwartet eine Quelle der Weisheit und des Verständnisses an, die im gegenwärtigen Moment greifbar wird.

Wir sind uns zudem unseres Herzens stärker bewusst und haben somit einen Zugang zu unseren tieferen Gefühlen, während wir der äußeren Welt unsere Ideen mitteilen. Wir werden diesen sozialen Aspekt des Denkens in den kommenden beiden Kapiteln noch näher betrachten.

Am meisten denken wir allerdings nicht beim Sprechen, sondern wenn wir allein sind. Ob wir nur ein paar Augenblicke allein gelassen werden oder tagelang allein sind, diese Erfahrung geht häufig damit einher, dass wir uns in unseren denkenden Geist zurückziehen und uns des gegenwärtigen Moments und unseres Körpers nicht mehr bewusst sind.

Wie wir unseren Geist beim Alleinsein steuern, hat einen großen Einfluss darauf, ob wir Erfüllung im Leben finden oder leiden. Ich möchte Ihnen eine konkrete Methode vorstellen, mit der Sie die Gewohnheiten Ihres Geistes beim Alleinsein erkennen können. Falls Sie feststellen, dass diese Gewohnheiten Ihnen nicht gut tun, können Sie sie verändern.

Wie Sie bereits erfahren haben, ist der Schlüssel zur erfolgreichen Steuerung des Geistes die Beobachtung Ihrer gegenwärtigen geistigen Gewohnheiten. Was tun Sie, wenn Sie Zeit allein verbringen? Im Folgenden finden Sie eine Liste, die Ihnen hilft, diese Frage zu beantworten. Gehen Sie die Liste durch und überlegen Sie, welche Antwort jeweils zutrifft.

Wie fühlen Sie sich, wenn Sie allein sind?

Die folgende Liste enthält Dinge, die Sie möglicherweise tun, und Emotionen, die Sie vielleicht haben, wenn Sie allein sind. Ich empfehle Ihnen, diese Liste die nächsten ein bis zwei Monate einmal pro Woche durchzugehen. Auf diese Weise können Sie beobachten, ob sich Ihre Gewohnheiten verändern. Durch diesen Prozess wird Ihnen auch bewusster, wie Sie Ihre Zeit allein verbringen. Bitte beachten Sie, dass zur Zeit des Alleinseins auch die Momente gehören, in denen Sie mit jemandem zusammen sind, aber keine Verbindung zu ihm aufbauen.

Wenn ich allein bin, sehe ich fern ...
... sehr oft ... häufig ... manchmal ... selten ... fast nie ...

Wenn ich allein bin, lese ich ...
... sehr oft ... häufig ... manchmal ... selten ... fast nie ...

Wenn ich allein bin, treibe ich Sport ...
... sehr oft ... häufig ... manchmal ... selten ... fast nie ...

Wenn ich allein bin, esse ich ...
... sehr oft ... häufig ... manchmal ... selten ... fast nie ...

Wenn ich allein bin, gehe ich spazieren, fahre Fahrrad
oder mache etwas Ähnliches ...
... sehr oft ... häufig ... manchmal ... selten ... fast nie ...

Wenn ich allein bin, faulenze ich oder schlafe ...
... sehr oft ... häufig ... manchmal ... selten ... fast nie ...

Wenn ich allein bin, sitze ich am Computer ...
... sehr oft ... häufig ... manchmal ... selten ... fast nie ...

Wenn ich allein bin, sitze ich herum und denke nach ...
... sehr oft ... häufig ... manchmal ... selten ... fast nie ...

Wenn ich allein bin, mache ich mir Sorgen über Dinge ...
... sehr oft ... häufig ... manchmal ... selten ... fast nie ...

Wenn ich allein bin, träume ich von der Zukunft ...
... sehr oft ... häufig ... manchmal ... selten ... fast nie ...

Wenn ich allein bin, erinnere ich mich an die Vergangenheit ...
... sehr oft ... häufig ... manchmal ... selten ... fast nie ...

*Wenn ich allein bin, schwinge ich mich
auf den gegenwärtigen Moment ein ...*
... sehr oft ... häufig ... manchmal ... selten ... fast nie ...

Wenn ich allein bin, meditiere ich oder übe mich in Kontemplation ...
... sehr oft ... häufig ... manchmal ... selten ... fast nie ...

Wenn ich allein bin, fühle ich mich zufrieden und glücklich ...
... sehr oft ... häufig ... manchmal ... selten ... fast nie ...

Wenn ich allein bin, fühle ich mich einsam und traurig ...
... sehr oft ... häufig ... manchmal ... selten ... fast nie ...

Wenn ich allein bin, werde ich unruhig und bin frustriert ...
... sehr oft ... häufig ... manchmal ... selten ... fast nie ...

Wenn ich allein bin, denke ich an Menschen, die mir fehlen ...
... sehr oft ... häufig ... manchmal ... selten ... fast nie ...

Wenn ich allein bin, mache ich spontan, was sich gerade so ergibt ...
... sehr oft ... häufig ... manchmal ... selten ... fast nie ...

*Wenn ich allein bin, falle ich in die gleichen alten, langweiligen
Gewohnheiten zurück ...*
... sehr oft ... häufig ... manchmal ... selten ... fast nie ...

*Wenn ich allein bin, werde ich kreativ und arbeite an Projekten,
die mir Spaß machen ...*
... sehr oft ... häufig ... manchmal ... selten ... fast nie ...

Wenn ich allein bin, sitze ich herum und langweile mich ...
... sehr oft ... häufig ... manchmal ... selten ... fast nie ...

*Wenn ich allein bin, stelle ich mir erotische Situationen vor
und errege mich selbst ...*
... sehr oft ... häufig ... manchmal ... selten ... fast nie ...

*Wenn ich allein bin, neige ich dazu, Alkohol zu trinken
oder andere Drogen zu nehmen ...*
... sehr oft ... häufig ... manchmal ... selten ... fast nie ...

Wenn ich allein bin, bin ich deprimiert ...
... sehr oft ... häufig ... manchmal ... selten ... fast nie ...

Wenn ich allein bin, fühle ich mich selig und strahle vor Glück ...
... sehr oft ... häufig ... manchmal ... selten ... fast nie ...

> Vielleicht sollten Sie die Liste jetzt noch einmal genauer durchgehen. Denken Sie daran, sich zunächst auf Ihre Atmung einzuschwingen ... auf Ihr Herz ... die Präsenz Ihres ganzen Körpers ... und in diesem entspannten, offenen Bewusstseinszustand lesen Sie eine Aussage nach der anderen und beobachten, welche Gedanken und Erkenntnisse Ihnen spontan in den Sinn kommen. Konzentrieren Sie Ihre Aufmerksamkeit jeweils auf eine Aussage und alles, was damit zusammenhängt.
>
> *Halten Sie inne & erleben Sie*

Alleinsein als Chance

Je nachdem, wie Sie auf die 25 Aussagen geantwortet haben und wie Sie Ihre Verhaltensmuster empfinden, die anhand der Liste ersichtlich geworden sind, können Sie beginnen, Ihren Geist und Ihr Verhalten gezielt zu steuern. Sie haben die Freiheit zu entscheiden, worauf Sie Ihre Aufmerksamkeit in jedem einzelnen Moment Ihres Alleinseins richten. Entweder Sie lassen sich von vergangenen Konditionierungen und Überzeugungen dirigieren, oder Sie treffen Ihre Entscheidungen mit Ihrem ganzen Wesen im Hier und Jetzt.

Vor einer Weile habe ich selbst einsam und zurückgezogen in Guatemala gelebt und dort ein Buch mit dem Titel *Die Kunst, allein zu sein* geschrieben. Es ist in der Tat eine Kunst, jeden neu entstehenden Moment so zu gestalten, dass er schön, anmutig, zielgerichtet, klar und bedeutungsvoll ist. Ihr gesamtes Leben ist ein sich beständig entwickelndes Kunstwerk, wenn Sie Ihrem Dasein auf diese kreative Weise begegnen. Und im Zentrum dieses Kunstwerks befindet sich Ihre einzigartige, sich stets vertiefende Beziehung zu Ihrem eigenen Selbst.

Wie ich bereits in *Die Kunst, allein zu sein* geschrieben habe, ist es eine der größten Herausforderungen im Leben, eine gesunde Beziehung zu sich selbst zu entwickeln. Und dieser Herausforderung begegnen wir bereits als Kinder. Warum haben so viele von uns Angst vor der Einsamkeit und versuchen um jeden Preis zu vermeiden, ohne Ablenkung mit sich allein zu sein? Weil wir aufgrund unserer negativen Selbstbilder befürchten, mit Aspekten unseres Selbst konfrontiert zu werden, die wir ablehnen oder gar verachten. Wir haben Angst davor zu leiden.

Wenn Sie feststellen, dass Sie Begegnungen mit sich selbst vermeiden, ist es an der Zeit, diese Gewohnheit genauer zu betrachten und zu lernen, jeden Moment des Alleinseins zu genießen und als Chance zu sehen, Zeit mit sich selbst zu verbringen – mit Ihrem besten Freund auf der Welt! Die vorherigen Kapitel haben Ihnen das Handwerkszeug geliefert, das Sie benötigen, um Ihre Einstellung sich selbst gegenüber zu verändern, falls sie negativ geprägt ist. Und es gibt keinen besseren Weg, sich über Ihre Einstellung klar zu werden, als Zeit allein zu verbringen, Zeit, die nicht verplant ist, und zu beobachten, welche Beziehung Sie zu sich selbst haben – ohne Ablenkungen, die Sie von einer direkten Begegnung mit Ihrem Selbst abhalten könnten.

Sind Sie selbst Ihr bester Freund?

Die folgenden kurzen Fragen können Ihnen dabei helfen zu erkennen, welches Selbstbild Sie haben und wie Sie das Alleinsein empfinden:

1. Mögen Sie sich?
2. Genießen Sie es, Zeit mit sich selbst zu verbringen?
3. Haben Sie ein gutes Gefühl sich selbst gegenüber?

4. Freuen Sie sich darauf, Zeit allein zu verbringen?
5. Akzeptieren Sie sich, so wie Sie sind?
6. Finden Sie im Innersten, dass Sie ein wertvoller Mensch sind?

7. Lieben Sie sich selbst?
8. Ist Ihre Beziehung zu sich selbst leidenschaftlich?
9. Fühlen Sie sich wohl in Ihrer Haut? In Ihrem Körper?

10. Gefällt es Ihnen, nur mit sich »zu sein«, wenn Sie alleine sind?
11. Hätten Sie sich selbst gegenüber lieber ein positiveres Gefühl?
12. Was würde geschehen, wenn Sie sich akzeptieren würden, so wie Sie sind?

> Lesen Sie diese Fragen nun noch einmal. Nehmen Sie Ihre Atmung bewusst wahr ... Ihr Herz ... Ihren ganzen Körper ... und lassen Sie spontane Erkenntnisse zu, während Sie über jede Frage nachdenken ...
>
> *Halten Sie inne & erleben Sie*

Seien Sie sich selbst der beste Freund

Wir alle fühlen uns manchmal einsam, egal, ob wir allein oder mit anderen Menschen leben. Therapeuten stellen immer wieder fest, dass es auch Menschen so geht, die viel Liebe bekommen. Warum leiden wir so stark unter Einsamkeit, dass wir manchmal zutiefst verzweifelt sind und Depressionen bekommen, obwohl wir von Menschen umgeben sind, denen wir etwas bedeuten?

Die Antwort liegt auf der Hand, wird aber häufig nicht zur Kenntnis genommen: Wenn wir keine gute Beziehung zu uns selbst haben, wenn wir uns ablehnen und verurteilen, dann fühlen wir uns hoffnungslos von dem einen Menschen getrennt, nach dessen Nähe wir uns so stark sehnen – uns selbst. Was können wir also tun? Häufig flüchten wir vor der Leere in unserem Herzen und suchen in der Gesellschaft anderer Menschen oder in einer Beziehung unser Heil, nur um geliebt zu werden – auch wenn wir uns selbst nicht lieben. Das ist die vorherrschende Fluchttendenz von Menschen, die einsam sind: Sie sind ständig beschäftigt – in der Arbeit, in der Kirche, beim Sport oder mit der Familie. Aber trotzdem können sie nie ganz dem Gefühl der Leere in ihrem Herzen entfliehen.

Einige Menschen versuchen ihrer Einsamkeit zu entkommen, indem sie ein Helfersyndrom entwickeln. Auf der Suche nach Liebe kümmern sie sich ständig um andere und bemühen sich, der Menschheit zu dienen. Andere wiederum stürzen sich von einer Liebesaffäre in die nächste. Sie sind sicher, dass sie eines Tages jemanden finden werden, der auf wundersame Weise durch die Kraft der Liebe ihr Herz heilen und sie von der ständigen quälenden Einsamkeit erlösen wird ...

Es funktioniert nie! Wenn wir uns nicht lieben, annehmen und selbst unser bester Freund sind, hindern wir uns daran, liebenswert zu sein. Daher gelingt es uns nicht, erfüllende Beziehungen aufzubauen. Betrachten Sie es einmal folgendermaßen: Wenn wir selbst uns nicht mögen, wie soll es dann irgendeinem anderen Menschen möglich sein, uns zu mögen? Wenn keine Liebe in uns lebt, dann gibt es eigentlich nichts, wofür uns ein anderer Mensch lieben könnte. Wir hindern uns selbst daran, liebenswert zu sein, und dann beklagen wir uns, dass wir einsam sind und keiner uns liebt ... Das ist nicht gerade logisch.

Wenn wir das Alleinsein genießen möchten, ohne uns einsam zu fühlen, wenn wir die Einsamkeit überwinden und erfüllte Beziehungen aufbauen möchten, dann müssen wir zunächst die Liebe zu uns selbst fördern. Das gelingt uns nicht in Gesellschaft mit anderen Menschen. Am besten gelingt es uns, wenn wir Zeit allein verbringen und uns von den negativen Selbsturteilen aus der Vergangenheit lösen und unser Herz für uns selbst öffnen.

Wie bauen Sie nun eine positive Beziehung zu sich selbst auf? Im zweiten Kapitel haben Sie erfahren, wie Sie wertende Gedanken erkennen können, die Sie daran hindern, sich selbst zu lieben. Dieses Kapitel geht noch darüber hinaus; es zeigt, auf welche Weise das Alleinsein Ihr bester Freund werden und Ihnen helfen kann, den Weg zur Selbstliebe zu finden.

Wir wollen insbesondere untersuchen, wo und wie persönliches Wachstum stattfindet, damit Sie sich bewusst dafür entscheiden können, in dieser Richtung weiterzuarbeiten. Für Ihr persönliches Wachstum benötigen Sie die Zeit und den Raum, um nachzudenken, um zu beobachten, um an Ihren eigenen Verhaltensmustern und kognitiven Gewohnheiten zu arbeiten, damit diese sich so entwickeln, wie Sie es möchten. Daher ist das Alleinsein eine wesentliche Voraussetzung für persönliches Wachstum. Und das ist auch der Grund, warum Menschen, die es vermeiden, mit sich selbst allein zu sein, oberflächlich sowie emotional und geistig festgefahren auf uns wirken. Wir müssen uns regelmäßig zurückziehen und uns Zeit für unsere Beziehung zu uns selbst nehmen, wenn diese Beziehung wachsen soll.

Lassen Sie uns nun überlegen, welche Möglichkeiten Sie haben, wenn Sie allein sind. Sehen wir uns die einzelnen Punkte der obigen Liste dazu erneut an:

Wenn Sie fernsehen ... ist das eine Beschäftigung, die zur Selbstreflexion führt, oder vermeiden Sie damit, sich selbst gegenüberzutreten und an sich zu arbeiten? In den meisten Fällen ist das Fernsehen eine Vermeidungsstrategie. Sie sollten daher jedes Mal, wenn Sie sich vor den Fernseher setzen, daran denken, dass Sie die Wahl haben, etwas zu tun, das Ihre Beziehung zu sich selbst fördert.

Wenn Sie lesen ... ist das eine Flucht, oder fördern Sie damit die Freundschaft zu sich selbst? Es kann beides sein. Es hängt von dem jeweiligen Buch ab und davon, wie Sie es lesen. Manche Bücher – dieses gehört hoffentlich dazu – sind darauf ausgerichtet, Ihnen Raum zu geben, um nachzudenken und zu wachsen. Sie haben die Wahl, ob Sie lesen, um zu flüchten oder um sich selbst zu begegnen. Jedes Mal, wenn Sie ein Buch zur Hand nehmen, sollten Sie über die Wahl, die Sie treffen, nachdenken.

Wenn Sie Sport treiben ... ist das eine Zeit des Wachstums oder eine Zeit der Vermeidung? Den Körper zu bewegen und das Herz kräftig in Schwung zu bringen, ist unserem Ziel sicherlich dienlich – vor allem weil es sich um einen Zeitvertreib handelt, bei dem Körper und Geist ganz im gegenwärtigen Moment sind. Allerdings begeben sich manche Menschen durch extreme körperliche Anstrengung in einen Trancezustand und meiden somit ihre Emotionen. Es ist immer wichtig, sich zu fragen: Nutze ich den Sport, um vor meinen Gefühlen davonzulaufen?

Wie sieht es mit dem Essen aus? Natürlich müssen wir essen, und das Ritual, etwas zu essen und einen gesunden Appetit zu befriedigen, kann erfüllend sein. Allerdings versuchen Menschen, die zu viel essen, den einen Hunger (nach Selbstliebe) mit einem anderen (dem Bedürfnis nach Nahrung) zu stillen. Es gibt einen Heißhunger, der nicht auf einem tatsächlichen Bedürfnis nach Nahrung beruht. In diesem Fall ist es an der Zeit, sich hinzusetzen, in sein Inneres zu sehen und herauszufinden, welche Annahmen und Überzeugungen mit dem Gedanken verknüpft sind: »Ich muss etwas essen, um mich gut zu fühlen.« Trifft das auf Sie zu? Was brauchen Sie wirklich, wonach sehnen Sie sich?

Spazieren gehen, Fahrrad fahren und ähnliche Dinge sind häufig äußerst lohnende Erfahrungen, da man durch Bewegung in der Regel Gedanken beruhigt und ein Bewusstsein für den gegenwärtigen Moment erweckt. Ich weiß nicht, was ich ohne einen mindestens halbstündigen täglichen strammen Spaziergang tun würde. Während ich durch die Natur laufe, erreiche ich einen einzigartigen Bewusstseinszustand, und die Erkenntnisse, die ich habe, wenn ich eine Weile, ohne zu grübeln, spazieren gegangen bin, sind unschätzbar. Darüber hinaus ist es eine Uraktivität des Menschen, hinauszugehen und zu laufen, und wenn wir es regelmäßig tun, bekommen wir wieder einen Bezug dazu, wer wir wirklich sind.

Was ist, wenn wir einfach faulenzen und nichts tun oder in den Schlaf sinken? Wenn wir dem zu sehr nachgeben, kann das zwar eine Vermeidungstaktik sein, aber es spricht viel dafür, regelmäßig kürzere Phasen des Faulenzens und Nichtstuns einzulegen. Ich empfehle Ihnen, jeden Tag mindestens eine halbe Stunde faul zu sein und zu dösen. Als wir noch sehr jung waren, haben wir viel ohne Plan gefaulenzt. Einfach im Moment zu »sein«, ohne an die Zukunft oder die Vergangenheit zu denken, ist eines der schönsten Geschenke, die wir uns machen können, wenn wir selbst unser bester Freund sein wollen... Darüber hinaus ist es unglaublich erholsam, wenn wir uns ein oder zwei Mal am Tag gestatten, einfach loszulassen und in einen kurzen Schlaf abzudriften – zudem kommen uns dabei manchmal erstaunliche Erkenntnisse...

Tut es uns gut, wenn wir *Zeit am Computer verbringen*? Meine Kollegen und ich haben uns bemüht, Online-Programme zu entwickeln, die der Seele gut tun, und es gibt keinen Grund, warum der Computer sich nicht für das persönliche Wachstum und wertvolle Erfahrungen einsetzen lassen sollte. Wir sollten allerdings beobachten, in welchem Bewusstseinszustand wir uns befinden, während wir am Computer sitzen. Wenn wir uns nur die Zeit vertreiben und uns selbst aus dem Weg gehen, sollten wir ihn ausschalten. Wenn wir uns in Richtungen führen lassen, die wertvolle innere Erfahrungen mit sich bringen, dann ist es wunderbar. Dann dient die Technologie dem Geist, so wie es sein sollte...

Wie sieht es mit Zeiten der Reflexion aus? Natürlich verbringen wir viel Zeit mit Grübeln... Wir denken über unser Leben nach, versuchen, bessere Strategien für unsere nächsten Schritte zu entwickeln und zu ergründen, wie unser Leben läuft. Wenn wir das Denken nutzen, um Erfahrungen zu verarbeiten und sinnvolle Ideen und Strategien zu entwickeln, ist das großartig. Allerdings trennt uns das Denken häufig von unseren Emotionen und dem positiven Gefühl in unserem Herzen uns selbst gegenüber. Wenn

Sie feststellen, dass Sie nachdenken, sollten Sie den Inhalt Ihrer Gedanken beobachten und regelmäßig alle Gedanken beruhigen, damit Sie häufiger in einen herzorientierten Seinszustand kommen.

Sich beim Alleinsein Sorgen zu machen... ist möglicherweise die häufigste Beschäftigung. Sie dient nur selten einem positiven Ziel. Das dritte Kapitel zeigt, auf welche Weise sich sorgenerfüllte Gedanken beruhigen lassen. Man kann sich beim Alleinsein stundenlang in angsterfüllten Fantasien verlieren... Das Ergebnis ist ein schreckliches Gefühl im Körper und im Herzen. Zudem verwirren Sorgen den Geist. Wenn Sie alleine sind und beginnen, sich Sorgen zu machen, sollten Sie diese Sorgen beruhigen oder sie aktiv angehen, damit Sie nicht an angsterfüllten Gefühlen und Gedanken haften bleiben.

Und was ist mit Zukunftsfantasien? Wir neigen alle dazu, davon zu träumen, wie sich unsere Zukunft möglicherweise entwickeln wird. Grundsätzlich ist nichts verkehrt daran. Solange wir uns nicht vorstellen, dass uns etwas Schreckliches widerfährt, können unsere Vorstellungen uns ein gutes Gefühl geben. Wir entwickeln vielleicht sogar einige konkrete Ideen, wie wir bestimmte Dinge erreichen können. Allerdings besteht beim Tagträumen die Gefahr, dass wir die Gefühle in unserem Herzen meiden. Es wird uns nicht von unserer Einsamkeit befreien, wenn wir uns ständig die Zukunft ausmalen, um unsere Einsamkeit zu vertreiben. Es ist wichtig, regelmäßig Zeit im gegenwärtigen Moment zu verbringen und dem zu begegnen, was wir dort finden, anstatt uns zu sehr in der Zukunft zu verlieren.

Das Gleiche gilt für *Erinnerungen an vergangene Erfahrungen*. Bis zu einem gewissen Grad über die Vergangenheit nachzudenken ist unabdingbar. Wir müssen das, was uns widerfährt, ständig in unser Leben integrieren. Wenn wir uns aber regelmäßig in Erinnerungen verlieren, führt das nicht zu einem persönlichen Wachstum im gegenwärtigen Moment – selbst wenn wir uns glücklich und zufrieden fühlen, weil wir uns an gute Zeiten erinnern. Wenn Sie feststellen, dass Sie sich zu sehr auf die Vergangenheit konzentrieren, ist es an der Zeit, Ihren Geist auf den gegenwärtigen Moment auszurichten, in dem Sie Erkenntnisse und Heilung fördern können. Und wenn Sie beobachten, dass Sie oft in Erinnerungen an negative Dinge, die Ihnen widerfahren sind, verweilen, sollten Sie unbedingt damit aufhören, sonst quälen Sie sich, und so geht man nicht mit seinem besten Freund um.

Wenn Sie sich häufig *auf den gegenwärtigen Moment einschwingen*, sich entspannen und sich bewusst sind, was in Ihrer Umgebung und in Ihrem Innern geschieht, wenn Sie einfach das Gefühl genießen, am Leben zu sein – großartig! Sie optimieren Ihre Chancen, sich selbst so zu lieben, wie Sie sind. Sie lernen sich selbst kennen, wenn Sie einfach »sind«, anstatt immer etwas zu »tun«... Sie fördern den offenen Zustand der freien Entfaltung im gegenwärtigen Moment und schaffen eine Verbindung zu Ihrem tieferen Selbst, das Sie kennen, seit Sie ein Kind waren. Sie werden dem inneren Kind gerecht, das immer noch in Ihnen lebt und das weiß, wie Sie auf den tiefsten Ebenen Ihr bester Freund sein können.

Zeit mit Meditation oder Kontemplation zu verbringen, ist – wenn Sie dabei im gegenwärtigen Moment bleiben und nicht in einen tranceartigen Zustand verfallen – ein optimaler Weg, um sich selbst zu akzeptieren und zu verstehen. Bei der Meditation schwingen Sie sich auf den Moment ein und erlauben Ihrem Bewusstsein, sich unendlich auszudehnen. Dabei erhalten Sie einen Zugang zu Ihrem höheren Selbst, und Liebe strömt in Ihr Herz, so dass Ihr Gefühl der Zugehörigkeit zu einem größeren Ganzen jegliche Einsamkeit vertreibt.

Wenn Sie immer wieder feststellen, dass Sie sich beim Alleinsein *zufrieden und glücklich* fühlen und Ihre Gedanken und Ihr Geist ruhig sind, können Sie dieses Buch einem Freund oder einer Freundin schenken – Sie brauchen es nicht mehr! Wenn Sie aber häufig traurig sind, ist es an der Zeit, sich mit Hilfe dieses Buches ernsthaft an die Arbeit zu machen, damit Sie erkennen, welche Gedanken Ihnen regelmäßig durch den Kopf gehen und ein Gefühl der Traurigkeit in Ihrem Herzen erzeugen. Denken Sie nicht, dass es Ihr Schicksal ist, sich schlecht zu fühlen! Tun Sie etwas – so lange bis Ihr Herz wieder fröhlich ist!

Unruhe und Frustration sind Emotionen, die uns häufig zu schaffen machen, wenn wir allein sind. Manchmal haben wir das Gefühl, nicht stillsitzen zu können, ständig getrieben zu sein und keine innere Ruhe zu finden. Manchmal sehnen wir uns nach etwas und sind frustriert, weil wir nicht wissen, was es ist oder wie wir es bekommen können. Wenn Sie dieses Gefühl haben, ist es Zeit, wieder an die Arbeit zu gehen, da diese Emotionen auf Überzeugungen hindeuten, die Sie ganz durcheinander bringen. Die Unruhe wird höchstwahrscheinlich durch Ihren Hunger nach Liebe und die Sehnsucht, sich selbst anzunehmen, verursacht. Aber Sie haben Angst davor, den Prozess durchzumachen, um zu bekommen, wonach Sie sich sehnen. Also werden Sie noch wütender auf sich selbst als vorher. Es ist ein Teufelskreis! Sie können nur erfolgreich mit Ihrer Frustration und inneren Unruhe umgehen, wenn Sie nach innen sehen, beobachten, wodurch Ihre Gefühle hervorgerufen werden, und die Überzeugungen und Einstellungen, die Sie vorfinden, hinterfragen (siehe dazu auch Kapitel 2 und 3).

Wenn Sie häufig *an Menschen denken, die Sie vermissen*, sollten Sie darauf achten, sich nicht zu sehr in der Vergangenheit zu verlieren. In der Gegenwart können Sie Beziehungen aufbauen, die Ihnen *jetzt* gut tun – einschließlich der Beziehung zu sich selbst. Wenn Sie sich nach vergangenen Tagen sehnen, kann es sein, dass Sie es deshalb tun, weil Sie damals sich selbst gegenüber ein gutes Gefühl hatten. Es ist an der Zeit, dass Sie sich wieder so fühlen – nicht indem Sie Ihre Erinnerungen aktivieren, sondern indem Sie Ihr Herz im gegenwärtigen Moment öffnen, es heilen lassen und wieder lieben. Das vierte Kapitel bietet den Schlüssel für diesen Prozess.

Dann ist da noch die *Langeweile*. Die meisten Menschen, die nicht gerne allein sind, haben die Angewohnheit, ihre Aufmerksamkeit auf Dinge zu lenken, die sie als langweilig empfinden. Sie denken, das Leben selbst sei langweilig – aber in Wirklichkeit ist das einzig Langweilige in ihrem Leben, dass sie es ständig meiden. Wenn Ihnen langweilig ist, müssen Sie lediglich Ihre Aufmerksamkeit auf den gegenwärtigen Moment richten und spontan auf das reagieren, was als Nächstes geschieht, in Ihrem Inneren oder in der äußeren Welt. Langeweile wird besonders durch rigide Ansichten hervorgerufen, die Ihnen sagen, was Sie tun oder nicht tun sollten. Wenn Sie sich davon befreien, indem Sie sich auf den Moment einlassen, eröffnet sich Ihnen das gesamte Universum. Ihre Kreativität kommt zum Zug, weil Sie auf einen spielerischen Modus umschalten. Kleinen Kindern wird nicht langweilig. Warum? Sie leben im gegenwärtigen Moment. Wir können das auch – wenn wir nur auf unser Herz hören und uns befreien, um das zu tun, was wir tun möchten. Dann entfaltet sich das Leben, kreative Projekte ergeben sich, und unser Herz wird wieder fröhlich ...

Okay, es ist Zeit für *die erotische Seite des Lebens* ... und die Tatsache, dass wir in der Lage sind, uns körperlich selbst ein gutes Gefühl zu geben. Wir wurden alle darauf konditioniert zu denken, dass es schlecht ist, uns in der Öffentlichkeit ein gutes Gefühl zu verschaffen, und vielleicht sind solche gesellschaftlichen Einschränkungen auch in Ordnung. Aber wenn wir allein sind, sollte es dann irgendwelche Einschränkungen geben, die unser Verlangen, uns ein gutes Gefühl zu verschaffen, hemmen? Viele Menschen befriedigen sich selbst, wenn sie allein sind, und fühlen sich danach schuldig oder schlecht. Ihre Überzeugungen sind die Quelle der negativen Gefühle. Sind diese Überzeugungen richtig? Sie sollten sie hinterfragen und verwerfen, wenn sie Ihnen nicht dienlich sind. Andererseits kann die Selbstbefriedigung auch eine Vermeidung anderer Gefühle sein. Die Sehnsucht, mit einem anderen Menschen zu schlafen, ein natürliches erotisches Vergnügen sowie die Erlösung beim Orgasmus miteinander zu erleben, ist normal. Wir möchten unsere Einsamkeit hinter uns lassen und einen Menschen finden, mit dem wir unsere sexuellen Gefühle teilen können. Erinnern Sie sich aber daran, dass wir zuerst uns selbst lieben müssen, um einen anderen Menschen an unserer Liebe teilhaben zu lassen, und dass wir zuerst die Liebe in unserem Herzen finden müssen, damit ein anderer uns lieben kann ...

Alkoholkonsum ist ein gängiger Weg, um die Begegnung mit sich selbst zu vermeiden, wenn man allein ist. Man trinkt ein paar Gläschen, und schon lässt man quälende Gedanken und Emotionen hinter sich. Ich möchte damit nicht sagen, dass es immer eine Flucht ist, wenn man Alkohol trinkt, oder dass eine solche Flucht nicht auch ihre Berechtigung hat und angenehm ist. Aber es ist wichtig zu beobachten, wie Sie den Alkohol nutzen, wenn Sie beim Alleinsein regelmäßig etwas trinken. Wäre es vielleicht besser, sich die Probleme anzusehen, um sie auf diese Weise zu überwinden? Auch die regelmäßige Verwendung von anderen Drogen, wie beispielsweise Marihuana, die es Ihnen ermöglichen, sich selbst aus dem Weg zu gehen, wird Sie langfristig nur von sich selbst entfernen.

Wir alle können unter *Depressionen* leiden, und fast jeder ist hin und wieder deprimiert. Am häufigsten geschieht das, wenn wir allein sind und nicht abgelenkt werden. Deprimiert zu sein ist immer ein Anzeichen dafür, dass etwas in unserem Inneren blockiert ist. Wir haben bereits gesehen, dass der Prozess zur Auflösung von Überzeugungen in der kognitiven Therapie gut funktioniert, um Depressionen zu reduzieren (siehe Seite 88 ff.). Selbst ohne eine spirituelle Dimension ist eine solche innere geistige Arbeit viel effektiver bei der Behandlung von Depressionen als irgendwelche Medikamente. Und sobald die innere Arbeit beendet ist, kehren die Depressionen in der Regel auch nicht wieder.

Wenn Sie mit diesen Programmen arbeiten, werden Sie bald feststellen, dass das stimmt. Wenn Sie mit Ihren negativen Überzeugungen und Annahmen arbeiten, befreien Sie sich wirklich.

Falls Sie feststellen, dass Sie beim Alleinsein häufig deprimiert sind, ist es an der Zeit, die zugrunde liegenden Gedanken, die dieses Gefühl verursachen, aktiv anzugehen – und die Ruhe und Freude zu genießen, die ein ruhiger annehmender Geist mit sich bringt. Wenn Ihnen das mit Hilfe der Programme in diesem Buch gelingt, ist das wunderbar. Falls nicht, rate ich Ihnen dringend, eine kognitive/spirituelle Therapie zu machen, damit Sie Ihre Depressionen in den Griff bekommen und sagen können: »Wenn ich allein bin, bin ich fröhlich und glücklich.«

Die Angst vor dem Verlassenwerden überwinden

Wir wollen das Gefühl der Einsamkeit nun direkt betrachten und untersuchen, welche Rolle sie in Ihrem Leben spielt. Dann werden wir uns damit beschäftigen, wie Sie sich aus ihrer Umklammerung befreien können. Das bedeutet allerdings nicht, dass man lediglich ein paar einfache Tricks anwenden muss, um die Einsamkeit loszuwerden. Aber Sie können innerhalb von ein paar Wochen viel erreichen, wenn Sie aktiv werden und nicht in Passivität verharren.

Es ist eine normale menschliche Reaktion, sich einsam zu fühlen, wenn wir einen geliebten Menschen verloren haben. Wir alle wünschen uns jemanden, der uns liebt und das Gefühl der Einsamkeit vertreibt. Schließlich sind wir soziale Wesen, und es ist ganz natürlich, dass wir uns nach Gesellschaft, sexueller Intimität und dem Gefühl der Zugehörigkeit zu einer Familie oder Gruppe sehnen. Die Einsamkeit wird nur dann zum Problem, wenn sie unser Leben über die normale Zeit, die man zur Bewältigung von Liebeskummer oder Verlust benötigt, hinaus dominiert. Wenn die Einsamkeit uns überwältigt, wenn wir depressiv werden und nicht mehr in der Lage sind, neue Kontakte zu knüpfen, die unsere sozialen und intimen Bedürfnisse befriedigen, ist es an der Zeit, die Ursache der Einsamkeit gezielt anzugehen.

Die Angst davor, verlassen zu werden, ist eine der tief verwurzelten Urängste, die uns alle packen können, wenn wir befürchten, aus dem »Stammeszirkel« ausgeschlossen zu sein. Sie ist eine infantile Angst, die durchaus sinnvoll ist, denn sie veranlasst uns dazu zu schreien, wenn wir befürchten, zurückgelassen zu werden. Zu Urzeiten hätte es mit größter Wahrscheinlichkeit den Tod bedeutet, als Kind allein zurückgelassen zu werden. Darüber hinaus kam in Stammesgesellschaften ein Ausschluss aus dem Stammeszirkel dem Tod gleich. Niemand konnte in der damaligen Zeit allein überleben.

Diese Angst sitzt uns heute noch tief in den Knochen. Wir befürchten vor allem, die Liebe unserer Mutter zu verlieren, da wir die ersten Jahre unseres Lebens in ihrer Obhut sind. Wenn sie uns verlassen hätte, wären wir gestorben. Aufgrund dieser tief verwurzelten Angst ist die Beziehung zu unserer Mutter entscheidend für unser Wohlbefinden im späteren Leben. Ich bin niemand, der Müttern die Schuld an den emotionalen Problemen ihrer Kinder gibt. Aber es ist eine Tatsache, dass wir auf der Amygdala-Ebene unseres Bewusstseins eine gewisse Angst vor dem Verlassenwerden mit uns herumtragen, wenn wir uns bei unserer Mutter nicht geborgen gefühlt haben, wenn ein gewisses Vertrauen gefehlt hat.

Wenn wir erwachsen werden, uns in einen anderen Menschen verlieben, ihm völlig vertrauen und ein großes Gefühl der Nähe zu ihm aufbauen, diese Verbindung zu ihm aber aus irgendeinem Grund verlieren, fühlen wir uns ebenso verlassen. Das ist auch der Fall, wenn unsere Mutter uns sehr geliebt hat und wir nie Angst davor hatten, verlassen zu werden. Deshalb ist Liebeskummer eine so intensive Erfahrung: Er löst Urängste bei uns aus.

Sobald wir verstanden haben, was in unserem Inneren geschieht, können wir beginnen, unsere Einstellungen und Überzeugungen zu hinterfragen und uns von ihnen zu lösen. Sollten Sie beispielsweise unter akutem Liebeskummer leiden, können Sie die Gedanken und Bilder erkennen, die Ihren Geist unterschwellig dominieren. Wenn Sie den Mut haben, der Einsamkeit direkt ins Auge zu blicken, stellen Sie fest, dass Sie an Gedanken wie den folgenden haften: »Ich schaffe es nicht allein.« »Ich kann nicht ohne ihn/sie leben.« Oder: »Es hat keinen Sinn, das überlebe ich nicht.« Zudem werden Sie auf Gedanken stoßen wie »Keiner liebt mich« oder »Mir gelingt nie etwas« und so weiter.

Die Wirkung all dieser halbbewussten Gedanken ist vorhersehbar. Ihr Herz und Ihr ganzer Körper werden leiden, sich schwach fühlen, keine Hoffnung haben, von akuter Angst und Kummer vereinnahmt sein und sogar befürchten, plötzlich angegriffen und vernichtet zu werden. Liebeskummer und Trauer sind schwer zu ertragen. Wir haben die natürliche Fähigkeit, Trauerarbeit zu leisten, die das Gefühl des Verlustes heilt, sofern wir keine negativen Einstellungen uns selbst gegenüber hegen. Wenn wir aber Programmierungen aus der Vergangenheit in uns tragen, wenn wir befürchten, verlassen zu werden und nicht liebenswert zu sein, werden wir weiterhin von Einsamkeit geplagt, selbst wenn wir einen neuen Partner oder Freund finden und nicht länger allein sind.

Wie wir anhand der obigen Liste gesehen haben, können Sie entweder versuchen, die Einsamkeit zu verdrängen und ihr gegenüber abzustumpfen, oder Sie können sie ein für alle Mal überwinden. Natürlich wird es weiterhin Situationen im Leben geben, in denen Sie sich für eine kurze Weile einsam fühlen werden, aber das Gefühl wird gehen, wie es gekommen ist. Nachfolgend finden Sie noch einmal zusammengefasst, was Sie tun können, um die Einsamkeit zu bewältigen.

1. Nehmen Sie sich regelmäßig Zeit, um allein zu sein, und *beobachten Sie ehrlich, welche Gedanken Ihren Geist dominieren*, wenn Sie sich einsam fühlen. Akzeptieren Sie diese Gedanken und die Gefühle, die sie hervorrufen.

2. Ermitteln Sie die Gedanken, die Ihrem Einsamkeitsgefühl zugrunde liegen (wenn Sie sie formulieren, achten Sie darauf, dass sie nicht länger als eine Zeile sind), und *setzen Sie den Prozess zur Auflösung von Überzeugungen ein*, den Sie bereits

gelernt haben (siehe Seite 88 ff.), um Ihre alten Einstellungen sich selbst und der Welt gegenüber im Licht der Vernunft zu betrachten.

3. *Entwickeln Sie neue Überzeugungen* in Bezug auf sich selbst und die Welt, die Ihre Fähigkeiten und Ihre Realität als erwachsener Mensch widerspiegeln. Meditieren Sie regelmäßig über diese neuen Einstellungen und ertappen Sie sich, wenn Ihr Geist in die alten Denkmuster zurückfällt.

4. *Bauen Sie eine liebevolle, wohltuende Beziehung zu sich selbst auf.* Hinterfragen Sie negative Selbstbilder, die Sie in sich tragen, und entwickeln Sie ein neues Selbstbild, das auf Liebe, Akzeptanz und der Realität im gegenwärtigen Moment aufbaut.

5. Entscheiden Sie sich bewusst dazu, Ihre Aufmerksamkeit weniger auf die Vergangenheit zu richten. *Lenken Sie Ihre Aufmerksamkeit auf den einzigartigen, sich entfaltenden gegenwärtigen Moment*, in dem Sie neue erfüllende Freundschaften schließen können.

6. *Schwingen Sie sich regelmäßig auf Ihr Herz ein* und leben Sie Ihr Leben bewusst mit einer Ausrichtung auf die Gefühle in Ihrem Herzen. Lassen Sie die Liebe zu sich selbst wie auch zu anderen Menschen fließen, so dass Sie sich als Teil der universellen Familie liebender Herzen empfinden – wo immer Sie auch sein mögen.

7. Wenn irgendein »schlechtes« Gefühl Sie überfällt, egal ob es Angst, Wut, Enttäuschung oder Einsamkeit ist, fassen Sie Mut und *gehen Sie das Gefühl an*. Akzeptieren Sie es im gegenwärtigen Moment, betrachten Sie es im Licht der Liebe und der Vernunft, beruhigen Sie die negativen Gedanken, die es hervorrufen, und geben Sie sich selbst der heilsamen Erfahrung des gegenwärtigen Moments hin.

Geführte Sitzung 5
Innere Ruhe und Freude beim Alleinsein

Im Folgenden stelle ich Ihnen eine angenehme Meditation vor, die Sie durchführen können, wenn Sie allein sind und sich für Ihre Gefühle im Augenblick öffnen wollen. Auf diese Weise erlangen Sie ein Gefühl innerer Ruhe und Freude ...

Nehmen Sie sich für die folgende Meditation etwa zehn Minuten Zeit ... machen Sie es sich bequem ... und lenken Sie Ihre Aufmerksamkeit auf Ihr gegenwärtiges Bewusstsein ... Was geschieht in Ihrem Inneren? ... Worauf ist Ihre Aufmerksamkeit gerichtet? ... Lassen Sie Ihre Gedanken, Gefühle und Wahrnehmungen einfach zu, beobachten Sie, wie sie durch Ihren Geist strömen, wie sie kommen und gehen ...

Entspannen Sie Ihren Unterkiefer ... entspannen Sie Ihre Zunge ... atmen Sie durch Ihren Mund ein und gähnen Sie, wenn Sie möchten ... strecken Sie Ihren ganzen Körper ... und entspannen Sie sich dann völlig ... schwingen Sie sich auf die Luft ein, die durch Ihre Nase oder Ihren Mund ein- und ausströmt ... auf die Bewegungen in Ihrer Brust und Ihrem Bauch, während Sie atmen ... und auf Ihr Herz, das inmitten Ihrer Atmung schlägt ...

Öffnen Sie sich nun, ohne zu bewerten, und spüren Sie, welche Gefühle in diesem Moment in Ihrem Herzen sind ... atmen Sie in diese Gefühle hinein ... akzeptieren Sie sie ... lieben Sie sie ... lassen Sie sie weicher werden ... und werden Sie ruhiger ... im Moment müssen Sie nirgendwohin ... Sie müssen nichts erledigen ... Sie können sich entspannen und einfach Zeit mit sich selbst verbringen ... beobachten Sie, wie Sie sich fühlen, wenn Sie zu sich sagen: »Es ist alles in Ordnung, so wie es im Moment ist.« ... Bleiben Sie sich Ihrer Atmung bewusst ... lassen Sie sie weicher werden und entspannen Sie sich ... atmen Sie ohne Anstrengung ... akzeptieren Sie die Welt, wie sie ist ... alles ist in Ordnung ... Sie können sich entspannen ... öffnen Sie Ihr Herz ... genießen Sie das Leben ...

Beobachten Sie, welche Gefühle entstehen, wenn Sie zu sich selbst sagen: »Ich bin in Ordnung, so wie ich im Moment bin.« ... Bleiben Sie sich Ihrer Atmung bewusst ... Ihres Herzens ... des Gefühls in Ihrem ganzen Körper ... und spüren Sie den positiven Energiestrom, der von Ihrem Herzen ausgeht, wenn Sie es öffnen ... Energie für sich selbst ... Sie müssen nirgendwohin ... nichts tun ... öffnen Sie sich den guten Gefühlen ... einfach sein ... genießen ...

Wenn Sie die Meditation beendet haben, können Sie auf Ihre Gefühle ausgerichtet bleiben ... und ohne gedanklich etwas vorwegzunehmen ... ohne Anstrengung ... lassen Sie sich spontan auf das freie spielerische Dasein ein, erkunden Sie einfach, welche Erfahrung jetzt auf Sie zukommt ...

Halten Sie inne & erleben Sie

Kapitel sechs
Beruflicher Erfolg

Im ersten Kapitel habe ich die unterschiedlichen Erlebnisse eines Geschäftsmanns dargestellt, der morgens aufwachte und dann zu einer wichtigen Präsentation fuhr (Richards Entscheidung, siehe Seite 30ff.). Im ersten Fall machte Richard sich Sorgen über die Zukunft, er war angespannt und konnte nicht abschalten, gegenüber seiner Frau und seinem Sohn war er verschlossen, und er reagierte aggressiv auf einen Kollegen. Seine Präsentation war insgesamt nicht erfolgreich, und sein Verhalten in der Familie war ebenfalls nicht befriedigend. Daher fühlte sich Richard deprimiert, überfordert und zornig, er war besorgt und alles andere als zuversichtlich.

Wir haben dann gesehen, wie der katastrophale Morgen hätte verlaufen können, wenn Richard die Techniken zur Steuerung des Geistes angewandt hätte, die in diesem Buch vermittelt werden. In diesem zweiten Beispiel wachte er auf und nahm sich Zeit, um eine Verbindung zu seinen Gefühlen und seinem Herzen herzustellen; er beruhigte seine Gedanken, begann den Tag mit einem guten Körpergefühl und mit Freude über die Beziehung zu seiner Frau und seinem Sohn. Scheinbar aus dem Nichts kamen ihm einige Ideen für seine Arbeit. Dies geschah, weil er sich in einem erweiterten, intuitiven Bewusstseinszustand befand. Und mit seiner Präsentation war er sehr erfolgreich, da er aus dem Herzen sprach und seine Kollegen mit seiner Präsenz und seinen Ideen tief berührte.

In diesem Kapitel werden wir darauf eingehen, wie die Techniken zur Beruhigung des Geistes Ihnen in geschäftlichen Beziehungen dienen können. Wir werden insbesondere darstellen, auf welche Weise ein ruhiger Geist und ein offenes Herz nicht nur Anteilnahme und Harmonie erzeugen, sondern auch persönliche Kraft und eine starke interpersonelle Dynamik.

Die optimale Vorbereitung für den Arbeitsalltag

Der erste Schritt, um erfolgreich in die Welt hinauszugehen und sich Ihren Anteil am allgemeinen Wohlstand zu sichern, besteht darin, jeden Tag vor Ihrer ersten Begegnung bewusst die Kontrolle über Ihren Geist zu übernehmen und Ihr Bewusstsein so auszurichten, dass Sie innerlich in einer optimalen Verfassung für eine erfolgreiche Begegnung sind.

Sie sollten sich jeden Morgen fünf Minuten Zeit nehmen, um zu klären, wie Sie an diesem Tag Ihre Prioritäten setzen. Eine fünfminütige Meditation kann Ihr Leben verändern – da Sie einen entscheidenden inneren Schritt machen. Sie lassen sich nicht von der Gedankenflut vereinnahmen, die Sie jeden Morgen überfällt, sondern richten Ihre Aufmerksamkeit im gegenwärtigen Moment auf Ihr tieferes Wesen. Auf diese Weise aktivieren Sie eine ganze Reihe von Möglichkeiten, die für Sie nicht existieren würden, wenn Sie sich Ihrer tieferen Präsenz und Kraft nicht bewusst wären. Ohne Anstrengung richten Sie Ihre Aufmerksamkeit auf Ihre Atmung... Ihr Herz... die Präsenz Ihres ganzen Körpers im Hier und Jetzt.

Die geführte Sitzung am Ende dieses Kapitels wurde extra so gestaltet, dass Sie sie vor der Arbeit durchführen können, damit Sie in einer optimalen geistigen Verfassung sind, um Ihren Arbeitstag erfolgreich und mit Spaß zu bewältigen. Die Sitzung hilft Ihnen dabei, mit ruhigen Gedanken in den gegenwärtigen Moment zu gelangen und dann Ihr Herz für sich selbst zu öffnen sowie für die Menschen, mit denen Sie während des Tages zu tun haben werden. Darüber hinaus haben Sie Zeit, intuitive Erkenntnisse abzurufen, die mit dem bevorstehenden Tag zu tun haben. Wenn Sie sich jeden Morgen fünf Minuten für diesen Prozess Zeit nehmen, wird sich jeder Aspekt Ihres sozialen, familiären und geschäftlichen Lebens positiv verändern.

~~~~~~

Lassen Sie uns eine Pause einlegen und die Grundübung durchführen. Wenn Sie diesen Absatz gelesen haben, schließen Sie Ihre Augen und schwingen sich auf Ihre Innenwelt ein... auf die Luft, die durch Ihre Nase oder Ihren Mund ein- und ausströmt ... die Bewegungen in Ihrer Brust und Ihrem Bauch, während Sie atmen ... auf Ihr Herz inmitten Ihrer Atmung ... Ihren ganzen Körper, hier in diesem Moment ... und nun denken Sie an jemanden, mit dem Sie in der Arbeit zu tun haben ... beobachten Sie, wie es sich anfühlt, Ihr Herz bewusst für diesen Menschen zu öffnen, ohne ihn zu beurteilen ...

Halten Sie inne & erleben Sie

Sich vom Herzen leiten lassen

Wenn Sie Ihren neuen Tag beginnen, wird die wesentliche Herausforderung für Sie sein, sich bei allem, was Sie tun, auf eine Zusammenarbeit auszurichten, nicht auf ein Konkurrenzdenken. Das Konkurrenzdenken ist eine Funktion des primitiven Reptiliengehirns. Wenn wir erkennen, dass unser Leben bedroht ist, kämpfen wir gegen die Gefahr an, um unseren Gegner zu besiegen. Das Konkurrenzdenken ist herz- und rücksichtslos, ohne jegliches Mitgefühl für den Gegner – und es wird letztlich durch Angst verursacht.

Natürlich können wir im Beruf herzlos sein – aber das wird uns auf einer tieferen Ebene nicht erfüllen. Wir können uns im Beruf aber auch auf die Zusammenarbeit mit anderen Menschen ausrichten, so dass es allen zugute kommt. Anstatt uns von Angst leiten zu lassen, öffnen wir uns und erlauben der Liebe, unser Leben anzutreiben. Was ist letztlich die größere Lebenskraft?

Sie können die Probe aufs Exempel machen. Achten Sie bei jeder Begegnung in den nächsten 24 Stunden darauf, ob sie besser verläuft, wenn Sie Angst haben und sich daher aggressiv, bewertend und ablehnend gegenüber dem jeweiligen Menschen verhalten, oder, wenn Sie Ihre Ängste loslassen, sich öffnen und ihm mit Liebe und Anerkennung begegnen.

Die Antwort ist immer gleich: Die Liebe ist der Angst jedes Mal überlegen. Der Angestellte, der zu einer Sitzung kommt und Anteilnahme, Ausgeglichenheit sowie die Bereitschaft zur Zusammenarbeit mit den anderen Menschen im Raum ausstrahlt, wird erfolgreicher sein als derjenige, der den Raum feindselig und ablehnend betritt und bereit ist, jeden zu bekämpfen, den er als Feind betrachtet.

Wenn ich Ihnen also vorschlage, sich vom Herzen leiten zu lassen, will ich Sie nicht den Wölfen zum Fraß vorwerfen. Sie sollten lediglich eine gnadenlose Ellenbogentaktik vermeiden, damit eine gute, harmonische Arbeitsatmosphäre entstehen kann.

Es wird Zeiten geben, da betreten Sie Ihren Arbeitsplatz und haben den ganzen Tag über mühelos tiefe, vom Herzen empfundene Gefühle. Allerdings werden Sie vor allem am Anfang feststellen, dass Sie eine ganze Reihe von Urteilen über Ihre Kollegen und über sich selbst in sich tragen, die sofort eine Anspannung, Konkurrenzdenken und Disharmonie erzeugen. Wenn Sie also irgendeine negative Emotion in Ihrem Herzen bemerken, ist es an der Zeit, den zugrunde liegenden Gedanken zu ermitteln und ihn zu verarbeiten, damit er Ihre geistige und emotionale Verfassung in dieser Situation nicht länger bestimmt.

Die einfache, aber wirkungsvolle kurze Meditation auf Seite 214f. kann hier Wunder wirken. Es ist wichtig, sie jeden Morgen zu praktizieren, damit Sie negative Gefühle gegenüber Kollegen erkennen, Ihr Herz bewusst öffnen und diese Menschen akzeptieren. Und wenn Sie im Laufe eines Arbeitstages feststellen, dass Sie auf jemanden nicht gut zu sprechen sind, Angst in seiner Gegenwart haben oder ihn verurteilen, müssen Sie lediglich einmal tief durchatmen, um sich von den wertenden Gedanken auf die tief empfundenen Gefühle des Herzens zu verlagern. Sagen Sie dann im Stillen Folgendes: »Es tut mir leid, dass ich Sie verurteilt habe. Ich akzeptiere Sie, so wie Sie sind, und öffne Ihnen mein Herz.«

Diese innere Aussage scheint schlicht zu sein, aber wenn Sie die Übungen in diesem Buch durchgeführt haben, werden die

Worte, die Sie diesem Menschen im Stillen sagen, in Ihrem Inneren auf eine Resonanz stoßen und in Ihnen die Fähigkeit wecken, wertende Gedanken bewusst zu beruhigen und Ihr Herz zu öffnen, um Ihre Umwelt zu akzeptieren.

Eine andere Art der Problemlösung

Die Arbeit ist für die meisten von uns eine denkintensive Angelegenheit. Dieses Buch will Sie in keiner Weise dazu auffordern, das Denken einzuschränken, und sicherlich nicht bei der Arbeit. Wir haben gesehen, dass die analytische Funktion des Geistes eine unglaublich positive Fähigkeit ist, die unsere gesamte Weltwirtschaft aufrechterhält. Allerdings haben wir bei all unserer Verehrung der deduktiven Prozesse unseres Geistes eine bestimmte psychologische Dynamik am Arbeitsplatz übersehen, die ein rotes Warnsignal aussendet, wenn wir zu sehr vom deduktiven Denken vereinnahmt werden. Wie wir gesehen haben, ist das deduktive Denken eine auf die Vergangenheit oder Zukunft gerichtete Funktion des Geistes. Wir verarbeiten Informationen, die in unserer Erinnerung gespeichert sind, analysieren sie und entwickeln ein Modell, welche Rolle diese Informationen in der Zukunft spielen könnten. So lösen wir Probleme. In der Regel erachten wir diese geistige Aktivität in der Arbeit als vorrangig. Ein Problem muss gelöst werden, und man wendet das deduktive Denken an, um eine Lösung zu finden.

Wenn Sie Ihre Arbeit während der nächsten Tage aber einmal kritisch betrachten, werden Sie feststellen, dass Sie die meiste Zeit nicht damit beschäftigt sind, Probleme zu lösen. Die Hauptaktivität in den meisten Unternehmen besteht darin, mehr über eine Situation zu erfahren, sich über eine Situation auszutauschen und zu versuchen, diese Situation besser zu verstehen. Und Lernen ist keine auf die Vergangenheit oder Zukunft gerichtete Funktion des Geistes. Es findet nur statt, wenn wir unsere ständigen Gedanken an vergangene Erlebnisse loslassen und die Informationen wahrnehmen, die im gegenwärtigen Moment auf uns zukommen. Unternehmen werden deshalb dann am erfolgreichsten arbeiten, wenn sie regelmäßig beobachten, was im Moment geschieht. Auf diese Weise erhalten sie die meisten Informationen und können die Erkenntnisse dann in einem kognitiven Prozess zu einem Konzept verarbeiten.

Daher ist es angezeigt, jedes Mitglied in einem Team anzuregen, regelmäßig vom »Nachdenken über etwas« umzuschalten und sich darauf zu konzentrieren, »den Kern einer Sache zu erkennen«.

Bedenken Sie, dass das deduktive Denken immer auf einen Punkt konzentriert ist (zum Beispiel Wort für Wort in linearer Abfolge), ohne dabei das größere Bild auf einmal zu erfassen. Jeder Mitarbeiter in einem Unternehmen sollte daher dazu ermuntert und angeleitet werden, jede halbe Stunde eine Pause zu machen, von der Fixierung auf seine Beschäftigung abzulassen ... sich zu entspannen und ein paar Mal tief durchzuatmen ... seine Aufmerksamkeit auf seinen ganzen Körper zu richten, auf sein Herz im gegenwärtigen Moment ... und die Gesamtheit der Situation ein paar Minuten lang auf sich wirken zu lassen.

In einem Unternehmen konzentriert eine Gruppe von Individuen ihre Aufmerksamkeit für eine bestimmte Zeit auf ein gemeinsames Ziel. Wenn Individuen als Team zusammenarbeiten, müssen zwei Dinge geschehen: Alle müssen ein gemeinsames Ziel vor Augen haben ... und jeder Einzelne muss das tun, was er am besten kann, indem er sich einem bestimmten Aspekt des Projekts widmet.

Eines der Hauptprobleme von Unternehmen, die keinen Erfolg haben, besteht darin, dass einzelne Teammitglieder sich im Laufe der Zeit so stark auf einen Teilbereich fixieren, dass sie die größere Vision des Ziels immer mehr aus den Augen verlieren. Ein weiteres Problem ist, dass die Leistung und der Teamgeist häufig nachlassen, da auf Angst basierende Gedanken und Gefühle beginnen, die Atmosphäre am Arbeitsplatz zu dominieren. Die Übungen in diesem Buch können bei regelmäßiger Anwendung verhindern, dass diese beiden Probleme in Ihrem Unternehmen auftreten.

Ich war als Berater in Büros tätig, in denen die Atmosphäre mit so viel Angst, Feindseligkeit und Ablehnung beladen war, dass ich mich fragte, wie in diesen Unternehmen überhaupt noch etwas geleistet werden konnte. Im Laufe der Zeit hatten sich Hunderte von zunächst geringfügigen negativen Bewertungen angestaut, und sorgenbehaftete Gedanken hatten sich wie ein Krebs in den Köpfen der Angestellten ausgebreitet. Ihre Herzen waren verschlossen, in ihren Köpfen kreisten verwirrte feindselige Gedanken, ihre Körper befanden sich in einer ungesunden Anspannung, und Gefühle der Liebe gab es so gut wie gar nicht.

In den meisten Fällen besteht die Lösung angesichts einer so negativen Arbeitsatmosphäre nicht darin, alle Leute zu entlassen oder in eine Therapie zu stecken... Die Lösung kann eine regelmäßig durchgeführte fünfminütige Pause sein, die jede halbe Stunde eingelegt wird. In dieser Zeit wird jeder Mitarbeiter dazu angeleitet, sich besser in seinem Körper zu fühlen und seine Gedanken zu beruhigen, so dass positive Gefühle im gegenwärtigen Moment entstehen... Und jeder wird darin bestärkt, sich auf die gemeinsame Vision des Unternehmens auszurichten und harmonisch mit den anderen zusammenzuarbeiten, um das gemeinsame Ziel zu erreichen.

Wenn diese regelmäßigen Pausen im Unternehmen eingeführt sind, ist es manchmal nötig, mit einzelnen Personen zu arbeiten, um ihnen die Techniken beizubringen, die Sie in diesem Buch gelernt haben. Ich habe noch nie eine Bürosituation erlebt, in der die Vermittlung dieser Kunst keine rasche Verbesserung der Arbeitsmoral, der Leistung und der Kreativität mit sich gebracht hätte. Auch am Arbeitsplatz geht es darum, sich regelmäßig von der Fixierung auf eine Sache zu befreien, den »thinkaholic« in sich zu überwinden, den gegenwärtigen Moment zu genießen und zu beobachten, was geschieht, wenn man die Gesamtheit auf einmal wahrnimmt und spontan mit seinem ganzen Wesen darauf reagiert.

Ein Unternehmen ist nur so gut wie die Menschen, die darin arbeiten. Mitarbeiter, die dazu aufgefordert werden, regelmäßig eine Pause zu machen und in ihrem Herzen ein gutes Gefühl gegenüber ihren Kollegen zu fördern sowie empfänglich dafür zu sein, was in ihrer Umgebung geschieht, erbringen bessere Leistungen als diejenigen, die in negativen Gefühlen gefangen sind und sich nur selten darauf einschwingen, was im Hier und Jetzt um sie herum geschieht. Zudem findet jede Kommunikation zwischen zwei oder mehr Menschen im gegenwärtigen Moment statt. Und Geistesblitze ereilen uns auch nur hier und jetzt, wenn wir das deduktive Denken loslassen und uns für das ganzheitliche Denken öffnen, das den gesamten Körper einschließt...

Es ist daher sehr fruchtbar für das Unternehmen, seinen Mitarbeitern zu ermöglichen, Pausen zu machen und ihre Aufmerksamkeit auf das Bewusstsein im gegenwärtigen Moment zu richten. Jede Hilfe, die man den Angestellten, Managern oder Vorstandsmitgliedern anbieten kann, um negative Gedanken zu beruhigen und sich auf einen effektiveren Bewusstseinszustand zu verlagern, kommt allen zugute. Und ein weiterer Vorteil ist, dass die Verlagerung auf solche produktiveren Zustände die Laune verbessert und jedem ein besseres Gefühl gibt, was wiederum die Produktivität und den Erfolg des Unternehmens fördert.

Die Einschätzung Ihrer Arbeitssituation

Viele Arbeitgeber sind sehr enthusiastisch, wenn sie Trainingsmethoden, wie sie dieses Buch vorstellt, kennen lernen. Sie möchten dann, dass alle Angestellten diese Übungen durchführen und daran arbeiten, negative Gedanken im Beruf zu überwinden.

Ich muss daher mit Nachdruck darauf hinweisen, dass solche Trainingsmethoden zwar sehr hilfreich sein können, ein Arbeitgeber aber nicht das Recht hat, seinen Angestellten irgendein Programm zur Steuerung des Geistes oder überhaupt ein stündliches oder tägliches Gruppentrainings-Programm aufzuerlegen. Es ist in Ordnung, eine Fünf-Minuten-Übung zum Durchatmen anzubieten, die den Angestellten in einen angenehmen körperlichen und geistigen Zustand versetzt. Allerdings muss man bei der Arbeit sehr genau zwischen einfachen Entspannungspausen und einem Training zur Steuerung des Geistes unterscheiden, das einem Mitarbeiter möglicherweise Selbstreflexionen aufdrängt, die er selbst ablehnt.

Das persönliche Wachstum ist eine persönliche Angelegenheit und nicht Sache des Unternehmens. Ich plädiere daher dafür, dass Arbeitgeber die Angestellten über das Programm informieren sowie Zeit und Mittel zur Verfügung stellen, damit Interessenten an Trainingsseminaren teilnehmen können, und Unterlagen an sie weitergeben, damit sie zu Hause üben können. Aber es ist äußerst wichtig, dass die Angestellten absolut frei in ihrer Entscheidung sind, ob sie daran teilnehmen wollen oder nicht.

In dieser Hinsicht ist es ohnehin am besten, die Übungen in diesem Buch zu Hause durchzuführen. Es handelt sich um reflexive Prozesse, die nicht als Gruppenaktivität gedacht sind. Mein Vorschlag wäre daher, dass Sie die kurze Fünf-Minuten-Übung mit Ihren Kollegen im Büro durchführen und anschließend gegebenenfalls entspannt über die Ideen, die in diesem Buch vorgestellt werden, sprechen, da sie ja etwas mit geistigen Leistungen und Ansätzen zur Problemlösung zu tun haben. Aber die intensive Beschäftigung mit dem Thema und das Üben der Techniken sollte dann zu Hause stattfinden.

Ich möchte Ihnen nun eine Checkliste präsentieren, die Sie jeden Morgen durchgehen können, bevor Sie zur Arbeit aufbrechen, sowie nach der Arbeit, wenn Sie nach Hause kommen. Mit Hilfe dieser Liste werden Sie feststellen, worauf Sie Ihre Aufmerksamkeit bei der Arbeit besonders richten müssen und auf welche Programme Sie sich zu Hause konzentrieren sollten, um Ihre geschäftlichen Sorgen oder Konflikte aufzulösen.

Mithilfe der folgenden Liste können Sie verschiedene Aspekte Ihrer Arbeitssituation bewerten. Ihre Einschätzung wird unter anderem davon abhängen, welche Fortschritte Sie bei der Steuerung Ihres Geistes machen.

Checkliste für die Arbeit

1. Machen Sie sich bezüglich Ihrer Arbeit Sorgen?
   Falls ja, schreiben Sie sie bitte auf:

   Sind Sie bereit, diese Sorgen aufzulösen und loszulassen?

2. Gibt es einen Kollegen, Vorgesetzten oder Mitarbeiter, den Sie nicht mögen oder den Sie negativ beurteilen?
   Falls ja, schreiben Sie auf, um wen es sich handelt, wie Sie diesen Menschen beurteilen und ob diese Bewertung tatsächlich zutrifft:

   Sind Sie bereit, diese wertenden Gedanken loszulassen?

3. Haben Sie zu einem bestimmten Kollegen, Vorgesetzten oder Mitarbeiter ein angespanntes Verhältnis, haben Sie einen Konflikt mit diesem Menschen, oder sind Sie wütend auf ihn?
   Falls ja, schreiben Sie auf, um wen es sich handelt und warum es so ist:

   Sind Sie bereit, Ihre negativen Gefühle loszulassen und Ihr Herz liebevoll und annehmend für diesen Menschen zu öffnen?

4. Wird Ihr Herz schwer, wenn Sie daran denken, zur Arbeit zu gehen?
   Falls ja, schreiben Sie die Gedanken und Annahmen auf, die diesem Gefühl zugrunde liegen:

   Sind Sie bereit, diese negativen Gedanken loszulassen?

5. Ist Ihr Geist darauf fixiert, ein geschäftliches oder berufliches Problem zu lösen?
   Falls ja, beschreiben Sie das Problem:

   Sind Sie bereit, Erkenntnisse bezüglich dieses Problems zu empfangen?

6. Gibt es etwas, das Sie an Ihrer Arbeitsstelle gerne verändern würden?

Falls ja, schreiben Sie auf, was es ist und wie Sie es ändern möchten:

Sind Sie bereit, diese Veränderung umzusetzen?

7. Haben Sie ein gutes Gefühl angesichts Ihrer eigenen Präsenz in der Arbeit?
Falls nicht, schreiben Sie auf, warum Sie kein gutes Gefühl haben:

Sind Sie bereit, sich selbst in der Arbeit so zu akzeptieren, wie Sie sind?

Wie Sie das Beste aus Ihrer Arbeit machen

Im Folgenden finden Sie eine Liste, die zeigt, auf welche Weise Sie sich am besten in der Arbeitssituation einbringen.

Das Herz zuerst: Egal, was Sie sonst auch tun mögen, bleiben Sie sich Ihres Herzens bewusst. Welche Emotionen Sie auch haben mögen, akzeptieren Sie sie – und bleiben Sie in Ihrem Herzen zentriert. Es ist Ihre rettende Verbindung zu Ihrem höheren Selbst, Ihrer spirituellen Präsenz, Ihrer liebenden Kraft...
Der gegenwärtige Moment: Egal, was passiert, halten Sie zumindest einen Teil Ihrer Aufmerksamkeit auf den gegenwärtigen Moment gerichtet – indem Sie sich Ihrer Atmung, Ihres Herzens, Ihres ganzen Körpers in diesem Moment bewusst bleiben...
Ruhiger Geist: Verlagern Sie Ihre Aufmerksamkeit so oft wie möglich auf die Wahrnehmung der Gegenwart und werden Sie sich zweier oder mehrerer sensorischer Impulse gleichzeitig bewusst. Auf diese Weise beruhigen Sie den Gedankenstrom und schalten auf den gegenwärtigen Moment um, in dem Ihre Präsenz unmittelbar von den Menschen in Ihrer Umgebung wahrgenommen wird...
Keine Angst: Wenn Sie Angst haben oder sich in einer Abwehrhaltung befinden, sollten Sie sich bewusst machen, dass Sie in

einen Angstmodus umgeschaltet haben. Entscheiden Sie sich dann bewusst dazu, sich von Ängsten, die auf die Zukunft gerichtet sind, so weit wie möglich zu befreien, indem Sie die angsterfüllten Gedanken beruhigen und sich auf das gegenwärtige Gefühl der Anteilnahme in Ihrem Herzen einschwingen ...
Nicht urteilen: Beruhigen Sie so weit wie möglich wertende Gedanken während der Arbeit – damit Sie den gegenwärtigen Moment so annehmen können, wie er ist. Auf diese Weise schenken Sie sich die Kraft, an dem Moment teilzunehmen, und ermöglichen ihm, sich in positive Richtungen zu entwickeln ...
Die Gesamtheit wahrnehmen: Schalten Sie so oft wie möglich vom linearen deduktiven Denken um, damit Sie den gegenwärtigen Moment in seiner Gesamtheit wahrnehmen und mit Ihrem ganzen Sein angemessen und spontan darauf reagieren können ...
Liebe (und Geld) fließen lassen: Bleiben Sie auf die Entwicklung der gegenwärtigen Situation an Ihrem Arbeitsplatz ausgerichtet und nehmen Sie mit einem liebevollen Herzen am natürlichen Fluss des Moments teil. Auf diese Weise können Sie den Moment am besten genießen und die Ziele des Unternehmens optimal vorantreiben ...

Arbeiten Sie bewusst?

Je bewusster Sie bei der Arbeit sind, desto erfolgreicher sind Sie. Je bewusster Sie sind, desto liebevoller sind Sie. Je bewusster Sie sind, desto kreativer sind Sie. Stellen Sie sich während der Arbeit regelmäßig die folgenden Fragen. Sie helfen Ihnen zu erkennen, ob Sie bewusst im gegenwärtigen Moment bleiben.

Prüfen Sie Ihren Bewusstseinszustand
1. Bin ich mir meiner Atmung bewusst?
2. Bin ich in meinem Herzen zentriert?
3. Ist mein Geist klar?
4. Bin ich kreativ?

5. Nehme ich aktiv teil?
6. Bin ich hier in meinem Körper?
7. Empfinde ich Liebe?

Geführte Sitzung 6
Fünf-Minuten-Entspannung bei der Arbeit

Die folgende Meditation können Sie als Gelegenheit nutzen, um sich zu entspannen und innere Ruhe zu finden. Sie können die Übung je nach Belieben jede halbe Stunde, jede Stunde oder nur ein- oder zweimal am Tag durchführen.

> Um bei der Arbeit rasch locker zu werden, zu entspannen und in den Genuss einiger tiefer Atemzüge zu kommen, sollten Sie darauf achten, dass Sie in einer bequemen Position sind ... lassen Sie für den Moment los, woran Sie gerade gearbeitet haben ... und verlagern Sie Ihre Aufmerksamkeit vom Denken und Tun darauf, zu fühlen und einfach zu sein ...
>
> Schließen Sie Ihre Augen, wenn Sie möchten, und wenn es sich gut anfühlt, richten Sie Ihre Aufmerksamkeit auf Ihre Atmung ... atmen Sie ohne jegliche Anstrengung ... spüren Sie nur, wie die Luft in Ihre Nase oder Ihren Mund hineinströmt ... und aus Ihrer Nase oder Ihrem Mund herausströmt ... entspannen Sie Ihre Schultern ... Ihren Unterkiefer ... Ihre Zunge ... und lassen Sie es zu, dass Sie sich in Ihrem Körper in diesem Moment gut fühlen ...
>
> Strecken Sie sich, wenn Sie möchten ... gähnen Sie ... führen Sie Bewegungen aus, die sich gut anfühlen ... seufzen Sie, wenn Sie mögen ...
>
> Entspannen Sie sich nun völlig ... lassen Sie Ihre Gesichtsmuskeln entspannen ... werden Sie sich der Bewegungen in Ihrer Brust und Ihrem Bauch bewusst, während Sie atmen ... und schwingen Sie sich auf Ihr Gefühl in Ihrem Herzen ein, in diesem Moment ... wenn es jemanden gibt, über den Sie sich geärgert haben, können Sie diese Anspannung loslassen ... und sich auf ein Gefühl der

Harmonie an Ihrem Arbeitsplatz einschwingen ... an dem Sie alle heute zusammenarbeiten, für das Wohl aller ...

Und wenn Sie möchten, können Sie Ihre Aufmerksamkeit nun ohne Anstrengung auf Ihr aktuelles Projekt richten ... und sich neue Ideen einfallen lassen, während Sie Ihr Projekt in seiner Gesamtheit betrachten ... lassen Sie die Erkenntnisse fließen ...

Halten Sie inne & erleben Sie

Kapitel sieben
Sexuelle Erfüllung

Wir haben bereits gesehen, dass wir die Liebe nicht nur in unseren Köpfen erleben, sondern vor allem in unseren Herzen und Körpern. In diesem Kapitel möchte ich Ihnen zeigen, wie Sie die Techniken zur Beruhigung des Geistes im Bereich der Liebe und Sexualität anwenden können. Sie erinnern sich sicher an das Beispiel von Nicole im dritten Kapitel. Sie war in der Lage, ihr Verhalten bei der Begegnung mit einem potenziellen neuen Partner zu verändern. Nach einigen Wochen erzählte sie mir Folgendes:

> Am ersten Abend, den ich mit Michael verbrachte, berührten wir uns kaum. Ich praktizierte, was Sie mir beigebracht haben, und drängte mich nicht dazu, etwas zu tun, nur weil ich dachte, dass es vielleicht von mir erwartet wurde. Ich verhielt mich nach dem Abendessen ziemlich passiv und auch, als wir später auf dem Balkon saßen und uns unterhielten. Er schien es auch nicht eilig zu haben, und ich genoss es, in Gesellschaft eines Mannes zu sein, der mich zu nichts drängte.
> Wir gaben uns nicht einmal einen Gutenachtkuss, als wir uns verabschiedeten. Ich spürte alle möglichen leidenschaftlichen Gefühle in mir, doch wenn ich ihn geküsst hätte, hätte ich mich mehr von meiner Vorstellung, was von mir erwartet wurde, anstatt von den Gefühlen in meinem Herzen leiten lassen. Ich war zurückhaltend, und doch fühlte sich alles so vollkommen an.
> Ich musste dann geschäftlich für drei Tage verreisen, und als ich zurückkam, gingen wir noch am selben Abend gemeinsam zu einem Baseballspiel. Während ich verreist war, spürte ich, dass meine Gefühle für Michael stärker wurden und ich mich nach ihm sehnte. Und als er zu mir kam, um mich abzuholen, begegneten sich unsere Körper in einer langen Umarmung, ohne dass wir darüber nachdachten. Es fühlte sich so gut an, wir waren beide überrascht. Es war, als wüssten unsere Körper von allein, was sie tun wollten ...
> Der Abend verlief wunderbar. Wir gingen nach dem Abendessen

und dem Spiel zu ihm, redeten und redeten und hielten uns bei der Hand. Immer noch spürte ich eine eigenartige Ruhe in mir, anstatt mir wie gewohnt lauter Sorgen darüber zu machen, was ich tun oder wie ich sein sollte, um jemandem zu gefallen. Ich fühlte mich stark zu ihm hingezogen, und er empfand offensichtlich das Gleiche mir gegenüber, aber dieses Mal wollte ich mir keine Sorgen darüber machen, ob ich möglicherweise etwas falsch machte und ihn deshalb verlieren könnte. Ich hatte gelernt, beunruhigende Gedanken zur Ruhe zu bringen, und war stattdessen einfach »da« mit Michael. Ein paar Mal saßen wir einfach nur nebeneinander und sagten lange Zeit nichts. Wir lauschten den Vögeln und beobachteten den Mond, der hinter den Wolken hervorkam.

Und ob Sie es glauben oder nicht, obwohl mir vor lauter Leidenschaft fast die Sinne schwanden, verabschiedete ich mich an diesem Abend, nachdem wir uns lediglich ein paar Mal geküsst hatten. Irgendetwas in mir war noch nicht bereit, sich ihm ganz zu öffnen, und ich respektierte dieses Gefühl, weil es aus meinem Herzen kam, nicht aus meinem Kopf. Mein Verstand warnte mich sogar, dass ich Michael verlieren könnte, wenn ich mich ihm sexuell nicht stärker öffnete – aber ich beachtete diesen Gedanken nicht und konzentrierte mich auf das ruhige Gefühl meines Herzens.

Am nächsten Abend kam er zu mir und brachte chinesisches Essen und eine Flasche Wein mit. Wir aßen auf dem Wohnzimmerboden. Wir waren beide ganz ausgehungert, verschlangen das Essen mit großem Vergnügen und lachten dabei über uns selbst ... Dann legte ich eine CD mit klassischer Musik ein, die ich sehr gerne mochte, und wir lagen einfach nebeneinander auf dem Boden und hörten uns die ganze CD an, ohne etwas zu sagen, ohne uns zu bewegen. Ich fühlte mich wunschlos glücklich, ich musste nichts tun, und nichts wurde von mir erwartet. Dann war die CD zu Ende, und die Zeit verging, als gäbe es überhaupt keine Zeit ... nur dieses einmalige Gefühl, keinen Druck zu haben, keine Erwartungen, keinen Gedanken an die Zukunft.

Mitten in dieser perfekten Stille rollte ich mich, ohne nachzudenken, auf seinen Körper, legte meinen Kopf auf seine Brust und hörte sein Herz. Seine Arme umschlangen mich, und eine nie gekannte Leidenschaft floss durch meinen Körper, eine Leidenschaft, die nicht durch meine Vorstellung getrieben war, was ich als Nächstes tun sollte und was er denken und auf welche Weise ich es ihm recht machen könnte oder was ich mir von ihm wünschte. Ich dachte an gar nichts... Und es geschah auf so wunderschöne Weise, dass wir beide danach lachten und weinten... Und später lagen wir Arm in Arm auf dem Teppich, waren wieder einfach zusammen, taten nichts, sondern ließen uns nur in unserem neuen Raum treiben, in dem wir zusammen waren...

Leidenschaft heißt die Kontrolle aufgeben

Der großartige Arzt, Wissenschaftler und Therapeut Wilhelm Reich arbeitete in der Vorkriegszeit in seiner medizinisch-psychiatrischen Praxis in Wien. Aufgrund seiner Ehrlichkeit auf dem Gebiet der Sexualität und seiner Forschungsarbeit über den menschlichen Orgasmus sowie seiner zunehmenden Abwendung von seinem früheren Mentor Sigmund Freud wurde er Anfang der 1930er-Jahre aus Wien vertrieben. Er zog nach Berlin, wo er fortfuhr, neue Therapieverfahren zu erforschen. Er wollte einen unmittelbaren Weg finden, wie man emotionale Wunden heilen kann, sich von konditionierten Überzeugungen löst und lernt, leidenschaftliche Gefühle und Bedürfnisse direkt auszudrücken. Allerdings sah er sich nicht in der Lage, seine Meinung als Psychiater über Hitler zu verschweigen und musste nach Skandinavien fliehen, wo er seine Arbeit über die menschliche Sexualität fortsetzte. Da die Regierung sein Lebenswerk zensierte und Druck auf ihn ausübte, musste Reich sich abermals verändern und zog in die USA. Dort unterstützte eine stetig wachsende Gruppe von Psychiatern und Therapeuten seine Forschungsarbeit und seine Theorien über die Sexualität und emotionale Heilung. Aber in den frühen 1950er-Jahren erachteten konservative Gruppen aus Regierungs- und Medizinerkreisen (zutreffender wäre es, sie als reaktionär zu bezeichnen) seine freizügigen Ideen und therapeutischen Praktiken als gefährlich. Aufgrund falscher Beschuldigungen, die sich später als völlig ungerechtfertigt erwiesen, wurde er 1953 ins Gefängnis geworfen und starb dort ein Jahr später, angeblich durch einen Herzinfarkt.

Ich hatte das Glück, bei zwei von Reichs Schülern zu studieren, bei Alexander Lowen, der die sehr erfolgreiche Bioenergetik entwickelte, sowie Charles Kelley, dem Gründer des Radix-Instituts. Er inspirierte mich vor allem mit seinen Techniken zur Befreiung des menschlichen Geistes von konditionierten Ängsten und kulturellen Begrenzungen. Ich möchte ihm und seiner Arbeit dieses Kapitel widmen, da die hier vorgestellten Erkenntnisse auf ihn und natürlich seinen Lehrer Wilhelm Reich zurückgehen.

Bei Reichs und Kelleys therapeutischer Methodik lag der Klient auf dem Rücken auf dem Boden und tat gar nichts. Er atmete lediglich tief durch den Mund. Reich hatte festgestellt, dass der menschliche Organismus, wenn man ihm nur die Gelegenheit dazu gibt, beginnt, sich selbst zu heilen, und zwar durch spontan freigesetzte Emotionen, die von Erinnerungen, Gedanken, Überzeugungen und Bewegungen begleitet werden.

Eine ganze Generation von Therapeuten wurde von den 1950er-Jahren bis in die 1970er-Jahre stark von Wilhelm Reichs Erkenntnis beeinflusst, dass der menschliche Organismus automatisch einen Heilungsprozess einleitet, wenn man ihm die Gelegenheit dazu gibt. Wenn Sie dieses Buch unter diesem Gesichtspunkt betrachten, werden Sie feststellen, dass es auf dieser Erkenntnis aufbaut. Und in keinem Bereich ist es wichtiger als in der Sexualität. Für Reich und Kelley ist der wesentliche emotionale Heilungsmechanismus des menschlichen Organismus der Prozess, den wir in der Regel als Orgasmus bezeichnen. Dabei werden wir von der Leidenschaft überwältigt, wir vergessen die Vergangenheit und die Zukunft, alle Gedanken kommen zum Stillstand, und wir erreichen eine Bewusstseinsebene, auf der unsere Emotionen freigesetzt und geheilt werden. Zumindest für den Moment erleben wir uns jenseits der Begrenzungen unserer eigenen Überzeugungen, und unser Herz öffnet sich, um unser ganzes Sein mit der Kraft und Herrlichkeit der Liebe zu erfüllen...

Einige von Wilhelm Reichs radikaleren Visionen sind möglicherweise zu verstiegen, und ich selbst stimme auch nicht mit allem überein, aber seine Grundaussage über Spontaneität und Sexualität ist nach wie vor gültig und inspiriert noch immer die nachkommenden Generationen. Seine zentrale Aussage war, dass wir uns nicht von unserem logischen Verstand leiten lassen müssen, um erfüllt zu leben. Im Gegenteil: Reich zufolge werden wir so lange unerfüllt bleiben, bis wir lernen, vom denkenden manipulativen Geist auf geistige Funktionen umzuschalten, bei denen das ganze Wesen entscheidet, was es in jedem neuen Moment des Tages tun möchte.

Nach Reich entsteht Leidenschaft, wenn wir die geistige Kontrolle über unseren Körper aufgeben und unserem tieferen Selbst vertrauen. Beim höchsten Ausdruck der Leidenschaft, dem Orgasmus, sind wir völlig außer Kontrolle und gleichzeitig voller Vertrauen. Wir sind glückselig und im Einklang mit dem Menschen, der bei uns ist. Wenn die Gedanken aufhören, weiß der Körper immer noch, was er zu tun hat – und er tut es mit einer Perfektion und einem Vergnügen, die dem denkenden Geist unbekannt sind.

Sexuelle Leidenschaft entsteht nicht aus der Aktivität des denkenden Geistes. Sobald wir anfangen zu denken, schwindet sie. Die Leidenschaft ist ein Gefühl im Herzen und den Genitalien. Sie setzt sich aus Wahrnehmungen und Gefühlen zusammen, die wahrscheinlich bereits Tausende von Jahren vor unserem denkenden Geist vorhanden waren. Die sexuelle Leidenschaft ist ein ganzheitliches Phänomen, das entsteht, wenn all unsere Sinne eine Situation wahrnehmen, in der wir alle Ängste und Probleme loslassen und uns nur auf die Wahrnehmung und das Gefühl ausrichten.

Um einen Orgasmus zu erreichen, arbeiten die limbischen und wahrnehmenden Regionen des Gehirns mit dem Herzen/Geist zusammen und erzeugen im Körper ein Gefühl der Hingabe, des Verlangens und der Liebe. Wir lassen unser Selbstbild los und geben uns ganz dem hin, was wir wirklich sind.

Die meisten von uns sehnen sich danach, diese ursprüngliche Erlösung regelmäßig zu erleben, da wir uns dabei so gut fühlen. Sie lässt all unsere Sorgen und Probleme zur Ruhe kommen, löst angestaute Gefühle, öffnet unser Herz – und versetzt uns zumindest vorübergehend in einen Bewusstseinszustand, in dem wir uns als Einheit mit unserem sexuellen Partner sowie mit dem gesamten Universum empfinden ...

Bestimmt kennen Sie die Leidenschaft, von der ich spreche. In diesem Zustand sind Sie für die alltäglichen rationalen Bewusstseinsbereiche »verloren« und genießen das höchste Vergnügen und Wissen, das Gefühl des Einsseins und der Weisheit des sexuellen Aktes. Wenn Sie diesen Absatz gelesen haben, schließen Sie Ihre Augen und schwingen sich auf Ihre Atmung ein...auf Ihr Herz... Ihren ganzen Körper... erinnern Sie sich an Momente, in denen Sie sich dem Liebesspiel hingegeben haben... und die Leidenschaft Sie überwältigte...

Halten Sie inne & erleben Sie

Der sexuellen Magie Raum geben

Leider gelingt es uns allzu häufig nicht, uns weit genug von der Präsenz unseres Egos zu lösen, um der sexuellen Magie Raum zu geben. Wir führen die körperlichen Bewegungen des Liebesspiels aus, aber am Ende hatten wir dann lediglich Sex: Die Genitalien haben sich entladen, aber das Herz blieb unberührt. Wir näherten uns dem Höchsten, aber erreichten es nicht.

Wenn Sie im Moment eine sexuelle Beziehung haben, können Sie alles, was Sie in diesem Buch gelernt haben, wunderbar auf die sexuelle Erfahrung anwenden. Und falls Sie in keiner erfüllten sexuellen Beziehung sind, sich aber danach sehnen, dienen Ihnen die Übungen in diesem Buch als Vorbereitung für die sexuelle Vereinigung.

Eines ist sicher: In unserer Kindheit werden wir intensiv konditioniert, wie wir uns in der Sexualität verhalten sollten. Aber der Großteil dieser Programmierungen hindert uns an einer erfüllenden sexuellen Vereinigung. Lassen Sie mich im Folgenden anführen, was die wesentlichen Axiome für eine erfüllte Sexualität sind:

1. Der Schlüssel zu einer tiefen sexuellen Erlösung liegt darin, den Gedankenstrom während des Liebesspiels zu beruhigen. Nur wenn Sie die Vergangenheit und die Zukunft loslassen und sich spontan dem sich entfaltenden Moment hingeben, können Sie die Kraft und die Herrlichkeit der sexuellen Begegnung erleben.
2. Eine wahre Erfüllung in der sexuellen Begegnung erfährt man nur, wenn Genital- und Herzbereich miteinander vereint werden. Das Herz hat seinen eigenen Orgasmus, und dieser ist essenziell für eine vollständige Erlösung, für Heilung und Transzendenz.
3. Entgegen der allgemeinen Überzeugung helfen sexuelle Fantasien während des Liebesspiels nicht dabei, einen Orgasmus zu erreichen. Sie wirken sogar hinderlich, da sie uns vom gegenwärtigen Moment ablenken und unsere Aufmerksamkeit von der sensorischen Interaktion mit unserem Partner abziehen. Wenn wir eine wahre sexuelle Vereinigung erreichen wollen, müssen wir die Fantasien des Geistes beruhigen.
4. Wir können kein tiefes sexuelles Erlebnis haben, wenn wir voller Angst sind oder uns Sorgen machen. Die Angst macht uns wachsam für das, was in unserer Umwelt geschieht, daher sind wir nicht in der Lage, uns den inneren Bereichen der sexuellen Begegnung hinzugeben. Wir müssen unsere Sorgen loslassen, wenn wir das Liebesspiel in seiner ganzen Tiefe erleben wollen.
5. Sie müssen alle Bewertungen beiseite lassen, um einen Orgasmus zu erreichen. Sie müssen sich selbst so akzeptieren, wie Sie sind, und Ihren Partner/Ihre Partnerin ebenfalls, wenn Sie in reinem ekstatischem Vergnügen und einem Orgasmus miteinander verschmelzen wollen. Beim Liebesspiel lassen Sie Liebe durch völlige Akzeptanz entstehen, und Sie geben sich der schöpferischen Kraft durch die Verschmelzung Ihrer beiden Körper, Herzen und Seelen hin.
6. Um eine tiefe Vereinigung und sexuelle Erfüllung zu erreichen, müssen Sie bereit sein, Ihre Emotionen während des Liebesakts frei fließen und heilen zu lassen. Solange Sie Angst

davor haben, Ihrem Partner Ihre verborgenen Emotionen zu zeigen, werden Sie nicht in der Lage sein, sich der Leidenschaft völlig hinzugeben. Orgasmus und emotionale Heilung sind ein und dasselbe – Sie können nicht das eine ohne das andere haben.

7. Wenn Sie ein erfüllendes Liebesspiel erleben wollen, dürfen Sie Ihr Herz gegenüber Ihrem spirituellen Wesen nicht verschließen. Beim Liebesakt erleben Sie auf intimste Weise den Schöpfer; Sie sind direkt mit der höchsten schöpferischen Kraft des Universums verbunden. Die Schöpfung eines neuen Wesens entsteht schließlich aus dem Geschlechtsakt. Wenn Sie sich wirklich auf den Liebesakt einlassen wollen, muss Ihr Herz offen für Ihr eigenes unendliches schöpferisches Potenzial und Ihre unerschöpfliche Identität sein. Sexualität und Geist sind letztlich ein und dasselbe. Im Moment des Orgasmus gibt es keine Grenze zwischen Ihnen und Gott oder wie Sie den Schöpfer des Universums und all dessen, was es darüber hinaus gibt, auch nennen mögen... Gott ist Liebe... Und der Orgasmus ist eine Urverbindung mit unserem spirituellen Selbst.

Was man im Bett tun sollte – und was nicht

Was sollte man im Bett tun?
Nichts. Absolut nichts.

Wenn Sie schließlich nackt oder fast nackt sind und nebeneinander liegen, sollten Sie sich gegenseitig einen Gefallen tun. Tun Sie überhaupt nichts. Liegen Sie einfach nur da... schwingen Sie sich auf Ihre Atmung ein... auf Ihr Herz... auf die Gegenwart Ihres ganzen Körpers... dehnen Sie Ihr Bewusstsein aus, um Ihren Partner/Ihre Partnerin neben sich wahrzunehmen... öffnen Sie Ihr Herz, um sein/ihr Herz direkt zu spüren, energievoll... lassen Sie Ihre Gedanken ruhig werden... Ihre Gefühle beruhigen sich... lassen Sie jeden Gedanken daran, was Sie als

Nächstes tun sollten, los... lassen Sie die nächste Bewegung Ihres Körper spontan und ganz von allein geschehen.

Und wenn überhaupt nichts geschieht? Dann ist auch das völlig in Ordnung. Bleiben Sie bei Ihrer Atmung und dem Gefühl, innerlich mit Ihrem eigenen Herzen und seinen Sehnsüchten verbunden zu sein... schwingen Sie sich auf Ihre inneren Gefühle ein, so dass Sie völlig in Ihren körperlichen und emotionalen Seinsbereichen aufgehen... und beobachten Sie, was geschieht.

Natürlich gibt es hier eine Angst... die Angst, dass Sie sich vielleicht nicht zum anderen hingezogen fühlen könnten oder dass der andere sich nicht wirklich sexuell von Ihnen angezogen fühlt. Wenn Sie also daliegen und nichts passiert, werden Sie dieser Realität ins Auge sehen müssen. Das schmerzt vielleicht, aber es ist am besten, sich unmittelbar damit zu konfrontieren, anstatt sich dazu zu drängen, den Liebesakt zu vollziehen, wenn der Fluss nicht da ist. Sie werden sich viel Kummer ersparen, wenn Sie von Anfang an ehrlich sind. Wenn der Fluss nicht da ist – tun Sie nichts. Die Liebe lässt sich nicht erzwingen. Lassen Sie sie von allein kommen. Und akzeptieren Sie stets die Realität. Kämpfen Sie nicht gegen die Wahrheit der Situation an.

Ich weiß, dass dies vor allem für diejenigen bedrohlich klingt, die bereits in einer Beziehung sind. Was ist, wenn man daliegt und einfach nichts geschieht? Ich habe mit vielen Klienten gearbeitet, die diese Erfahrung gemacht haben, und fast immer ist es von größter Wichtigkeit, was passiert, wenn nichts passiert.

Wenn im Bett nichts geschieht, fangen die beiden Menschen häufig an, miteinander zu sprechen. Sie teilen sich ehrlich mit, was sie empfinden, und beginnen, die Überzeugungen, Ängste, Einstellungen und Fantasien zu prüfen, die verhindern, dass sie auf natürliche Weise zueinander kommen.

Wenn Ihr Partner zunächst nicht offen für eine solche Selbstreflexion ist, können Sie auch allein viel erreichen. Nehmen Sie sich Zeit für sich selbst, so wie Sie es im zweiten und dritten Kapitel gelernt haben, und fragen Sie sich Folgendes: »Warum will ich nicht mit meinem Partner/meiner Partnerin schlafen?«

Schreiben Sie die Gründe, die in der Regel auf Überzeugungen, Einstellungen, Urteilen und Ängsten basieren, auf, und prüfen Sie dann, ob diese Überzeugungen und Ängste real und berechtigt sind.

Bei diesem Prozess werden Sie eine Menge darüber erfahren, was Sie grundsätzlich davon abhält, Ihren Partner/Ihre Partnerin leidenschaftlich und hingebungsvoll zu lieben. Das nächste Mal, wenn Sie mit ihm/ihr im Bett sind, werden Sie sich unter Umständen ziemlich anders fühlen – und wer weiß, was dann geschehen wird. Zumindest werden Sie sich weiterentwickelt haben, Sie werden sich besser fühlen.

Allerdings stellen manche Paare mit Hilfe dieser Technik auch fest, dass sie sich tatsächlich nicht oder nicht mehr voneinander angezogen fühlen. Sie haben sich im Bett gegenseitig etwas vorgemacht. Doch selbst diese scheinbar negative Erkenntnis ist positiv, wenn man bedenkt, dass man sich sonst weiterhin belügen und sich nach dem Sex leerer und einsamer denn je fühlen würde, weil man sich dabei nicht wirklich liebt. Ehrlichkeit birgt große Chancen für Veränderung und Wachstum. Wer weiß, was das Ergebnis unserer Suche nach der Wahrheit sein wird – aber wir müssen unser Leben integer und ehrlich leben, vor allem in diesem sehr persönlichen Bereich, sonst ist das Leben kaum lebenswert...

Die meisten Menschen gehen mit ihrem Partner ins Bett und fangen sofort an, das zu tun, was sich der andere ihrer Meinung nach wünscht. Es sind Dinge, die eine sexuelle Reaktion hervorrufen. Ihr Geist ist dabei voller Gedanken, was sie tun sollten. Gleichzeitig bewerten sie ihr Verhalten und das ihres Partners, machen sich Sorgen über die Zukunft oder plagen sich mit Erinnerungen aus der Vergangenheit.

Mir ist bewusst, dass es eine große Herausforderung ist, Ihren Geist zu beruhigen, wenn Sie mit Ihrem Partner im Bett sind. Wahrscheinlich sind auch bei Ihnen viele Ängste mit dem Liebesakt verbunden. All die Schwierigkeiten, die bei der Beruhigung des Geistes auftreten können, werden in der sexuellen Begegnung deutlich. Wir sind ungeschützt und verletzbar, wir sind unsicher, verwirrt, verärgert, und unsere Sorgen machen uns manchmal verrückt.

Was kann man tun? Eine Möglichkeit stelle ich Ihnen im Folgenden vor. Sie können sehr schnell lernen, sich im Bett von der Natur bewegen zu lassen ...

Geführte Sitzung 7
Bewusster Liebesakt

Wenn Ihr Partner/Ihre Partnerin einverstanden ist, können Sie die folgende Übung zusammen machen:

Entspannen Sie sich eine Weile zusammen ... tun Sie dabei nichts ... schwingen Sie sich lediglich auf Ihre eigene Atmung ein ... auf die Luft, die ein- und ausströmt ... ohne jegliche Anstrengung ... auf Ihr Herz, das inmitten Ihrer Atmung schlägt ...

Ohne etwas zu tun, können Sie sich auf angenehme Weise Ihrer Haut bewusst werden ... Ihres ganzen Körpers, der auf dem Bett liegt ... blenden Sie Ihre Gedanken langsam aus ... werden Sie ganz still und ruhig ... Ihr Atem fließt ohne Anstrengung ... versuchen Sie nicht, irgendetwas zu tun ... genießen Sie es einfach, nichts zu tun ... seien mit sich selbst im Reinen ... und mit Ihrem Partner/Ihrer Partnerin ... Sie müssen nirgendwohin, müssen nichts tun ...

... In diesem ruhigen, friedlichen Zustand lassen Sie zu, dass sich Ihr Bewusstsein in seinem eigenen Tempo ausdehnt, um die Präsenz Ihres Partners/Ihrer Partnerin wahrzunehmen, der/die neben Ihnen liegt ... öffnen Sie Ihr Herz, um das Herz Ihres Partners/Ihrer Partnerin zu spüren, das neben Ihnen schlägt ... seine Gefühle, seine Leidenschaft ... lassen Sie Ihr sexuelles Verlangen im Zentrum Ihres eigenen Wesens zu glühen beginnen ... in Ihrem Herzen ... in Ihren Muskeln, in Ihren Genitalien ... lassen Sie sich von der Natur bewegen ... akzeptieren Sie, was kommt ...

… Atmen Sie in eine völlige Hingabe an Ihr sexuelles Verlangen hinein … und beginnen Sie sich auf das Verlangen Ihres Partners / Ihrer Partnerin neben Ihnen einzuschwingen … lassen Sie sich von der natürlichen Anziehung Ihrer beiden Körper, Ihrer beiden Seelen bewegen … wenn die Zeit gekommen ist, falls die Zeit gekommen ist, bewegen Sie sich aufeinander zu …

… Sie müssen nicht darüber nachdenken, was Sie mit dem anderen tun können … Sie müssen gar nichts tun … lassen Sie sich von dem vollkommenen gegenwärtigen Moment erfüllen, der Sie vielleicht spontan bewegt … und Sie beide erfüllen wird …

Halten Sie inne & erleben Sie

Kapitel acht
Eine geruhsame Nacht

Jede Nacht haben zwischen 30 und 50 Prozent der amerikanischen Bevölkerung Probleme, einzuschlafen oder durchzuschlafen. In einer aktuellen Untersuchung von 1000 Haushalten in Los Angeles gab ein Drittel der Befragten an, unter Schlafstörungen zu leiden, und eine Umfrage des Gallupinstituts ergab sogar, dass 50 Prozent der Befragten betroffen waren. Darüber hinaus haben auch Menschen, die nicht chronisch unter Schlaflosigkeit leiden, gelegentlich schlaflose Nächte, und viele Menschen schlafen zumindest nicht so gut, wie sie sollten oder möchten.

Es ist mit anderen Worten ein weit verbreitetes Bedürfnis, in den Genuss einer geruhsamen Nacht zu kommen. Ärzte und Psychologen haben eine Reihe von möglichen Ursachen der Schlaflosigkeit ermittelt, und es gibt zahlreiche Bücher zu diesem Thema. Ich selbst habe mich bereits vor langer Zeit zusammen mit Dr. Frances Cheek mit Schlafstörungen beschäftigt und Behandlungsmethoden in meiner Praxis erforscht. Der Schlaf fasziniert mich. Wir verbringen fast ein Drittel unseres Lebens mit Schlafen und leiden erheblich darunter, wenn wir keinen regelmäßigen Schlaf bekommen. Daher ist es zugleich faszinierend und wesentlich für unser Wohlbefinden zu verstehen, wie unsere nächtlichen Bewusstseinsebenen aussehen.

Da Sie bei der Lektüre dieses Buches möglicherweise bereits damit begonnen haben, Ihre Gedanken bewusst zu beruhigen, sind Sie in einer idealen Position, um die oberflächlichen Darstellungen von Schlaflosigkeit und ihrer Behandlungsmethoden zu überspringen und direkt zur zentralen Ursache eines gestörten Schlafs vorzudringen. Einfach ausgedrückt, wird Schlaflosigkeit in der Regel durch all die beunruhigenden Gedanken verursacht, die uns durch den Kopf gehen, wenn wir schlafen wollen – Gedanken, die wiederum all die emotionalen und körperlichen

Symptome erzeugen, die unser Leben durcheinander bringen ... und unseren Schlaf stören.

Sie verfügen bereits über die geistigen Techniken, um diese Gedanken zu beruhigen. Falls Sie unter Schlafstörungen leiden, sollten Sie, bevor Sie schlafen gehen und während Sie im Bett liegen, stets zunächst Ihre Gedanken beobachten und dann die Methode anwenden, die Ihnen am besten dafür geeignet erscheint, um Ihre Gedanken zur Ruhe zu bringen.

Manchen von Ihnen wird es schon genügen, einfach auf dem Rücken zu liegen und die Meditation zur Beruhigung des Geistes aus dem ersten Kapitel zu machen (siehe Seite 55f.). Sobald Sie beginnen, Ihren Bewusstseinsstrom kurz vor dem Schlafengehen zu beobachten, werden Sie auch anfangen, spontan die lärmenden, sorgenvollen Gedanken zu korrigieren, die Ihre Gefühle durcheinander bringen. Wenn man die Ursache erkennt, hat man das Problem häufig bereits überwunden.

Allerdings sind die geistigen Gewohnheiten bei vielen Menschen so tief verwurzelt, dass sie noch wirksamere Techniken anwenden müssen, um ihre Schlaflosigkeit zu überwinden. Sie beherrschen diese bereits, und wir werden sie im Folgenden noch einmal wiederholen und auf den Schlaf anwenden. Je nach Bedarf können Sie zum entsprechenden Abschnitt in diesem Buch zurückgehen und in den nächsten Tagen und Wochen weiterhin üben, Ihre Aufmerksamkeit gezielt zu steuern. Die gute Nachricht dabei ist, dass Sie all die Übungen zur Beruhigung des Geistes, die Sie bereits gemacht haben, auch vor dem Schlafengehen anwenden können. Sie haben also schon die Hälfte geschafft.

Bei den meisten von Ihnen wird sich der Schlaf erheblich verbessern, wenn Sie etwas geistige Detektivarbeit leisten und den Prozess zur Auflösung von Überzeugungen einige Male anwenden, wenn Sie sich um emotionale Heilung bemühen und Ihr Herz öffnen.

Sollten Sie zu den Menschen gehören, bei denen auch diese Übungen nicht fruchten, rate ich Ihnen dringend, professionelle Hilfe zu suchen. Chronische Schlafstörungen können Ihr gesamtes Leben beeinträchtigen. Und ich möchte auch nicht versäumen, darauf hinzuweisen, dass Schlaftabletten keine Lösung sind, auch wenn viele Ärzte sie verordnen, weil sie nicht wissen, was sie sonst tun sollen. Wie der Mediziner Ernest Hartman vom Sleep Disorders Center an der Tufts University, einem Zentrum für Schlafstörungen, gezeigt hat, sind die meisten Schlaftabletten gefährliche Substanzen und werden zu häufig verwendet. Schlaflosigkeit ist keine Krankheit, die mit einer Schlaftablette geheilt werden kann. Meistens liegen verhaltensbedingte, psychiatrische (Angst oder Depressionen) oder medizinische Ursachen vor.

So gesehen schreibt uns die Logik sehr deutlich vernünftige Wege vor, um mit schlaflosen Nächten umzugehen. Wenn Ihre Schlaflosigkeit krankheitsbedingt ist (wenn Sie beispielsweise körperliche Schmerzen haben oder unter anderen Dingen leiden, die Ihren Schlaf beeinträchtigen), sollten Sie zum Arzt gehen. Wenn Sie aufgrund psychischer Ursachen nicht schlafen können, sollten Sie die Trainingsmethoden in diesem Buch anwenden, um die zugrunde liegende Angst oder Depression zu behandeln. Und wenn alles nicht hilft, sollten Sie eine kognitive Therapie in Erwägung ziehen.

Ursachen von Schlafstörungen

Die Hauptursachen von Schlaflosigkeit sind kein Geheimnis mehr. Ich werde sie im Folgenden zusammen mit den wirksamsten Behandlungsmethoden darstellen. Sie können dann Ihre eigene Situation einschätzen und entsprechend handeln.

Sorgen: Mit dem Kopf voller Sorgen zu Bett zu gehen ist eindeutig die Hauptursache von Schlaflosigkeit. Vielleicht machen Sie sich Sorgen um Ihren Arbeitsplatz, Ihre Gesundheit, eine Beziehung, oder Sie sorgen sich über Terroristen und darüber, ob Sie die Miete zahlen können ... Egal, worüber Sie sich Sorgen machen, Sie müssen die Sorgen angehen, anstatt sie mit ins Bett zu nehmen. Wenn Sie Angst haben, ist Ihr Nervensystem in Alarmbereitschaft, weil Sie sich bedroht fühlen. Und wenn Sie in Gefahr sind, ist es keine gute Idee einzuschlummern. Sie müssen Schritt für Schritt Ihre Sorgen angehen und sie auflösen, wenn Sie gut schlafen möchten.

Aufregung: Häufig können wir nicht einschlafen, weil wir angesichts dessen, was am nächsten Tag oder irgendwann in der Zukunft geschehen wird, zu aufgeregt sind. Unser Geist ist in Gedanken über die Zukunft verwickelt. Diese regen unser Nervensystem an und halten uns wach. Das angezeigte Heilmittel ist hier, sich nicht auf die Zukunft, sondern auf den gegenwärtigen Moment zu konzentrieren. Sie können eine Entspannungs-CD hören... denken Sie nicht darüber nach, was kommen wird, und konzentrieren Sie sich nur darauf, im Hier und Jetzt zu sein... zu atmen... zu entspannen... sich Ihrer Zehen bewusst zu sein... Ihrer Hände... Ihres ganzen Körpers, hier und jetzt...

Stressfaktoren aus der Umwelt: Ein Hund, der in der Entfernung bellt, ein Nachbar, der laute Musik hört, und vor allem ungewöhnliche Geräusche können unser Nervensystem nachts durcheinander bringen. Solchen Umweltstressoren begegnen Sie am besten, indem Sie darauf achten, welche Glaubenssätze Sie im Geist entwickeln (»Ich werde nie einschlafen können, wenn ein Hund bellt« usw.), und diese Überzeugung loslassen. Verlagern Sie Ihre Aufmerksamkeit weg vom Hören auf zwei oder mehr sensorische Wahrnehmungen, die nichts mit Geräuschen zu tun haben. Sie können sich zum Beispiel auf Ihre Atmung konzentrieren, auf Ihr Herz, die Gegenwart Ihres Körpers... Während Sie sich weiterhin Ihrer Atmung bewusst sind, können Sie auch die berühmten Schäfchen zählen...

Körperliche Beeinträchtigungen und Schmerzen: Sowohl vorübergehende als auch chronische Schlafstörungen werden manchmal durch körperliche Schmerzen verursacht. Jede körperliche Beeinträchtigung kann Ihren Schlaf verhindern, zum Beispiel eine verstopfte Nase, Kopfschmerzen, Hautallergien sowie eine schmerzhafte Prellung oder Schnittwunde. Die einzig wirksamen Mittel scheinen hier Zeit und Geduld zu sein. Doch wirkt es bei manchen Menschen Wunder, ihre Aufmerksamkeit auf ihre

Atmung und ihren Herzschlag zu richten und Gedanken wie »Ich kann nie schlafen, wenn ich erkältet bin« loszulassen. Wenn Sie langfristig mit Schmerzen zu kämpfen haben, kann es sehr hilfreich sein, an all den Überzeugungen zu arbeiten, die Sie in Bezug auf Ihren gesundheitlichen Zustand und Ihren Schlaf haben.

Beruflicher Stress: Viele von uns nehmen ihre beruflichen Probleme gedanklich mit nach Hause und denken vor dem Schlafengehen darüber nach. Dieses Hindernis können Sie auf einfache Weise überwinden, indem Sie Ihre Gedanken beobachten und erkennen, dass Sie regelmäßig im Bett über die Arbeit grübeln. Beruhigen Sie diese Gedanken dann, indem Sie auf den gegenwärtigen Moment umschalten: Sie liegen im Bett, entspannen sich, atmen ... schlafen.

Beliebte Getränke: Es gibt einen unmittelbaren Zusammenhang zwischen bestimmten Dingen, die wir zu uns nehmen, und der daraus resultierenden Unfähigkeit zu schlafen. Jedes Getränk, das Koffein enthält, wird Sie zweifellos wach halten. Menschen, die beispielsweise jeden Tag fünf Dosen Cola trinken, schwarzen Tee oder ein anderes koffeinhaltiges Getränk und Probleme haben einzuschlafen, sollten sich an ein anderes Getränk gewöhnen und werden dann viel besser schlafen.

Alltägliche Drogen: Viele rezeptpflichtige Medikamente wie zum Beispiel Stimmungsaufheller oder Diättabletten werden Sie ebenfalls wach halten. Sie sollten sich von Ihrem Arzt daher genau über diese Mittel beraten lassen. Zahlreiche rezeptfreie Medikamente enthalten jede Menge chemische Substanzen – Koffein ist nur eine davon –, die das Nervensystem nicht entspannen und in den Schlaf sinken lassen. Und selbstverständlich sind Drogen wie Kokain sowie Amphetamine dafür bekannt, Schlaflosigkeit zu verursachen. Prüfen Sie daher, welche Mittel Sie einnehmen, und unternehmen Sie die logischen Schritte, um besser schlafen zu können.

Angst vor Ablehnung und Verlassenwerden: Viele Menschen können nicht einschlafen, weil sie sich abgelehnt oder verlassen fühlen, beispielsweise von einem Partner, einem Elternteil oder einer Gruppe. Manche Menschen haben auch Angst, ihren Arbeitsplatz zu verlieren oder den Kontakt zu einer Organisation, der sie angehörten, zu verlieren. Diese Ängste vor Trennung und Verlassenwerden sind Urängste, die genetisch in uns verwurzelt sind. Sie sollten mit den Trainingsmethoden im dritten Kapitel arbeiten, wenn Sie angespannt im Bett liegen, weil Sie sich abgelehnt fühlen oder Liebeskummer haben. Sie müssen sich darin bestärken, dass Sie überleben und für sich sorgen können, dass Sie in der Lage sind, sich selbst zu lieben und eine neue Liebe zu finden. Erst dann werden Sie wieder entspannt schlafen können.

Trauer und Depression: Wenn wir das Gefühl haben, nichts wert zu sein und dass alles im Leben hoffnungslos ist, wird es ebenfalls schwierig sein einzuschlafen. Die zugrunde liegenden Überzeugungen, die unsere depressiven Gedanken und Gefühle erzeugen, sagen uns, dass wir nicht überleben, nicht weitermachen können – und diese Annahme wird uns wach halten, da wir befürchten, dass wir aufhören könnten zu existieren. In diesem Fall ist es wieder an der Zeit, uns an die Hausaufgaben zu machen und uns mit den Gedanken zu beschäftigen, die uns den ganzen Tag durch den Kopf gehen. Depressive Gedanken haben es an sich, häufig dann aufzutauchen, wenn wir bereit sind, ins Bett zu gehen. Ich empfehle Ihnen daher, eine Woche lang die Gedanken aufzuschreiben, die Sie im Bett haben. Lernen Sie die zugrunde liegenden Gedanken, die Ihren Geist vergiften und Ihnen den Schlaf rauben, gründlich kennen. Wenden Sie dann die kognitiven Techniken in diesem Buch an, um die Überzeugungen zu überwinden, die Sie leiden lassen und Ihren Schlaf stören. Wahrscheinlich können Sie sich auf diese Weise selbst helfen. Wenn es nicht funktioniert, sollten Sie professionelle Hilfe suchen.

Angst vor dem Tod: Die größte Trennungsangst, der wir uns gegenüber sehen, ist natürlich unser eigenes Ableben. Dabei wird unser Ego sich auflösen, während unsere tiefere spirituelle Identität und unser Bewusstsein sich durch das Mysterium bewegen, das uns nach dem körperlichen Tod erwartet. Viele Kinder haben vorübergehend Schlafstörungen, wenn sie etwa elf Jahre alt sind. Zu dieser Zeit begegnen sie zum ersten Mal der Realität des eigenen möglichen Todes. Und wir alle machen uns zumindest hin und wieder Gedanken darüber, was passieren wird, wenn wir sterben. Auch hier besteht die Lösung darin, zu beobachten, was wir über den Tod denken und welche Glaubenssätze in Bezug auf den Tod unseren Gedanken zugrunde liegen. Bitte beachten Sie auch, dass Gedanken über den Tod eine zukunftsorientierte Projektion des Geistes sind. Wenn Sie sich auf die wahrnehmenden und intuitiven Ebenen Ihres Bewusstseins im gegenwärtigen Moment ausrichten, werden Sie Ihre Sorgen beruhigen und zukunftsbezogene Ängste loslassen können ...

Gute-Nacht-Checkliste

Hier ist eine kurze Liste, die ich meinen Klienten häufig in die Hand drücke. Sie hilft Ihnen, sicherzustellen, dass Ihr Geist vor dem Zubettgehen entspannt ist und Sie nicht am Schlafen hindert:

1. *Sind Sie wütend auf jemanden?*
   Falls nicht, wunderbar! Falls doch, nennen Sie den Namen der Person. Atmen Sie dann ein oder zwei Mal tief durch, lassen Sie Ihre Emotionen und Ihre Gedanken ruhiger werden, schwingen Sie sich auf Ihr Herz ein, und sagen Sie Folgendes: »Ich akzeptiere, was dieser Mensch getan hat, und ich lasse meine Wut auf ihn los.« Atmen Sie noch ein paar Mal durch, bis sich Ihre negativen Gedanken aufgelöst haben.
   Wenn die wütenden Gedanken durch diese kleine Übung nicht verschwinden, sollten Sie sich erneut mit den Techniken aus dem zweiten Kapitel beschäftigen, um negative Urteile über andere Menschen loszulassen (siehe Seite 88 ff.).

2. *Sind Sie angespannt, machen Sie sich Sorgen,*
   oder haben Sie Angst?
   Falls Sie feststellen, dass das zutrifft, sollten Sie formulieren,

was Sie beunruhigt, und sich dann bewusst machen, dass die Gefahr Sie in diesem Moment und auch bis zum nächsten Morgen nicht beeinträchtigen wird. Daher können Sie Ihre Sorgen für diese Nacht loslassen und sich einen geruhsamen Schlaf gönnen. Schwingen Sie sich auf den gegenwärtigen Moment ein, in dem alles in Ordnung ist. Lassen Sie die Gedanken über die Zukunft los und entspannen Sie sich in angenehme körperliche Gefühle hinein. Die geführte Meditation am Ende dieses Kapitels wird Ihnen dabei helfen.

Wenn die Anspannung und Sorgen auch nach dieser Übung noch anhalten, sollten Sie die Techniken aus dem dritten Kapitel üben, damit Sie ohne Sorgen zu Bett gehen können (siehe Seite 120f.).

3. *Sind Sie aufgrund irgendeiner Sache aufgeregt?*
Geben Sie sich der Entspannung hin, die Sie in diesem Moment in Ihrem ganzen Körper finden können. Konzentrieren Sie sich auf Ihre Atmung, Ihr Herz, Ihre Zehen, Ihre Hände, auf Ihren ganzen Körper hier in diesem Moment... und lassen Sie sich von der geführten Meditation in einen tiefen, befriedigenden Schlaf lullen.

Wenn das funktioniert, prima! Falls nicht, sollten Sie das erste und eventuell auch das dritte Kapitel noch einmal lesen. Denken Sie daran, dass Aufregung auch immer etwas mit der Angst vor zukünftigen Ereignissen zu tun hat. Arbeiten Sie daher ebenfalls an dieser Angst, während Sie den Gedankenstrom in Ihrem Geist beruhigen.

4. *Fühlen Sie sich einsam, oder haben Sie Kummer?*
Wenn ja, sollten Sie sich bewusst machen, dass diese Gefühle durch Erinnerungen an vergangene Erfahrungen sowie durch Gedanken an die Zukunft aktiviert werden. Entscheiden Sie sich, die Vergangenheit und die Zukunft loszulassen, zumindest für diesen Tag. Akzeptieren Sie den gegenwärtigen Moment, so wie er ist, und schwingen Sie sich auf die Liebe zu

sich selbst ein... Konzentrieren Sie sich auf Ihre körperliche Präsenz im Hier und Jetzt, während Sie Ihr Herz für sich selbst öffnen. Lassen Sie Ihre Liebe ins Universum hinaus fließen und entspannen Sie Ihr Herz, damit es akzeptieren kann und sich für die Liebe und innere Ruhe öffnet...

Falls das funktioniert, können Sie in einen angenehmen Schlaf gleiten. Falls nicht, sollten Sie sich in den nächsten Tagen Zeit nehmen, um das vierte Kapitel noch einmal intensiv durchzuarbeiten. Es hilft Ihnen, alte Wunden des Herzens zu heilen und sich selbst so anzunehmen und zu lieben, wie Sie sind, als Ihr eigener bester Freund. Achten Sie auf Gedanken, die Ihnen das Gefühl vermitteln, einsam zu sein... Beruhigen Sie diese Gedanken bewusst und entscheiden Sie sich für Aktivitäten, die auf den gegenwärtigen Moment bezogen sind und Ihnen ein gutes Gefühl verleihen. Diese Freiheit der Entscheidung ist letztlich unsere Rettung im Leben.

5. *Stört Sie irgendetwas in Ihrer Schlafumgebung?*
Wenn Sie eine Störung in Ihrer Schlafumgebung feststellen, sollten Sie bewusst damit umgehen – oder sie akzeptieren. Während Sie das Ärgernis akzeptieren, verlagern Sie Ihre Aufmerksamkeit von dem sensorischen Reiz weg und richten sie auf angenehme Erfahrungsbereiche. Schwingen Sie sich vor allem auf Ihre körperlichen Gefühle ein. Bewegen Sie Ihre Zehen, bewegen Sie eventuell auch Ihr Becken ein bisschen, spannen Sie Ihren ganzen Körper an, und entspannen Sie ihn dann wieder... Lassen Sie sich in ein Gefühl hineingleiten, das Ihnen angenehm ist, während Sie beobachten, wie Ihre Atmung bei jedem Atemzug langsamer wird, bis Sie in einen tiefen Schlaf gleiten...

6. *Haben Sie in den letzten Stunden koffeinhaltige Produkte oder irgendwelche Medikamente oder Drogen zu sich genommen, die Sie wach halten?*
Falls ja ... werden Sie morgen vielleicht lieber etwas bewusster auswählen, was Sie Ihrem Körper zuführen. Wenn Ihr Geist

und Ihr Körper vor dem Zubettgehen aufgeputscht sind, wird es Ihnen sehr gut tun, wenn Sie sich 10 bis 15 Minuten bewegen. Sie können spazieren gehen, tanzen oder jede andere körperliche Aktivität, die Energie in Ihrem Körper abbaut, ausüben, so dass Sie sich entspannen und schlafen können ...

7. *Sind Sie deprimiert?*
Wenn Sie sich deprimiert fühlen, sollten Sie dieses Gefühl geduldig betrachten und dabei beobachten, welche Gedanken aus dem Zentrum der Gefühle entstehen. Lassen Sie diese Gedanken eine kurze Weile zu, und sagen Sie dann Folgendes zu sich selbst: »Ich will diese Gedanken nicht mehr denken.« Entscheiden Sie sich bewusst dafür, Ihre Aufmerksamkeit auf etwas anderes zu verlagern. Sie könnten zu sich sagen: »Es ist alles in Ordnung.« Oder: »Ich lasse all das los.« Richten Sie Ihre Aufmerksamkeit dann darauf, was im gegenwärtigen Moment geschieht, und vor allem auf Ihre Atmung. Atmen Sie ohne jegliche Anstrengung ... lassen Sie Ihren Atem aufhören und wieder einsetzen, so wie er will ... und lassen Sie neues Leben in Ihren Körper strömen ... während Sie entspannen und sich dem Schlaf hingeben ...
Wenn Sie anhaltend unter Depressionen leiden, sollten Sie zum Anfang dieses Buches zurückkehren und die Übungen zur Beruhigung depressiver Gedanken durchführen – und professionelle Hilfe suchen, wenn es nötig ist.

8. *Fühlen Sie sich gut, sind Sie zufrieden und bereit für den Schlaf?*
Falls es so ist, wunderbar ... geben Sie sich dem Schlaf hin!

Wenn Sie diese Liste regelmäßig durchgehen, stellen Sie sicher, dass Sie keine verwirrten Gefühle und unruhigen Gedanken mit unter die Bettdecke nehmen.

Nehmen Sie sich, nachdem Sie diesen Absatz gelesen haben, etwas Zeit, um sich auf Ihre Atmung einzuschwingen ... auf Ihr Herz ... die Präsenz Ihres ganzen Körpers ... und lesen Sie dann erneut die

Gute-Nacht-Checkliste durch ... und entscheiden Sie, was Sie unternehmen wollen, um sich von schlaflosen Nächten zu befreien und einen segensreichen tiefen Schlaf zu genießen ... Sie können sich auch eine CD mit schöner Musik auflegen und sich von der Musik in den Schlaf führen lassen ...

Halten Sie inne & erleben Sie

Anspannungen lösen

Viele Menschen gehen ins Bett, obwohl ihre Muskeln angespannt sind und es besser wäre, sie zu lockern. Wie wir bereits gesehen haben, schicken beunruhigende Gedanken (Wut, Angst usw.) eine Flut von hormonellen Botschaften durch den Körper, um die Muskeln zu aktivieren. Wenn Sie ins Bett gehen und Ihre Muskeln immer noch angespannt und aktionsbereit sind, werden Sie keinen Schlaf finden.

Sollten Sie regelmäßig schlecht schlafen, gewöhnen Sie sich daran, sich vor dem Zubettgehen fünf Minuten zu bewegen. In jedem Fall sollten Sie vor dem Schlafengehen einen Moment dastehen und den Zustand Ihres Körpers prüfen. Wenn Sie sich körperlich nicht so fühlen, als wollten Sie in eine tiefe Entspannung und Schlaf sinken, ist Bewegung angezeigt. Alle Menschen brauchen regelmäßige Bewegung, unsere Körper sehnen sich danach. Leben bedeutet Bewegung. Aber die meisten von uns bewegen sich während des Tages nicht viel. Wenn Sie unter Schlaflosigkeit leiden, empfehle ich Ihnen dringend, eine halbe Stunde spazieren zu gehen oder sich auf andere, ähnlich angenehme Weise im Freien zu bewegen. Es ist eines der wahren Vergnügen im Leben.

Bevor Sie schlafen gehen, könnten Sie ruhige Musik anstellen, die Sie gerne mögen, und sich zu dieser Musik bewegen, um Verspannungen in Ihrem Körper zu lösen. Achten Sie darauf, dass die Musik entspannend und langsam ist, und gestatten Sie es sich, die Bewegungen zu genießen. Drängen Sie sich nicht dazu, sich zu bewegen. Stehen Sie einen Moment nur da und hören Sie auf die

Musik. Sie werden bemerken, dass Sie sich bereits mit Ihren Atembewegungen bewegen. Lassen Sie die Bewegungen von allein kommen, wie leicht sie anfangs auch sein mögen ... Das wird Sie zu einem tiefen, entspannenden Bewegungsfluss führen, der Sie bereit macht, ins Bett zu fallen, zufrieden mit der Bewegung des Tages.

Zwingen Sie Ihren Körper nicht dazu, bestimmte Bewegungen zu machen – lassen Sie ihn frei und spontan reagieren, mindestens einmal am Tag, am Besten bevor Sie schlafen gehen. Unser Körper ist ein so erstaunliches Arbeitstier. Er tut ständig, was der Geist ihm befiehlt. Häufig drängt unser deduktiver Geist uns dazu, in Richtungen zu gehen, die unser tieferes Selbst lieber nicht einschlagen würde. Dadurch entsteht eine muskuläre und spirituelle Anspannung, die freigesetzt werden muss, bevor wir uns schlafen legen. Freie spontane Bewegungen bringen Körper, Geist und Seele schnell in Harmonie und bereiten uns auf eine tiefe Entspannung und den Schlaf vor ...

Und natürlich sind Bewegungen ein gutes Mittel, um unsere Aufmerksamkeit auf das Hier und Jetzt zu lenken, auf zwei oder mehr Wahrnehmungen zur gleichen Zeit ... Und wie wir gesehen haben, beruhigt dieser einfache Akt automatisch den Gedankenstrom in unserem Geist. Immer wenn Sie negative Gedanken zur Ruhe bringen wollen, müssen Sie lediglich aufstehen und sich bewegen.

Probieren Sie Folgendes gleich aus, wenn Sie möchten und die Situation es erlaubt ...

Wenn Sie den Absatz gelesen haben, legen Sie das Buch zur Seite und setzen sich einen Moment lang hin. Beobachten Sie Ihre Atmung, schwingen Sie sich auf Ihren ganzen Körper ein und entscheiden Sie sich dann dazu aufzustehen. Gehen Sie an einen Ort, an dem Sie etwas Platz haben, entweder im Zimmer oder im Freien. Bleiben Sie einen Moment einfach stehen, schwingen Sie sich auf Ihren ganzen Körper in diesem Moment ein ... und lassen Sie die Bewegungen von allein kommen ... spüren Sie, wie gut es tut, wenn Ihr Körper sich spontan bewegen kann, auf eine Weise, die sich gut anfühlt!

Halten Sie inne & erleben Sie

Meditation

Für viele Menschen ist eine regelmäßige Meditation am Abend das beste Mittel gegen Schlaflosigkeit. Sie beruhigen ihren Geist und ihre Emotionen und erreichen einen Zustand innerer Ruhe, in dem sie das Leben annehmen können. Ich möchte Sie sehr darin bestärken, eine solche Meditation als Mittel gegen Schlaflosigkeit auszuprobieren – egal, welche meditative Praxis Sie anspricht. Sie haben vielleicht bemerkt, dass in diesem Buch bisher kaum die Rede von Meditation war. Das liegt daran, dass ich Ihnen einen rein psychologischen Ansatz zur Beruhigung des Geistes und zur Öffnung des Herzens für den gegenwärtigen Moment vermitteln wollte. Allerdings möchte ich klarstellen, dass es zwar zahlreiche Meditationstechniken auf der Welt gibt, sie alle aber zum gleichen Prozess und zur gleichen Erfahrung führen – man beruhigt den Geist, öffnet sein Herz und schwingt sich auf die tieferen universellen Wahrheiten und Erfahrungen des Lebens ein. Die Trainingsmethoden, die dieses Buch vorstellt, erfüllen dieses meditative Ziel und bieten zudem einen psychologischen Rahmen für Heilung und Wachstum.

Wenn Sie also begonnen haben, die Techniken zur Beruhigung des Geistes in diesem Buch zu üben, haben Sie automatisch mit der Meditation begonnen. Egal, auf welche Weise Sie lernen, Ihren Geist zur Ruhe zu bringen, Sie sollten stets nach innen sehen, Ihr Herz öffnen und die tiefe Weisheit und den Frieden jenseits Ihres geschwätzigen, vom Ego gesteuerten Geistes empfangen.

Geführte Sitzung 8
Eine geruhsame Nacht

Ein regelmäßiges abendliches Entspannungsritual kann sehr hilfreich sein, um Schlaflosigkeit zu überwinden und die hohe Kunst zu meistern, mühelos einzuschlafen. Im Folgenden finden Sie eine geführte Übung, die alle wesentlichen Schritte vor dem Schlafen umfasst.

Wenn Sie die Gute-Nacht-Checkliste durchgegangen sind und sich vielleicht etwas bewegt haben, um Verspannungen in den Muskeln zu lösen, können Sie sich im Bett entspannen ... beginnen Sie auf dem Rücken liegend, wenn es angenehm für Sie ist, und lassen Sie Ihren Körper später in Ihre Lieblingspositionen kommen ...

Achten Sie darauf, wie Ihr Körper sich im Moment fühlt ... beobachten Sie, wie Ihr Atem kommt ... und geht ... und wieder kommt ... ohne jegliche Anstrengung ... legen Sie Ihre rechte Hand auf Ihren Bauch und Ihre linke Hand auf Ihre Brust ... und erleben Sie die Atembewegungen gleichzeitig unter jeder Hand ...

Schwingen Sie sich auf Ihr Herz unter Ihrer linken Hand ein ... akzeptieren Sie die Gefühle, die Sie heute Abend in Ihrem Herzen finden ... achten Sie darauf, ob Ihr Herz sich schwer oder leicht anfühlt ... lassen Sie jegliche Schwere los ... lassen Sie Ihre Gedanken los ... lassen Sie Ihre Emotionen los ... und sagen Sie zu sich: »Ich öffne mein Herz, um zu empfangen ... ich empfange die Fähigkeit anzunehmen ... ich empfange Freude ... Liebe ... Frieden ...«

Beobachten Sie einfach, wie Ihr Atem sanft kommt ... und geht ... lassen Sie Ihre Atemzüge aufhören, wann sie möchten ... und wieder einsetzen, wann sie möchten ... ohne jegliche Anstrengung ... frei ... entspannt ... Sie fühlen sich gut ...

Lassen Sie Ihr Bewusstsein nun auch Ihr Herz wahrnehmen ... Ihre Hände ... Ihre Füße ... bewegen Sie Ihre Zehen und Füße ein wenig ... lassen Sie sie nun entspannen ... bewegen Sie Ihre Finger ... lassen Sie nun Ihre Hände entspannen ... öffnen Sie Ihren Mund und gähnen Sie, wenn Sie möchten ... strecken Sie sich ... bewegen Sie Ihr Becken ein bisschen ... entspannen Sie ... bewegen Sie den Kopf ein paar Mal sanft vor und zurück ... entspannen Sie Ihren Nacken und die Schultern ... Ihre Zunge, Ihren Unterkiefer ... spannen Sie Ihren Körper ein letztes Mal an ... und entspannen Sie sich nun völlig ...

Ihr Körper ist entspannt ... Ihre Gedanken sind still ... die Emotionen ruhig ... Ihr Atem kommt ... und geht ... langsam ... friedlich ... ein warmes inneres Gefühl der Ruhe ... Zufriedenheit ... und sanfter entspannender Liebe ... fließt durch Sie hindurch ...

Sie sind einfach hier ... atmen ... genießen die Musik ... lassen los ... geben sich dem Schlaf hin ... mehr und mehr ... vertrauend ... Sie lassen sich treiben ... schlafen ...

Halten Sie inne & erleben Sie

Lassen Sie sich ein!

Wir haben in diesem Buch verschiedene Ideen, Disziplinen und Techniken in einem zugleich theoretischen als auch praktischen Ansatz zusammengeführt, der sich mit dem vielleicht wichtigsten Thema unseres Lebens befasst: wie wir jeden Moment unseren eigenen Geist zu unserem Besten lenken. Ich danke Ihnen, dass Sie meinen Ausführungen bis zum Schluss gefolgt sind und somit einen Eindruck des Ganzen erhalten haben ...

Dieses Buch zu lesen, ist natürlich nur der Anfang. Ein, zwei oder drei Kapitel, vielleicht auch vier oder fünf haben Sie vielleicht direkt angesprochen. In den kommenden Tagen, Wochen und Monaten sollten Sie sich mit den wichtigsten Kapiteln und Übungen erneut befassen und mit ihnen arbeiten, bis Sie sie wirklich verinnerlicht haben. Das Ziel besteht darin, die geistigen Abläufe in Ihr tägliches Bewusstsein zu integrieren, damit Sie – egal, wo Sie sind oder was Sie auch tun – Ihren Geist problemlos beruhigen und Ihr Bewusstsein optimal ausrichten können, um voller Freude zu leben und jeden Moment auf Ihrem Weg zu genießen.

Ich arbeite mittlerweile seit vielen Jahren mit diesen Techniken zur Steuerung des Geistes, und ich wende sie jeden Tag regelmäßig an, um meinen eigenen Geist bewusst auszurichten und ein fröhliches Herz zu haben. Das persönliche Wachstum und Erwachen sind lebenslange Prozesse. Wir sind ständig dabei zu lernen, uns zu öffnen, neue Tiefen des Lebens zu erkunden und willkommen zu heißen. Möge Ihre eigene lebenslange Reise gesegnet sein, und mögen dieses Buch und diese Übungen Ihr persönliches Wachstum unterstützen.

Lassen Sie sich ein ... *John*

Eine neue Lernerfahrung

Jetzt kennen Sie die Vorteile, die einem zuteil werden, wenn man lernt, seinen Geist zu beruhigen. Und es gibt keinen Zweifel: Etwas über einen neuen Weg zu lesen, mit dem wir uns in unserem Leben weiterentwickeln können, ist ein entscheidender Schritt, um dieses Ziel zu erreichen. Zunächst müssen wir ein grundlegendes Verständnis für einen solchen Prozess entwickeln, bevor wir ihn tatsächlich erleben und meistern können. Wenn man etwas Neues lernt, beinhaltet das fast immer eine kognitive Phase.

Aber letztendlich wird die folgende Frage auftauchen: Wie können wir über den Punkt hinausgelangen, an dem wir nur »über die Dinge reden«, und tatsächlich die Erfahrungen machen, die beschrieben werden? Es ist eine Sache, ein theoretisches Verständnis für das Potenzial des menschlichen Bewusstseins zu entwickeln – aber es ist etwas ganz anderes, tatsächlich in den Genuss der beschriebenen Erfahrungen zu kommen. Die meisten von uns haben schon die frustrierende Erfahrung gemacht, einen inspirierenden Ratgeber oder ein Buch über ein spirituelles Thema zu lesen, nur um dann das Gefühl zu haben, stecken zu bleiben, da der Wunsch, den nächsten Schritt mit dem Autor zu gehen, unerfüllt blieb – gerne hätte man die Augen geschlossen und seiner Stimme gelauscht, um persönlich durch das eigentliche Erlebnis geführt zu werden, über das man gerade gelesen hatte.

Ich war selbst ungeduldig, als ich Ratgeber und spirituelle Bücher schrieb, mit denen die Leser sich theoretisch einer neuen Erfahrung annähern konnten, sie dann aber ohne unmittelbare Audio-Führung allein ließ, die ich sonst meinen Klienten und Schülern anbiete, um sie mühelos an die eigentliche Erfahrung heranzuführen. Aufgrund dieser frustrierenden Erlebnisse entwickelte ich nach und nach ein qualitativ neues Selbsthilfe-System. Dabei wird der nach wie vor essenzielle Text, der die grundlegenden Ideen vermittelt, die nötig sind, um eine neue Erfahrung verstehen zu können, mit einem zusätzlichen direkten Zugang (vorausgesetzt, Sie haben einen Computer) zur Audio-Begleitung kombiniert, die ich meinen Klienten regelmäßig anbiete.

Jedes Mal, wenn Sie in diesem Buch an einen Abschnitt kommen, in dem eine geführte Sitzung vorgestellt wird, können Sie sich unter der kostenlosen Internetadresse www.johnselby.com direkt zu einem Streamed-Audio-Programm beziehungsweise einem herunterladbaren Programm führen lassen, in dem Sie meine Stimme durch den Prozess begleitet. Sie können also online gehen, wann immer Sie persönlich angeleitet werden möchten, wenn Sie Ihre Augen schließen und sich tief in die Erfahrung des zu erlernenden Prozesses hinein entspannen möchten. Für diejenigen von Ihnen, die keinen Zugang zu einem Computer haben oder die der Audio-Anleitung nicht vor dem Computer zuhören möchten, gibt es auch eine CD-Version der Audio-Programme (vorerst nur auf Englisch). Sie können sich gern diesbezüglich an mich wenden oder mich darüber hinaus auch online treffen. Ich beantworte alle Fragen bezüglich spezieller Themen, die Sie gern genauer erläutert hätten.

Natürlich werden einige Leser den Eindruck haben, dass dieses Buch an sich eine völlig ausreichende Anleitung zur Meisterung der Trainingsmethoden bietet, die hier gelehrt werden. Für diejenigen aber, die eine zusätzliche Audio-Anleitung wünschen, bietet das kombinierte Buch/Webseiten-Modell eine große Bandbreite von Übungsmöglichkeiten, so dass sie mit Spaß und ohne zu zögern auf dem einzigartigen erlebbaren Pfad zur Erfüllung vorankommen.

Ich würde mich freuen, Sie online und bei meinen Seminaren besser kennen zu lernen, und werde Sie weiterhin über alle neuen Erkenntnisse und Techniken informieren, sobald sie greifbar werden...

Literatur

BECK, AARON U.A.: *Kognitive Therapie der Depression.* Weinheim: Beltz 2001.

–: *Kognitive Therapie der Persönlichkeitsstörungen.* Weinheim: Beltz 1999.

BECK, JUDITH: *Praxis der kognitiven Therapie.* Weinheim: Beltz 1999.

BYRON KATIE / MITCHELL, STEPHEN: *Lieben was ist. Wie vier Fragen Ihr Leben verändern können.* München: Goldmann 2002.

DAMASIO, ANTONIO R.: *Ich fühle, also bin ich. Die Entschlüsselung des Bewusstseins.* München: Ullstein 2002.

DAVIS, JOEL: *Faszination Gehirn. Entschlüsselung letzter Geheimnisse.* Frankfurt a.M.: Umschau Buchverlag 1999.

DOZIER, RUSH: *Angst. Zerstörungstrieb und schöpferische Kraft.* Hamburg: Europa Verlag 1998.

GOLDBERG, PHILIP / KAUFMAN, DANIEL: *Everybody's Guide to Natural Sleep.* J.P. Tarcher 1990.

JAHN, ROBERT F. / DUNNE, BRENDA J.: *Margins of Reality.* Harcourt 1989.

KRAMER, JOEL: *Die Leidenschaft der Erkenntnis.* München: Hugendubel 1987.

LOWEN, ALEXANDER: *Bio-Energetik. Therapie der Seele durch Arbeit mit dem Körper.* Reinbek: Rowohlt 1998.

NEWBERG, ANDREW, U.A.: *Der gedachte Gott. Wie Glaube im Gehirn entsteht.* München: Piper 2003.

PEARCE, JOSEPH CHILTON: *Die magische Welt des Kindes.* München: Diederichs 1982.

REICH, WILHELM: *Die Entdeckung des Orgons I. Die Funktion des Orgasmus*. Köln: Kiepenheuer & Witsch 1987.

–: *Die sexuelle Revolution*. Frankfurt a. M.: Fischer 5. Aufl. 1993.

SELBY, JOHN: *Arbeiten ohne auszubrennen. Spirituelle Techniken für den Berufsalltag*. München: Kösel 1999.

–: *Die Kunst, allein zu sein*. München: Deutscher Taschenbuch Verlag 2001.

–: *Die Kunst zu leben*. Glücklich im Hier und Jetzt. München: Deutscher Taschenbuch Verlag 2002.

–: *Väter und ihre Rolle in unserem Leben*. München: Deutscher Taschenbuch Verlag 2003.

–: *Wer warten kann, hat mehr vom Leben*. München: Kösel 2000.

SHARAF, MYRON: *Wilhelm Reich. Der heilige Zorn des Lebendigen*. Die Biographie. Berlin: Simon & Leutner 1994.

WATTS, ALAN: *Leben ist jetzt. Das Achtsamkeitsbuch*. Freiburg: Herder 1998.

–: *Psychotherapie und östliche Befreiungswege*. München: Kösel 1981.

WELWOOD, JOHN: *Durch Liebe reifen. Partnerschaft als spiritueller Weg*. München: Deutscher Taschenbuch Verlag 2002.

–: *Toward a Psychology of Awakening: Buddhism, Psychotherapy, and the Path of Personal and Spiritual Transformation*. Shambhala Publications 2000.

Kontaktadressen

John Selby kommt regelmäßig nach Europa, um Seminare abzuhalten. Nähere Informationen und die deutschen CDs zu diesem Buch erhalten Sie bei:

Seminarorganisation Wolfgang Gillessen
Balanstraße 365
D – 81549 München
Tel./Fax: 089-68 07 07 02
E-Mail: WGillessen@t-online.de

Neueste Informationen von und über John Selby können Sie unter der folgenden kostenlosen Internetadresse abrufen:

www.johnselby.com